高校思想政治教育生态论研究

陈艳芳　宁岩鹏　著

燕山大学出版社
·秦皇岛·

图书在版编目（CIP）数据

高校思想政治教育生态论研究 / 陈艳芳，宁岩鹏著．—2 版．—秦皇岛：燕山大学出版社，2022.1

ISBN 978-7-5761-0299-4

Ⅰ．①高… Ⅱ．①陈…②宁… Ⅲ．①高等学校－思想政治教育－研究－中国 Ⅳ．①G641

中国版本图书馆 CIP 数据核字（2022）第 009965 号

高校思想政治教育生态论研究

陈艳芳 宁岩鹏 著

出 版 人：陈 玉
责任编辑：孙志强
封面设计：于文华
出版发行：燕山大学出版社 YANSHAN UNIVERSITY PRESS
地 址：河北省秦皇岛市河北大街西段 438 号
邮政编码：066004
电 话：0335-8387555
印 刷：英格拉姆印刷(固安)有限公司
经 销：全国新华书店

开 本：700mm×1000mm 1/16　印 张：13.75　字 数：210 千字
版 次：2022 年 1 月第 2 版　印 次：2022 年 1 月第 1 次印刷
书 号：ISBN 978-7-5761-0299-4
定 价：42.00 元

序　言

加强和改进高校思想政治工作，事关办什么样的大学、怎样办大学的根本问题，事关党对高校的领导，事关中国特色社会主义事业后继有人，是一项重大的政治任务和战略工程。近年来，高校深入贯彻落实习近平总书记在全国高校思想政治工作会议上的重要讲话精神，高举中国特色社会主义伟大旗帜，全面贯彻党的十八大和十八届三中、四中、五中、六中全会精神，以马克思列宁主义、毛泽东思想、邓小平理论、“三个代表”重要思想、科学发展观和习近平新时代中国特色社会主义思想为指导，深入学习贯彻党的十九大会议精神，全面贯彻党的教育方针，坚持社会主义办学方向，以立德树人为根本，以理想信念教育为核心，以社会主义核心价值观为引领，切实加强和改善党的领导，全面提升高校思想政治工作水平，切实保证高校事业稳步快速发展。

党的十八大以来，以习近平同志为核心的党中央高度重视高校思想政治工作，从全局和战略高度深刻回答了高校思想政治工作的一系列重大问题，提出了许多具有政治性、思想性和针对性的新论断、新思想，为新时期深化高校思想政治工作改革指明了方向。从总体上看，我国高校思想政治工作取得了重要成绩。但是，随着世情、国情和党情的不断变化，特别是当今世界大发展、大变革、大调整和全球思想文化交流交融交锋新态势的交织叠加，不同程度地影响我国高校思想政治工作的有效开展。一些高校学生不同程度地存在政治信仰迷茫、理想信念模糊、价值取向扭曲、诚信意识淡薄、社会责任感缺乏、艰苦奋斗精神淡化、团结协作观念较差、心理素质欠佳等问题。一些高校学生不能全面地、辩证地看待我国社会发展中存在的问题，产生了一些不正确的想法和看法。这就需要高校思想政治工作不断强化问题导向，积极创新改革，破解工作难题，弥补薄弱环节，不断提高水平。

如何提高高校思想政治工作水平？这是高校思想政治工作者必须冷静思考和切实解决的现实问题。首先应该坚持五个方面的基本原则，一是坚持党对高校的领导。全面落实从严治党要求，把党的建设贯彻始终，着力解决突出问题，把加强和规范党内政治生活、加强党内监督各项任务落到实处，维护党中央权威、保证党的团结统一，牢牢掌握党对高校的领导权。二是坚持社会主义办学方向。坚持马克思主义指导地位，坚持以人民为中心的发展思想，为人民服务。三是坚持全员、全过程、全方位育人。把思想价值引领贯穿教育教学全过程的各环节，形成教书育人、科研育人、实践育人、管理育人、服务育人、文化育人、组织育人长效机制。四是坚持遵循思想政治工作规律、教书育人规律和学生成长规律。把握师生思想特点和发展需求，注重理论教育和实践活动、普遍要求和分类指导、解决思想问题和解决实际问题相结合，提高工作科学化、精细化水平。五是坚持改革创新。适应时代和实践发展新变化，推进理念思路、内容形式、方法手段创新，增强工作的时代感和实效性。

提高高校思想政治工作水平，还要充分运用马克思列宁主义、毛泽东思想和中国特色社会主义理论，特别是习近平新时代中国特色社会主义思想，结合新时代发展的实际需要，从高校思想政治工作的理论研究与实践探索上实现有效结合。在中国特色社会主义新时代背景下，高校思想政治工作如果不能发挥应有的立德树人作用，其育人价值和功能就会失去基础，实现持续发展也只能成为一句空话。此外，还要突出多维视角的理论探讨。目前，关于高校思想政治工作方面的理论成果十分丰富，对于推动思想政治教育学科发展、促进高校思想政治工作持续开展起到了重要作用。也有一些学者从生态学、管理学和经济学视角来探讨高校思想政治工作，例如邱柏生、沈壮海等知名教授。我们认为思想政治教育是高校思想政治工作的重要内容，是一个以立德树人为目标导向的教育过程，其影响因素的多样性和参与主体的复杂性，决定了高校思想政治教育实践和研究的多维性。

作为研究生物之间、生物与环境之间关系的理论学科，生态学的思想、方法和观点，不断受到学术界的广泛重视，逐渐成为社会科学领域问题研究的分析工具。生态学对于揭示高校思想政治教育的生态规律具有重要的理论意义与实践价值。从生态学角度来看，高校思想政治教育的生态特征就在于其涉及的生态要素和生态环境具有明显的复杂性、多元性和系统性等特征。生态要素、环境之间的关联适应、互动共生和有机协同，是高校思想政治教育的前提和基础。生态要素、环境之间的不协调可能会导致高校思想政治教育系统的不平衡，影响高校思想政治教育的有效开展。高校思想政治教育只有根植于特定的生态环境，依托稳定的生态关系和必要的生态机制，通过构建合理的生态通道，才能不断实现内外环境之间的物质循环、能量流动和信息传递，不断推动个体思想道德品质的生态养成与持续发展。

生态论是生态学理论和思想的集中反映，是人类生态智慧的具体体现。作为一种分析方法，生态论包含着整体性、系统性、平等性、协同性、进化性、动态性以及和谐性等重要观点，这些观点不仅有助于探讨组织生态学的基本问题，也有助于分析高校思想政治教育的生态规律。本专著成果主要以中国特色社会主义新时代背景下高校思想政治教育理论研究和实践发展为依据，以生态论的基本思想、方法和理论为指导，重点探讨高校思想政治教育生态环境、高校思想政治教育生态系统、高校思想政治教育生态机制、高校思想政治教育生态模式、高校思想政治教育生态评价、高校思想政治教育生态实践、高校思想政治教育生态文化七个方面的问题，旨在构建高校思想政治教育生态论的理论体系，促进高校思想政治教育的可持续化发展，最终实现立德树人的育人目标。

目　　录

第一章 绪 论

高校思想政治教育是一个以个体生存发展价值为目标导向的动态过程，其影响因素的多样性、参与主体的复杂性和评价标准的模糊性，决定了高校思想政治教育研究工作的艰巨性和研究视野的多维性特点。生态学作为研究生物之间以及生物与其生存环境之间关系的学科，其理论思想、方法和观点越来越受到学术界的广泛重视，并成为解决社会科学领域问题的一种新的分析工具。同样，生态学对于揭示高校思想政治教育生态现象和规律的合理性方面具有重要的理论意义与实践价值。从生态学角度来看，高校思想政治教育的生态本质和特色，集中体现为涉及生态要素、环境及相互之间作用过程的系统性和发展性。前者意味着生态要素、环境之间的关联适应、互动共生和有机协同，是高校思想政治教育的前提和基础。后者意味着生态要素、环境之间的不协调，可能会造成高校思想政治教育系统的不平衡，影响高校思想政治教育的绩效管理。只有根植于特定的生态环境中，依托丰富的生态关系和健全的生态机制，构建有利于内外环境之间物质循环、能量流动和信息传递的生态通道，高校思想政治教育才能实现立德树人的目标。

第一节 提出背景

第二次世界大战以后，随着全球经济的迅猛发展，国家之间的竞争态势日渐激烈。基于工业化模式的经济发展，成为多数国家发展优先考虑的战略目标。工业化释放出了前所未有的重要活力，一方面有力推动了社会财富的急剧增长；另一方面也不断影响人类社会系统的有序稳定。在宏观层面上，环境恶化、生态失衡、生物圈不协调等问题日益严重；在中观层面上，地区之间的战争、冲突、摩擦不断凸显；在微观层面上，人们的生活方式、价值观念和审美情趣逐渐趋向多元化和个性化。这些问题不断引起了人类的警觉与警惕，倡导生态环境保护、生态发展理念和生态文明建设的呼声越来越高，实现人类社会与自然界之间的和谐共存共生成为各个国家经济发展普遍遵循的原则。人类社会是一个大系统，其内含着政治系统、经济系统、教育系统、文化系统、科技系统、国民心理系统等诸多子系统。人类社会系统的发展变化决定和影响各子系统的发展变化，各子系统的发展变化反过来也会影响到人类社会系统的有序稳定。

作为人类社会系统的子系统，教育系统同样包含着丰富内容，这些内容按照教育类型可以划分为基础教育系统、中等教育系统和高等教育系统。每个系统之间相互联系、相互影响，形成合力，不断推动教育系统的发展演变。与其他教育系统类似，近年来高等教育系统的生态问题逐渐引起社会各界的普遍关注，高等教育系统备受外部社会环境、经济环境和自然环境的多重影响，发展机遇和发展挑战交织并存。审视当前高等教育系统的运作活动，很容易发现其面临的内外压力。内部压力来自体系内部的运作失灵与要素矛盾，外部压力来自体系外部的时代要求和社会需要。高校思想政治教育是高等教育系统的核心内容和运作表现，时刻与系统内外各种环境条件进行信息交流，以适应外部环境变化和自身持续发展。然而，高校思想政治教育也面临着前所未有的挑战冲击，迫切需要开展深度的理论研究。按照潘懋元先生的观点，无论从高校思想政治教育与外部环境关系上，还是从高校思想政治教育各组成要素、内容和环节上，都有必要从不同的学科观点、运用不同的研究方法来探讨相关问题。也就是说，高校思想政治教育涉及的内容、要素和条件较为复杂，仅仅依靠某一学科或研究方法很难从整体上把握其内在规律。跨学科对话与多视角交流逐渐走向高校思想政治教育的实践场域和研究前台，高校思想政治教育研究视角转轨成为新的理论研究趋向。

邱柏生教授在其《高校思想政治教育的生态分析》中就曾指出："思想政治教育是一个有机的系统，这种'系统'具有明显的动态特征，还具有循环往复的秉性。它与生态学原理方面存在着某种程度上的共同特性。"[1] 在

（1）邱柏生．高校思想政治教育的生态分析 [M]. 上海：上海人民出版社，2009：277.

这里邱柏生教授从两个方面揭示了思想政治教育的生态本质：一是思想政治教育的存在方式，即有机的系统功能体；二是思想政治教育的存在方式与外部环境之间的生态关系，突出思想政治教育是一个动态变化的复杂过程，它与外部环境存在着物质循环、能量流动和信息传递。所以，高校思想政治教育既表现为动态复杂的过程，也表现为有机综合的结果，而不是个别要素和成分的简单堆积和杂糅拼凑。由于高校思想政治教育涉及的内容要素和关系方式相对复杂，其系统化运作往往表现为一个动态过程。从这个意义上讲，高校思想政治教育是以教育者、受教育者和社会要求为过程条件，以教育目标、教育内容、教育方法与教育评估为过程成分，以过程条件和成分之间的生态关系为纽带的系统过程。

作为高校思想政治教育的本质体现或一种存在方式，系统性是高校思想政治教育的动态过程体现和静态结果表征。在生态学理论视域中，系统性作为高校思想政治教育功能体的重要特征，是高校思想政治教育内部构成要素之间相互影响、相互作用过程的生动解析。作为人们认识把握高校思想政治教育本质规律的切入点，系统性更能充分说明与有效阐释高校思想政治教育内外环境之间物质循环、能量流动和信息传递的生态平衡要求。系统性首先是对高校思想政治教育时空存在条件要求的能动反映，是“事物以系统作为存在方式”在高校思想政治教育方面的集中表现。传统的格式化思维和定势化倾向常常导致分析解决问题的简单化、粗略化，不利于高校思想政治教育的有效开展。系统化的思维路径不仅有助于高校思想政治教育方法的灵活应用，也有助于高校思想政治教育各类问题的合理化解，它是格式化思维与动态化思维、定势化思维、态势化思维有机结合的结果表现。传统的高校思想政治教育偏重于教育目标的社会性，大学生通常按照一定的社会要求和标准来接受教育，在一定程度上忽视了教育目标的人本性。同时，对于大学生身心成长、智力养成和技能培养规律把握不到位，加之教育模式应用不灵活、影响因素考虑不全面，难免造成高校思想政治教育成效不明显。因此，要综合把握高校思想政治教育的外在社会性与内在人本性的有机统一。系统化思维之所以成为研究和分析高校思想政治教育的思维导向，是由社会发展要求、大学生成长要求以及传统教育模式在新的时代环境下出现诸多不适症状共同决定的。可以说，系统化模式既是高校思想政治教育的一种新的思维方式，更是高校思想政治教育未来发展的必然价值取向。

高校思想政治教育生态运作是一个长期复杂的过程，其目标实现离不开生态要素的合理选择、生态环境的有效营造和生态关系的科学构建，即高校思想政治教育生态运作要以生态要素选择、生态环境营造和生态关系构建为重点。生态文明时代背景下高校思想政治教育生态发展趋势，不仅是“社会—经济—自然”复合生态系统运作的内在要求，也是思想政治教育从社会效应、教育效应和人本效应的“三维型”效应，不断转向社会效应、教育效应、人本效应和生态效应的“四维型”效应的集中表现。忽视了生态要素选择、生态环境营造和生态关系构建，高校思想政治教育就难以实现有效发展，偏离了生态运作模式，高校思想政治教育就难以实现持续发展。因此，生态要素、生态环境和生态关系，是支撑推动高校思想政治教育生态发展的必要内容，三者之间相互影响、相互作用，共同促进高校思想政治教育生态化的运作发展。

虽然以往的高校思想政治教育采取了一些与大学生生活、学习实际紧密联系的模式，诸如调研考察、社会实践、爱国主义基地参观、英雄事迹学习等，取得了明显成效，在一定程度上满足了大学生追求思想上进的要求。但是这些模式缺乏实施的持久性和普遍性[(1)]，与大学生个体价值提升的结合度有待继续加强，难以持续促进大学生正确行为习惯的养成。这种模式的内在逻辑，就是将思想政治教育仅仅视作一个特殊的教育形态，或者将思想政治教育简单理解为提高大学生思想素质、道德品质的教育手段。事实上，高校思想政治教育不是孤立、封闭的教育活动，而是基于社会发展需求、个体成长需求和高校管理需求形成的“综合教育实践”[(2)]，能够形成多层面、立体化的综合效应。可见，无论是作为一种教育形式，还是作为一种教育手段，高校思想政治教育都具有一定的生态属性，其本质上是一个涉及诸多要素、要素关系和要素环境的教育活动。从这个意义上讲，高校思想政治教育并不仅仅是特定教育目标的实现过程，而应该是满足并体现一定社会环境、教

（1）刘世华，吴绍禹．思想政治教育理论课实践教学的认识局限及对策论析 [J]. 教学与研究，2008（4）：87-90.

（2）陈秉公．思想政治教育学原理 [M]. 沈阳：辽宁人民出版社，2001：3.

育环境和个体环境要求的教育实践。

从生态学角度看，高校思想政治教育首先离不开一定的构成要素，构成要素是高校思想政治教育开展的基础和根本条件。按照类型，这些构成要素可分为主体要素、客体要素、内容要素、手段要素和管理要素等。不同构成要素之间形成稳定的结构关系，构建了内外环境之间物质循环、能量流动和信息传递的通道，促使高校思想政治教育过程实现了有序运转和目标绩效。高校思想政治教育是在特定构成要素的基础上，通过构建内容丰富、形式多样的要素关系，不断实现既定的教育目标，促进自身与外部环境的互动融合。正如安徽师范大学的戴锐教授所指出的："在思想政治教育生态中，教育过程是一个教育对象、内部条件、外部环境共同作用的生态过程，教育者、教育内容既是维持并改善这一生态、促进受教育者全面发展的主要作用力，也是构成教育生态的基本要素。"(1) 在戴锐教授看来，思想政治教育生态强调宏观性与整体性，它既肯定了思想政治教育在不同组织、单位的微观价值，也突出了思想政治教育作为社会大系统重要组成部分的宏观意义。同样，高校思想政治教育也是一个由内外环境因素相互影响、相互作用、相互协调和相互适应形成的动态平衡过程。然而，内外环境具有动变性，并不是始终处于某种态势。各类环境要素会发生质量、数量、丰度和效度上的变化，这些变化往往容易引起要素关系的变化，进而导致高校思想政治教育生态结构变化，使得高校思想政治教育表现出不同的功能形态。从另一个层面上讲，高校思想政治教育只有适应了内外环境的变化要求，不断寻求新的要素因子和环境空间，才能达到自身生态的良性运行。因此，高校思想政治教育在本质上是其与外部环境之间关系的改变、协调、互动和优化，这些都是生态关系的动态表现。正是借助构成要素及要素关系，高校思想政治教育才实现了有序稳定的发展。

在高校思想政治教育的生态运作过程中，仅仅依靠一定的构成要素和要素关系是难以有效完成的，往往需要借助于一定的环境条件。由于不同构成要素和要素关系自身具有多层次性，所以对环境条件的要求和适应也是多层面的，主要包括高校思想政治教育对其赖以生存发展外部环境的适应、

---

(1) 戴锐．思想政治教育生态论 [J]. 理论与改革，2007（2）：150.

作为高校思想政治教育载体的高等学校对周围具体生态环境的适应，以及高校思想政治教育系统中不断成长的大学生对社会环境与学校生态环境的适应。[1] 与此同时，高校思想政治教育也通过对大学生思想、道德和心理等方面的综合教育，来实现对社会环境的影响。如果忽视外部社会环境实际，开展高校思想政治教育就无从谈起，高校思想政治教育目标的实现也只能落空。外部环境的变化直接影响高校思想政治教育活动的计划制订、过程实施。正是在不断适应和利用外部环境的过程中，高校思想政治教育实现了有序稳定和持续发展，同时，也不断发挥功能地位和价值作用，进而影响和改变着外部环境。一定环境条件是高校思想政治教育生态运作的重要支撑和关键基础。特定的构成要素、要素关系和环境条件相互联系、相互作用、形成合力，共同支撑和推动高校思想政治教育的生态化运作。各类构成要素的丰度、效度和数量的变化，不仅调整了要素之间的关系形式、类型，也使得高校思想政治教育与外部环境之间的关联性日渐紧密。高校思想政治教育必须要不断适应外部环境的变化要求，实现与外部环境的互动平衡。

第二节　实现条件

从静态层面上看，高校思想政治教育生态具有丰富的内涵体系，它既强调高校思想政治教育内部构成要素之间相互影响、相互作用的协同关系，又突出高校思想政治教育与外部环境之间相互依存、相互促进的协调关系。从动态层面上看，高校思想政治教育生态是高校思想政治教育不断适应内外环境变化，实现持续发展演化的复杂过程。随着社会生态文明的不断兴起和教育生态理念的逐渐提高，高校思想政治教育越来越趋向于生态化的组织实施。早在 2004 年，邱柏生教授就从政治哲学的发展观视野对思想政治教育生态问题进行了专门研究，并在《要重视思想政治教育的生态环境》《高校政治理论课建设要有生态观点》等文章中明确提出了思想政治教育生态理论建设的学术观点，并阐述了思想政治教育生态理论的内容框架和结构体系，为高校思想政治教育功能优化和作用提升提供了理论指导。然而，这并不意味着高校思想政治教育生态发展就能够真正付诸实践并取得良好

（1） 贺祖斌．高等教育生态论 [M]. 桂林：广西师范大学出版社，2006：37.

成效。如果将高校思想政治教育生态本质的实践性和时代性特征仅仅停留在认知层面，而忽视了实践层面上的影响因素和环境条件，就会出现高校思想政治教育生态意蕴与生态实践之间的相互背离，进而制约高校思想政治教育的持续发展。

事实上，只有将意识形态层面突出高校思想政治教育生态的重要性，与实践形态层面强调高校思想政治教育生态的现实性有机结合起来，才能真正实现大学思想政治教育生态价值的释放、超越和提升，促进高校思想政治教育与外部环境的互动融合，以及高校思想政治教育的生态化发展。高校思想政治教育生态只有产生有别于传统思想政治教育的效应，才能够体现出其特有的价值所在。高校思想政治教育生态实践的深入递进，一方面使得高校思想政治教育生态不断呈现出整体性、交互性和共生性特征；另一方面也使得高校思想政治教育生态不断生成人本效应、教育效应和社会效应。可见，高校思想政治教育生态是人本效应、教育效应和社会效应有机协调的动态过程，而不仅仅是单纯的要素组合、环节设置和手段选择。只有深入了解了高校思想政治教育生态的形成机制，才能从根本上掌握高校思想政治教育生态化运作的特点和规律。

第一，人类社会从农业文明和工业文明向更先进、更高级、更有生命力的生态文明发展转型，使得生态可持续发展观成为指导人类实践活动的根本理念和哲学思想，为高校思想政治教育生态化运作提供了历史条件。人类源于自然，归属于自然。自然界孕育了人类，人类依托自然创造了辉煌灿烂的社会文明。结束渔猎时代以来，人类先后经历了农业文明和工业文明两大基本文明形态，目前正在从工业文明向生态文明迈进。在以自然经济为基础的农业社会，人们改造自然的能力仍然有限，自然对人类仍居支配地位。人类还没有能力对自然生态系统施加强有力的影响，人的欲望及其满足也仅局限于最基本的生存需要的范围之内。蒸汽机的发明和使用把人类推进到工业文明时代，人类凭借手中的科学技术在人与自然的关系中逐渐占据主导地位，由此也逐渐衍生了一系列的环境问题，诸如大气污染、噪声污染、水污染、城市生活垃圾污染以及固体废弃物的污染等，严重影响了人类社会的健康生存和持续发展。在此背景下，人们“征服自然”“主宰世界”的冲动逐渐冷静下来，并开始不断反思以牺牲环境为代价来发展经济的错误路径，逐渐把追求人与自然的和谐作为自己的行为准则。正是人类在由错误发展方式向正确途径的不断转变过程中，现代环境科学与生态科学得到了快速发展，生态学理论在社会领域中也得到了广泛应用，为高校思想政治教育生态化运作提供了历史条件和理论基础。

第二，不同区域社会之间日渐紧密的沟通联系促进了社会发展的系统化进程，社会系统内部不同生态因子、结构层面之间相互影响、相互作用态势的不断显化，为高校思想政治教育生态化运作提供了现实依据。在区域之间经济、政治、文化、科技和教育等方面沟通联系日渐紧密的背景下，社会系统内部的生态因子不断突破时空条件和范围的约束限制。基于彼此之间结构、功能方面的互补支撑，实现了多层面的排列组合，促进了社会系统的发展演化。社会系统的一体化及其所蕴涵的生态因子、生态结构之间的互动关联，使得社会活动发生了一系列变化，从而也诱发了许多有别于以往社会的现实问题，社会环境复杂多变，社会环境管理越来越难。这就要求在认识把握社会系统本质时，必须关注社会环境内部生态因子、结构层面之间的生态关联性、整体性和共生性。社会生态学理论认为，社会系统在不断实现发展演化和优化升级过程中，一方面提高了生态因子的功能地位和价值作用；另一方面也增强了生态因子之间相互影响、相互制约和相互融合的内在关系。对于高校思想政治教育而言，这些变化是其有序开展的必要条件，也是其持续演化的重要基础。高校思想政治教育必须提高自身对社会环境变化的适应能力，以此来不断应对外部环境的多重影响。高校思想政治教育一方面通过与社会系统进行物质循环、能量流动和信息传递来实现新陈代谢；另一方面通过提高自身的免疫能力和适应能力来实现持续演化。只有当高校思想政治教育的抵御能力和水平与社会环境压力达到协调平衡状态，高校思想政治教育才能实现生态化运作。

第三，教育生态已经成为现代教育经营管理的新思维、新模式，并逐渐渗透到教育实践活动的计划制订、组织实施、控制评价和优化提升等各个环节，为高校思想政治教育生态化运作提供了理念指导。现代社会的快速发展以及市场竞争环境的复杂多变，使得世界范围内的教育面临生存风险和发展抉择。对于我国教育而言，由于社会转型和经济转轨交织并存，国内环境转变和国际环境接轨同步进行，加之传统教育模式、观念的羁绊和禁锢，使得我国的教育既要在继承传统优良教育模式过程中获得创新，也要在适应国际环境变化过程中获得发展，这无疑是摆在我们面前亟待思考和亟须解决的现实难题。因此，要在冷静应对复杂环境过程中，不断树立新的教育经营管理理念——教育生态理念。教育生态理念的提出及其广泛渗透，不仅改变了高校思想政治教育方式，也影响了高校思想政治教育路径，使得高校思想政治教育结构、模式等都发生了深刻变化，尤其是在高校思想政治教育机制方面。

具体而言，一是运作机制构成要素的明确化。由于高校思想政治教育运作机制的构成要素得到合理确定，主体要素、基础要素和补充要素各安其位，各尽其力，可以有效避免因要素角色错位带来的功能妨害和成本提高，提升了构成要素使用水平。二是运作机制内部关系的网络化。高校思想政治教育的生态化意味着内部构成要素之间关系的生态适应性、共生性和平衡性，既稳定了高校思想政治教育运作机制的结构体系，又提高了高校思想政治教育运作机制的功能机理。三是运作机制外部关系的有序化。构建与外部环境之间的有序稳定关系，既有助于扩大高校思想政治教育的影响范围，也有助于增强高校思想政治教育的物能支撑，还有助于促进高校思想政治教育的优化升级，使得高校思想政治教育与社会环境之间的关系日渐紧密，推动高校思想政治教育生态化不断融入教育生态化、社会生态化发展的态势之中。

第四，高校思想政治教育危机和教育困境的出现要求高校思想政治教育必须做出发展轨迹和发展方向的重大转变，为高校思想政治教育生态化运作提供动力支持。高校思想政治教育是推进人才战略的内在要求，是提高大学生素质能力的有效途径，也是促进高校和谐有序发展的现实选择。当前，国内外形势正在发生深刻复杂的变化，我国发展仍处于重要的战略机遇期，前景十分光明，挑战也十分严峻。十八大以来的五年，是党和国家发展进程中极不平凡的五年。面对世界经济复苏乏力、局部冲突和动荡频发、全球性问题加剧的外部环境，面对我国经济发展进入新常态等一系列深刻变化，我们坚持稳中求进的工作总基调，迎难而上，开拓进取，取得了改革开放和社会主义现代化建设的历史性成就。五年来的成就是全方位的、开创性的，五年来的变革是深层次的、根本性的。同时，必须清醒看到，我们的工作还存在许多不足，也面临不少困难和挑战。主要是：发展不平衡、不充分的一些突出问题尚未解决，发展质量和效益还不高，创新能力不够强，实体经济水平有待提高，生态环境保护任重道远；民生领域还有不少短板，脱贫攻坚任务艰巨，城乡区域发展和收入分配差距依然较大，群众在就业、教育、医疗、居住、养老等方面面临不少难题；社会文明水平尚需提高；社会矛盾和问题交织叠加，全面依法治国任务依然繁重，国家治理体系和治理能力有待加强；意识形态领域斗争依然复杂，国家安全面临新情况；一些改革部署和重大政策措施需要进一步落实；党的建设方面还存在不少薄弱环节[(1)]。上述这些问题对大学生的意识形态、价值观念和行为选择产生多重影响，增加了高校思想政治教育工作的难度，诱发了一系列高校思想政治教育难题。在内部层面上表现为教育理念落后、教育内容单一、教育手段单调、教育主体关系紧张等，在外部层面上表现为与社会环境沟通不畅、与家庭环境联系不足、与文化环境结合不紧等[(2)]。因此，创新工作理念和工作方法，探索复杂社会条件下的工作新思路、新模式，就成为高校思想政治教育摆脱危机、走出困境、实现发展的必由选择，生态学观点为我们提供了新的思维模式和工作方法。可以说，生态式发展方向的轨迹是今后高校思想政治教育发展的一个重要目标，也是高校思想政治教育取得良好预期目标的有效保障。目前，一些高校在开展思想政治教育过程中，特别注重构建全方位的教育模式、设置立体化的教育情境、选择合理化的教育方法等，其价值指向就是通过优化思想政治教育的内外生态因子、生态关系和生态环境，来不断提高思想政治教育水平，从根本上促进高校思想政治教育生态化发展。

第三节　理论基础

高校思想政治教育生态论的理论基础主要包括思想政治教育学、教育

（1）习近平．决胜全面建成小康社会，夺取新时代中国特色社会主义伟大胜利——在中国共产党第十九次全国代表大会上的报告[M]．北京：人民出版社，2017.

（2）李立娟．生态论视角下的高校思想政治教育研究[D]．大连：大连海事大学，2009：15-19.

生态学、生态学三个方面。每个方面又包括丰富的理论内容，彼此相互联系、相互影响，共同构成高校思想政治教育生态论的理论基础体系。

一、思想政治教育学理论

目前，学术界关于思想政治教育学理论的研究成果颇为丰富，可以从思想政治教育基本理论类、现代思想政治教育类、德育类、比较思想政治教育类和国外道德教育著作类五个方面来把握。每个方面都有知名学者的论著成果，具体为：

（1）思想政治教育基本理论类。主要有罗国杰主编：《马克思主义思想政治教育理论基础》，高等教育出版社 2002 年版；邱伟光、张耀灿主编：《思想政治教育学原理》，高等教育出版社 1999 年版；张耀灿、陈万柏主编：《思想政治教育学原理》，高等教育出版社 2001 年版；陈秉公著：《思想政治教育学原理》，辽宁人民出版社 2002 年版；郑永廷主编：《思想政治教育方法论》，高等教育出版社 1999 年版；祖嘉合著：《思想政治教育方法教程》，北京大学出版社 2004 年版；张耀灿主编：《中国共产党思想政治教育史论》，高等教育出版社 2006 年版；王树荫著：《中国共产党思想政治教育史》，中国人民大学出版社 2011 年版；刘建军著：《中国共产党思想政治教育的理论与实践》，中国人民大学出版社 2008 年版；罗洪铁等著：《思想政治教育学学科理论体系演变研究》，中国社会科学出版社 2012 年版。

（2）现代思想政治教育类。主要有张耀灿、郑永廷等著：《现代思想政治教育学》，人民出版社 2006 年版；郑永廷著：《现代思想道德教育理论与方法》，广东高等教育出版社 2000 年版；张耀灿、徐志远著：《现代思想政治教育学科论》，湖北人民出版社 2003 年版；张耀灿等著：《思想政治教育学前沿》，人民出版社 2006 年版；骆郁廷主编：《思想政治教育原理与方法》（教育部思政司组编），高等教育出版社 2010 年版；靳诺、郑永廷等著：《新时期高校思想政治教育理论与实践》，高等教育出版社 2004 年版；罗洪铁主编：《思想政治教育专题研究》，中央文献出版社 2007 年版；周中之、石书臣主编：《现代思想政治教育理论与实践探微》，人民出版社 2009 年版；沈壮海著：《思想政治教育有效性研究》，武汉大学出版社 2001 年版；项久雨著：《思想政治教育价值论》，中国社会科学出版社 2003 年版；徐志远著：《现代思想政治教育学基本范畴研究》，湖北人民出版社 2005 年版；万美容著：《思想政治教育方法发展研究》，中国社会科学出版社 2007 年版；石书臣著：《现代思想政治教育主导性研究》，学林出版社 2004 年版；李辉著：《现代思想政治教育环境研究》，广东人民出版社 2005 年版；陈万柏著：《思想政治教育载体论》，湖北人民出版社 2003 年版；韦吉锋著：《网络思想政治教育研究》，新华出版社 2005 年版；李辽宁著：《当代中国思想政治教育意识形态功能研究》，武汉大学出版社 2006 年版；张彦著：《思想政治教育主体性研究》，广东人民出版社 2006 年版。

（3）德育类。主要有鲁洁、王逢贤主编：《德育新论》，江苏教育出版社 2000 年版；班华主编：《现代德育论》，安徽教育出版社 1996 年版；郑永廷等著：《德育发展研究》，人民出版社 2006 年版；李萍著：《现代道德教育论》，广东人民出版社 1999 年版；鲁洁主编：《德育社会学》，福建教育出版社 1998 年版；张澍军著：《德育哲学引论》，人民出版社 2002 年版；檀传宝著：《学校道德教育原理》，教育科学出版社 2000 年版；李康平著：《德育发展论》，中国社会科学出版社 2004 年版；戴钢书著：《德育环境研究》，人民出版社 2002 年版；佘双好著：《现代德育课程论》，中国社会科学出版社 2003 年版；王仕民著：《德育文化论》，中山大学出版社 2007 年版；王立仁著：《德育价值论 》，中国社会科学出版社 2004 年版。

（4）比较思想政治教育类。主要有王瑞荪等主编：《比较思想政治教育学》，高等教育出版社 2001 年版；李萍、林滨主编：《比较德育》，中国人民大学出版社 2009 年版；陈立思主编：《比较思想政治教育》，中国人民大学出版社 2011 年版；王玄武、骆郁廷主编：《思想教育、政治教育、道德教育比较研究》，武汉大学出版社 2002 年版；武汉大学思想政治教育系组编：《比较德育学》，武汉大学出版社 2000 年版。

（5）国外道德教育著作类。主要有 [美] 约翰・杜威著：《道德教育原理》，王承绪等译，浙江教育出版社 2003 年版；[美] 柯尔伯格著：《道德教育的哲学》，魏贤超等译，浙江教育出版社 2000 年版；[英] 彼得斯著：《道德发展与道德教育》，邬冬星译，浙江教育出版社 2000 年版；[英] 约翰・威尔逊著：《道德教育新论》，蒋一之译，浙江教育出版社 2003 年版；[美] 霍尔、戴维斯著：《道德教育的理论与实践》，陆有铨、魏贤超译，浙江教育出版社 2003 年版。[1]

综合已有理论成果，思想政治教育学理论主要包括思想政治教育的地位作用、发展历程、思想政治教育环境、思想政治教育过程及其规律、思想政治教育者和教育对象、思想政治教育内容、原则、方法和艺术、载体、思想政治教育管理等内容。中国特色社会主义进入新时代，我们也应该注重习近平新时代思想政治教育思想的研究学习。中共十八大以来，以习近平为总书记的新一届中央领导集体带领全党、全国各族人民积极应对前进道路上的困难和挑战，不断拓展改革开放进程，大力推进国家治理能力和治理体系的现代化建设，为实现“两个一百年”奋斗目标和中华民族伟大复兴的中国梦凝聚起强大力量，开启了社会主义现代化建设的新征程。在新的历史条件下，习近平作为党和国家的最高领导人在实践中继续丰富和创造性地发展了马列主义、毛泽东思想、邓小平理论、“三个代表”重要思想和科学发展观，紧紧围绕思想政治教育的作用、目标、内容、途径等提出了一系列的新思想、新论断、新阐述，形成了极具时代特征和个人魅力的思想政治教育思想。习近平思想政治教育思想是在历史新阶段对如何实现中华民族伟大复兴的中国梦，如何用社会主义核心价值观凝聚现代化建设的共识，如何统一全党和全国各族人民为实现“两个一百年”目标和中华民族伟大复兴的思想基础等一系列重大问题深入探索的基础上，进行科学总结和概括的思想理论。研究和探讨习近平思想政治教育思想对于当前做好思想政治教育工作和全面推进社会主义现代化事业具有极端重要的理论研究价值和实践指导意义。[2]

二、教育生态学理论[3]

教育生态学是将教育及其生态环境相联系，并以其相互关系及其机理为研究对象的一门新兴学科。1976 年，美国哥伦比亚师范学院院长 Cremin Lawrence 在《公共教育》（Public Education）一书中首次提出教育生态学。

（1）主要参考上海师范大学马克思主义学院网站信息，http：//marx.shnu.edu.cn/93/95/c2404a103317/ page. htm.

（2）王越 . 习近平思想政治教育思想研究 [D]. 成都：四川师范大学，2016：1.

（3）李化树 . 教育生态学探讨 [J]. 教学与管理（中学版），1995，（1）：14-16.

经过四十多年的发展，教育生态学逐渐形成了内容丰富的理论体系，大致包括六个方面问题：

1. 教育的生态环境

生态学是研究生物与其环境之间关系的学科，研究教育生态首先要搞清什么是教育的生态环境。教育的生态环境是以教育为中心，对教育的产生、存在和发展起制约和调控作用的多元环境体系，大致分为三个层次：一是以教育为中心，综合外部自然环境、社会环境和规范环境组成的单个的或复合的教育生态系统；二是以单个学校或某一教育层次为中心构成的，反映教育体系内部的相互关系；三是以学生的个体发展为主线，研究外部环境包括自然、社会和精神因素组成的系统。此外，教育生态学还考虑教育对象内在的生理和心理环境。 应该特别注意教育生态环境的多维镶嵌性。规范环境包括文化、科技、语言文字、民族、伦理道德、哲学、民主与法制、社会风气习俗、宗教信仰、艺术以及体育等环境。

2. 教育的生态结构

教育的生态结构包括宏观和微观两个方面。教育的宏观生态最大范围是生态圈，其次是世界上以各国家为疆域的大生态系统，实际上这是历来教育研究的重点。研究以教育为中心的各种环境系统，分析其功能以及与教育、与人类的交互作用关系，以寻求教育发展的方向、教育应有的体制和应采取的对策。系统分析宏观教育生态必须把握好四个环节：一是生态环境；二是输入（人力、物力、财力、信息等）；三是转换过程（弹性调控）；四是输出（出人才，出成果）。教育的微观生态可以缩小到学校、教室、设备乃至座位的分布对教学的影响，也包括课程的设置目标、智能 、方法、评价等微观系统分析，也可以具化到家庭的亲属关系，学校的师生关系、同学关系乃至学生个人的生活空间、心理状态对教育的影响。提及结构，人们最熟悉的教育系统的教阶结构，从幼教到小学、中学、大学本科、硕士、博士、博士后，这种谱系结构本身反映了不同的教育层次，也反映了从简单到复杂、从低级到高级的教育过程，而这种结构与年龄层次密切相关。

生态学按照研究对象分为四个层次：个体生态、种群生态、群落生态和生态系统生态。在教育生态学中，人们把种群生态和群落生态结合为群体生态。家庭的社会环境和规范环境对教育的关系，反映出明显的个体生态特征。有利的小生态环境可以促成个体的超常发挥，不利的小生态环境可能造成相反的结果。大学的一个系科可视为一个教育生态群落，而一所大学就是一个教育系统，一所中学或小学则可视为一个群落，有时也可视为一个小的教育系统。影响教育群体的生态因素很多，教育群体之间有竞争、合作、中性等多种与生物系统不同的相互作用表现，教育者运用群体动力学来推进群体及群体中个人的发展，这对教育者的素质提出了一定的要求。教育生态系统是最复杂的层次，人们总是把一个国家、一个省等视为一个大的教育生态系统，下面还会有许多亚系统。这些宏观的教育系统既包括教育本身的系统，也包括环境系统。对教育系统而言，有开发者 、被开发者、管理者三个功能团，教育生态系统以教育及其结构层次为主体，以这三个功能团为纽带，以出人才、出成果为中心，围绕几种生态环境的圈层，形成多因子综合影响、相互作用的系统。教育生态系统是一种耗散结构系统，其远离平衡态的开放性和各要素之间的非线性作用，使得我们可以采用耗散结构的理论和方法去研究它，以获得对系统动态情况的了解和多种启示。教育的水平分布表现了教育生态明显的水平结构特征，研究此结构特征有利于把握教育分布的格局。生态群体的规律性的迁入迁出，是教育生态系统基本的动态结构规律，也是教育发展的必经历程。当然 ，其波动将反映教育主导思想方针、政策的变化。

3. 教育的生态功能

教育的生态功能区别于教育功能，但又与教育功能有许多重叠。教育生态系统是一种有目的的系统，有系统内的生态功能和系统外的生态功能。其内在功能为育才，其外在功能主要为其社会功能——传递文化、协助个人社会化、使人们建立共同的价值观等。

4. 教育生态学的基本原理

（1）限制因子定律。在教育生态学中将自然限制因子扩展到社会、精神因子。对教育生态系统，最主要的限制因子是能量流与信息流，能量流不足，低于基本需求时，会限制教育规模的数量和质量。当然，限制因子多种多样，要看到它的客观限制性，重视它，分析它，不断排除其限制作用和影响，教育发展就会更快些、更好些。

（2）耐度定律与最适度原则教育发展的数量、规模和速度要在国民经济的承受范围之内，否则即使发展了，还是要退下来的。量力而行，尽力而为即是符合耐度定律的。教育生态的个体、群体、系统在自身发展的一定阶段上，对周围生态环境的各种生态因子都有自己适应范围的上限和下限，在此范围内主体能很好地发展，否则将走向反面，这就是教育、教学中应该遵守的最适度原则。

（3）花盆效应（生态学上称之为局部生境效应）。花盆里栽不出万年松，花盆是一个半人工、半自然的小生态环境，在空间上有局限性，还要人为地为之创造适宜的环境。因此，在花盆内的个体、群体，其生态阈值下降、生态幅变窄、生态价下跌，一旦离开此生态环境，个体、群体会失去生存能力。父母对孩子娇惯溺爱，就会使孩子产生成长过程中的花盆效应。同样，封闭、半封闭的教育群体或教育系统，使学生脱离现实生活，从书本到书本也会产生局部生态环境效应。这一原理在教育学中一直是受重视的，但从生态学的观点去分析，提高了高度，并逐渐有可能走向定量化。

（4）教育生态位原理。从大系统角度看，教育对社会各方面有促进作用，也需要一定的能量输入，与其他系统共存，彼此间应有恰当的能量分配比例，这里就有竞争排斥的体现。同样，在高等教育、普通教育、职业教育、成人教育诸系统之间，也有彼此竞争、排斥作用。在同一生态位中的竞争，体现主动进取，发挥鼓舞斗志、激励向上的作用。但是，竞争排斥也会有消极作用，这些影响要及时分析。

（5）教育生态链法则。教育生态链不同于自然界的食物链，它与不同阶段的教育、教学的特点有关，至今尚未有人进行过定量研究，可视为灰色系统，需用现代科技成果、定性与定量相结合，动态地加以研究探讨。

（6）教育节律。预习、听课（或实验）、复习是一种教育节律，单元考、期中考、期末考、升级考、毕业考也是教育节律。教育节律客观存在，按照教育节律的正常运转机制安排教育、教学活动，会有利于教育、教学质量的提高，促进学生全面发展。教育者和被教育者都是人，人有各种生理节律，如果教育节律不与人的生理节律相适应，就会造成生物钟混乱，教育将收不到预期效果。

（7）社会群聚性与阿里氏原则。与生物群聚性一样，在教育生态过程中也有各式各样的社会群聚性，有人将它分成四大类，即正式群体、半正式群体、非正式群体与参照群体。生物的群聚程度影响到群体的动态，阿里针对此种情形提出最适密度原则，这就是阿里氏原则。不论哪一种教育群体也都有自己最适当的群聚度，不适当的密度会对教育群体的活动和效能的发挥产生影响。如像现在一些重点中学里的重点班（班级为正式群体），人数过多会影响教学活动的开展，而像外语、体育这一类实践性课程，会因实践机会过少，影响更甚。

（8）群体动力与群体间的关系。群体动力是指群体各成员间相互作用和影响，反映在群体内有同等地位人之间的依慕（附）关系、权威关系、利群行为、合作关系、共生或共栖、中性作用、竞争、侵犯、寄生、社群领袖。

（9）教育生态系统的整体效应。“牵一发，动全身。”一种生态行为的产生受到全局性的多因素影响，这是整体效应的集中体现。美国 20 世纪 70 年代提出的生计教育（Career Education）观，即为从教育的整体效应着眼提出的教育工程，目的是以全局性措施来改变教育与劳动脱节的时弊。

（10）教育生态系统的边缘效应。主要有两种理解：一是按生态学边缘效应含义作分析，如一个科研单位要有所发明、创造，必须进行合理的人才流动，通过学术交流、知识更新形成边缘动态，“近亲繁殖”很难造就一流人才；另一种是指实现存在的薄弱边缘区。

5. 教育生态的基本规律

教育生态规律是指以生态学观点来研究教育与外部生态环境之间以及教育内部各环节、各层次之间本质的、必然联系的基本规律。由于教育生态的研究起步较晚，还有若干教育生态的规律尚未被人们认识或充分认识，尚有待大力开发。

（1）迁移与潜移律。教育生态系统的物质流、能量流和信息流，在宏观上主要表现为径流，即较明显的迁移，而在微观上则表现为潜流，即不明显的潜移。国家财政部门拨款给教育部门，教育部门通过银行转给各学校，这是径流，能量流入学校后分散到系部，再到教研室以至教职员工个人，逐渐即由径流变为细小的潜流，在此过程中，能量逐渐耗散。对信息系统的相似分析，尚需借助于关于人脑、神经系统的知识。

（2）富集与降衰律。改革开放以来，通过多渠道、多种方式解决学校的资金，可以理解为一种富集作用，这将给学校教育生态系统带来活力和动力。一般而言，富集度愈高，系统愈向高水平发展，但能量富集过多会造成浪费。总之，富集要与不同的发展水平和层次相适应，降衰作为富集的对立物不难理解，如信息流随距离的增加而减少。在人体内随时间延长而衰减，只有反复复习，强化那些必要的神经联系，方能保持。

（3）教育生态的平衡与失调。教育生态理论的核心问题之一是教育的生态平衡。把握教育生态平衡的规律，能从根本上揭示教育方面存在问题的实质，推进教育发展。教育生态平衡可以从教育生态系统的结构、功能两个不同角度来分析。值得注意的是，由于恢复教育生态平衡或建立新的教育生态平衡具有周期表，加上教育的效果滞后，有些平衡失调在一段时间呈隐性，一时难以反馈、显示出来，这就要求人们根据平衡原理及科学的检测方法，主动去观察分析，采取超前对策，能动地加以调节。否则，将付出昂贵代价。

（4）竞争机制与协同进化。无论是国家与国家、学校与学校，还是人才之间，从教育生态系统到群体、个体，竞争都是长久存在并导致优胜劣汰。例如，某些学校创办后消亡。但是另一方面，竞争的积极意义也是众所周知的，竞争对教育者、受教育者都可以产生推动力，竞争可以促进整体教育改革，促进学科之间的交叉与渗透，推进学科间、院系之间的协作，促进教学质量与科研水平的提高。从相互竞争到协同进化，这是管理者、教育者、受教育者的共同愿望。尽管有时不适当的竞争也可能导致相反的结果，但对教育生态系统而言，协同进化将永远是主流。

（5）教育生态的良性循环。教育圈是一种大教育系统，包括初始教育、成人教育、继续教育。对象包括从事教育工作的人员，还包括教育发展所依赖的客观条件与环境，即社会、经济、科技、管理及对人才的需要等。教育圈内的人才流、能量流、物资流有自己的良好循环机制，这只是一个例子。

6. 教育生态的演替与演化

教育生态的演替主要反映在层次演潜和教育阶演替上，其实质是知识、信息的积累并产生质变。①层次交替。由低年级到高年级，从小学到中学到大学再到研究生，这里有机遇，也有主观条件和竞争力，通过人工选择产生演替。②知识演替。呈螺旋式上升、波浪式发展模式。③周期演替。随着社会经济的发展进步，对教育的物质能量投入逐年增加，这里通常按年度表现为周期演替。④次生演替。继续教育、成人教育属次生演替。⑤演替的中断与跳跃。留级、辍学属演替中断，跳级属演替的跳跃。这里有客观因素的制约引导，也有主观因素起作用，通常后者更为重要。⑥逆行演替。如学业荒废蜕变成文盲、半文盲。⑦纵向教育结构演化趋势。例如不同人均收入水平下，不同教育层次占人口比率有所区别，这种纵向演化趋势通常可用回归分析法分析。

生态系统的演化有其内源、外源性表现，根本动力来自系统内部，生态系统通过各子系统间的相互作用及对环境变化的相互调整，保持增加有序整体中的负熵因素，以达到系统适应环境之目的，教育生态系统也是如此，但人可以经常调整其发展目标一一通过决策来实现。决策正确可以推进系统的演化，反之决策失误将导致系统缺损失调。总体上说，由于物质能量、知识信息的积累，系统的演替演化不可逆，并处于不断推进之中。当前，随着经济、政治、科技体制改革的深入，我国教育结构内部的每个层次、各种体系，都受到外力冲击，教育的基础需要改造，教育体制需要改革，教育内容需要更新，教育观念需要也正在发生深刻的变革。如何用教育生态学的手段、方法与各种教育理论相结合，更深入、系统地研究这些因素，成为我们必须思考的问题。彼此间的相互作用及其对教育系统的作用影响，对我国教育发展，从新的观点出发补充、形成更科学的理论基础，自然成为我国研究教育生态学的中心任务。

三、生态学理论(1)

生态学主要以生物与环境之间的关系为研究对象。生态学从 1866 年概念提出到 1898 年学科建立再到今天的拓展丰富，经历了一个较为漫长的发展过程。生态学一词源于希腊文 Oekologie，从字面看是指研究生物栖息环境的科学。生态学作为一个概念首先由德国动物学家 Ernst Haeckel 于 1866 年在《普通生物形态学》一书中提出，并将其定义为研究有机体与其周围环境相互关系的科学。随后，生态学引起了学者们的关注，一些学者尝试从自身研究背景和兴趣出发提出见解，丰富了生态学的概念内涵。丹麦植物生态学家 E. Warming（1909）从植物生态学的角度出发，将生态学定义为“研究植物生活的外在因子及其对植物结构、生命延续时间、分布和其他生物

（1）刘志峰．基于发展演化视域的企业生态位理论研究 [M]. 北京：团结出版社，2016：1-7.

关系之影响”。英国生态学家 Elton（1927）在《动物生态学》一书中，把生态学定义为“科学的自然历史”。澳大利亚生态学家 Andrewartha（1954）以种群生态学为观察维度，提出生态学是“研究有机体的分布和多维的科学”。俄罗斯动物学家 Haymob（1955）认为生态学是“研究动物的生活方式与生存条件的联系，以及生存条件对动物的繁殖、生活、数量及分布的意义”。加拿大科学家 Smith（1966）认为“eco”代表生活之地，认为生态学是研究有机体与生活地之间相互关系的科学，所以也可以将生态学称为环境生物学。美国著名的生态学家 E. P. Odum（1971）提出生态学是研究生态系统的结构和功能的科学。(1) 我国的生态学家马世俊（1980）根据系统科学的思想，提出了生态学是研究生命系统和环境系统相互关系的科学。

按照学术界的权威观点(2)，生态学发展可分为萌芽时期、创立和发展时期、巩固及学派分化时期、生态系统生态学时期、人类生态学时期五个阶段。从广义上理解目前生态学在社会科学领域的渗透应用可以视为生态学发展的第六个阶段，即社会转轨时期。

一是萌芽时期。自然是人类生存和发展的基础。随着人类活动能力的提高，人利用自然及其对自然产生的影响也在发生变化。早期人类主要使用极为简陋的石器工具进行采集渔猎活动，期间人类开始积累有关动植物生活习性和生物特征等生态学知识。这些知识多数处于分散、非系统和不成文的状态，这一点可以在古希腊和中国的古代著作中得到印证。在古希腊，Aristotle 的《自然史》描述了动物不同类型的栖息地以及生物与环境的相互关系；医药学家 Hipporates 的《空气、水和草地》指出了必须研究植物与季节之间的关系；哲学家 Theophrastus 的《植物的群落》阐述了陆地及水域中植物群落及植物类型与环境的关系。在我国，早在公元前 5 世纪，《诗经》就有“维鹊有巢、维鸠居之”的动物相互作用现象的描述。公元前 3 世纪，《尔雅》一书中就有草、木两章，记载了 200 多种植物的形态与生态环境。古籍《管子•地员篇》详尽记载了江淮平原上沼泽植物沿水分梯度的带状分布与水文土质环境的生态关系。早期人类对自然的认识利用和朴素的生态观念为生态学诞生提供了一定的思想基础。

（1）曹凑贵．生态学概论 [M]. 北京：高等教育出版社，2002：2.

（2）曹凑贵．生态学概论 [M]. 北京：高等教育出版社，2002：3-7.

二是创立和发展时期。17 世纪到 19 世纪末是生态学从概念提出到学科建立的时期。这一阶段，科学家们主要从个体和群体两个层面研究生物与环境之间的相互关系。Boyle 在 1670 年做了低气压对动物的效应的实验，该实验主要以小白鼠、猫、鸟、蛙和无脊椎动物为研究对象，标志着动物生理生态学的开端。1735 年，法国昆虫学家 Reaumur 在《昆虫自然史》著作中论述了许多昆虫生态学方面的知识，揭示了日平均气温总和对任一个物候期都是一个常数。1792 年，德国植物学家 C. L. Willdenow 在《草学基础》中详细论述了气候、水分与高山深谷对植物分布的影响。1807 年，德国植物学家 A. Humboldt 在《植物地理学知识》中提出了植物群落、群落外貌等概念，并结合气候和地理因子描述了物种分布规律，指出了等温线对植物分布的意义。1855 年，AL. de Cadolle 将积温的概念导入植物生态学，为现代积温理论打下了坚实的基础。

进入 19 世纪，生态学在生理生态和种群生态学两个方面获得了进一步发展。在生理生态方面，植物学家 Gasparin 在 1844 年确定了植物发育的起点温度; Liebig 在 1840 年提出了“植物最小因子定律”。在种群生态学方面，1803 年，Malthhus 发表了著名的《人口论》，详细地论述了人口增长与食物的关系，推进了达尔文生存斗争及物种形成理论的形成，加快了人口统计学及种群生态学的发展。1859 年达尔文《物种起源》的问世，推动了生物与环境关系的研究，促进了生态学的发展。1866 年，Haeckel 提出了 ecology 一词，并首次给予生态学定义。特别是 1895 年丹麦哥本哈根大学的植物学家 E. Warming 发表的《植物分布学》和 1898 年德国波恩大学教授 A. F. W. Schimper 出版的《植物地理学》，系统全面地总结了 19 世纪末以前植物生态学的研究成果，标志着生态学作为生物学的分支学科的诞生。

三是巩固及学派分化时期。20 世纪 10 年代到 30 年代，生态学渗透到生物学研究的各学科领域，形成了包括植物生态学、动物生态学、生态遗传学、生理生态学和形态生态学等在内的学科体系，推进了生态学研究在个体、种群、群落等层次上的延伸。一些生态学研究中心和学术团体不断出现，有关生态学方面的论文著作大量增加。

植物生态学方面的研究主要表现在群落生态学和个体生态学两个方面。例如 G. Klebs 出版的《随人意的植物发育的改变》（1903）；F. E. Clement 编著的《植被的结构与发展》（1904）、《生态学研究方法》（1905）、《生态学及生理学》（1907）；法国 Braun-Blanquet 的《植物社会学》（1928）；英国 A. G. Tansley 的《实用植物生态学》（1923）等。动物生态学主要表现在生理生态学、动物行为学和动物群落学等方面。例如，Bachmetjew（1907）在光和温度对昆虫发育与地理分布影响的研究；Jennings（1906）发表的《无脊椎动物的行为》；美国生态学家 V. E. Shelford 的《温带美洲的动物群落》（1913）；A. J. Lotka（1925）将统计学引入生态学，提出有关种群增长的数学模型；R. N. Chapman（1931）在《动物生态学》一书中提出环境阻力的概念；英国牛津大学的 Elton（1927）提出了食物链、生态金字塔、生态位等概念。

由于不同地域在自然条件、植物区系、植被性质及开发利用程度方面存在差异，因此不同国家的生态学研究方法和重点也不同，进而出现了多个研究学派。北欧学派主要以群落分析为重点；法瑞学派主要以群落结构为重点，尤其侧重于静态生态研究；英美学派主要以植物群落的演替和创建顶级学说为重点，偏重于动态生态研究；苏联学派则重视对植被生态、植被地理与植被制图等方面的研究，在生物地理群落方面的研究卓有成效。

四是生态系统生态学时期。1935 年，英国植物生态学家 A. G. Tansley 在《植被概念和名称的使用和滥用》一文中首次提出了“生态系统”概念，认为生物与环境之间是一个相互联系、相互作用的不可分割的有机整体。1939 年，A. G. Tansley 在《英伦三岛及其植被》一书中提出了“生态平衡”概念。1942 年，美国生态学家林德曼 R. L. Lindeman 提出了生态系统中生物按营养水平分级的方法，进一步丰富和发展了 Elton（1927）的能量金字塔和 Peatsall（1935）的生物量、现存量研究等重要概念和基本理论。第二次世界大战以后，受系统科学、系统理论发展的影响，生态系统理论逐步形成。20 世纪 60 年代以后，系统生态学备受学术界关注，生态学研究发生了质的飞跃，由此进入了一个崭新的历史时期。主要表现为：一是生态学和环境系统及生产应用相结合形成了海洋生态学、土壤生态学、湖泊生态学、农业生态学、农田生态学、草原生态学、森林生态学等研究方向；二是多学科的交叉渗透，加快了生态系统的研究，电子计算机、自动记录器、系统分析法以及现代计算方法的应用，为生态系统的研究提供了重要条件；三是一大批综合性较强，且反映生态学普遍规律和基本原理的教科书不断出现。其中，E. P. Odum 的《生态学基础》最具代表性。此外，生物个体、种群、群落等不同层次的生态研究也获得了较大进展。

五是人类生态学时期。“二战”结束以后，在科技革命的推动下，世界经济得到了较快复苏和迅猛发展。工业化成为推动经济发展和社会进步的助力器。工业化在促进社会经济繁荣和物质财富丰足的同时，也造成大气污染、噪声污染、水污染、城市生活垃圾污染以及固体废弃物的污染等环境问题。为了减少和弱化环境问题对人类发展的影响，人们开始积极探索，寻求有效方略。在此背景下，生态学逐渐引起国际组织和各国政府的普遍关注。世界科协在 1964—1974 年间倡导“国际生物学研究计划”（IBF），重点研究世界上各类生态系统的结构、功能和生物生产力，为自然资源管理和环境保护提供了科学依据。继 IBF 之后，1970 年联合国教科文组织主持成立了“人与生物圈计划”（MAB），目前已有 100 多个国家参加了 MAB。它的主要任务是研究在人类活动的影响下，地球上不同区域各类生态系统的结构、功能及其发展趋势，预报生物圈及其资源的变化和这些变化对人类本身的影响，其目的是通过自然科学和社会科学这两个方面，来研究人类今天的行为对未来世界的影响，为改善全球性人类与环境的相互关系提供科学依据，确保在人口不断增长的情况下合理管理和利用环境及资源，保证人类社会持续协调地发展。

六是社会转轨时期。20 世纪 30 年代以后，科学研究进入探索事物整体性、动态性、组织性和复杂性的时代，近代科学的还原思维方式逐渐被整体性的生态思维方式所取代，科学的生态方法开始形成，并逐渐渗透到现代科学的诸多领域，成为推动现代科学发展的重要动力。作为生态方法的有效工具，生态学理论的基本思想和方法被广泛应用到社会经济、政治、文化、教育、城市建设、管理、旅游等方面，形成了生态经济学、政治生态学、文化生态学、城市生态学、教育生态学、管理生态学、工业生态学、旅游生态学、组织生态学、知识生态学和品牌生态学等理论。在此背景下，企业生态学理论开始形成并得到发展，例如企业生态环境、企业生态系统、企业生态链、企业生态位、企业生命周期等理论，构成了企业生态学理论的基础内容。例如，梁嘉骅、韩福荣、王兴元、颜爱民、刘志峰等学者对于推动企业生态学发展起到了积极作用。国内一些杂志社也将企业生态学理论作为特色专栏来打造，例如《企业经济》杂志社长期致力于企业生态学的栏目培育，为企业生态学理论交流提供了重要平台。

第四节 基本观点

生态论是生态学理论和思想的集中反映，是人类生态智慧的具体体现。作为一种分析方法，生态论体现着整体性、系统性、平等性、协同性、进化性、动态性和和谐性等观点，这些观点对于探讨高校思想政治教育问题具有较强的指导意义。[1]

一、生态论内涵

文明是人类改造世界实践活动的成果，包括物质文明和精神文明两个方面。原始的蒙昧时代就有了人类的原始文明，是人类文明的低级形态。那时，人与自然的界线非常模糊，人类主要是利用而不是改造自然界。自然界主宰人类的命运，表现为人对自然的依赖、敬畏和崇拜，人类只能被动地顺应自然环境以求生存。因此，原始文明中人与自然的关系是协调的。“自然界，就它自身不是人的身体而言，是人的无机的身体，人靠自然界生活。”[2]人与自然的关系也就此展开，并随着人类社会的发展而不断演变。总体来看，在以自然经济为基础的农业社会，人们改造自然的能力仍然有限，自然对人类仍居支配地位。人类还没有能力对自然生态系统施加强有力的影响，人的欲望及其满足也仅局限于人的最基本的生存需要的范围之内。蒸汽机的发明和使用把人类社会推进到工业文明时代，人类凭借手中的科学技术在与自然的关系中逐渐占据了主导地位。从此，人类开始耀武扬威，“与天斗、与地斗”“征服自然、改造自然”成了人们处理与自然界关系的炫耀性的口号，人与自然的关系开始出现巨大的矛盾和尖锐的冲突。

进入工业社会，原有的农业社会就已经出现的环境问题不仅没有得到解决反而迅速扩张和恶化。尤其是20世纪以来，工业化释放出的活力虽然成就了社会财富的增长，但财富的增长却未全面顾及人与自然关系的和谐，

(1) 李立娟.生态论视角下的高校思想政治教育研究[D].大连：大连海事大学，2009：2-6.

(2) 马克思，恩格斯.马克思恩格斯选集：第1卷[M].北京：人民出版社，1997：45.

与之相伴的却是一系列的环境问题，集中表现为大气污染、噪声污染、水污染、城市生活垃圾污染以及固体废弃物的污染等。由于世界人口数量的快速增长和对自然资源的过度开采，自然资源呈现出日益锐减的状况，并危及人类正常的生活和生产，粮食的短缺和稀有物种的灭绝，使本来日趋恶化的环境问题更加严重。这些问题的出现，表明了人类与自然正行进在一条冲突的航线上，人类活动已对环境和临界资源构成了严重而且无法弥补的破坏。人类的种种不合理的行为，已经违背了自然界的生态法则，导致了人与自然关系的不和谐，激化了人与自然之间的矛盾，破坏了人类赖以生存的环境，进而引发了全球性的生态危机。

近年来，随着工业文明的升级，人们在享受现代工业所提供的种种优待的同时，逐渐感受到"文明"掩盖下的深层危机，被视为至高无上的现代科技在人与自然的冲突面前苍白无力，而人自身对科学技术的"双刃剑效应"也显得无能为力。于是，人们"征服自然""主宰世界"的冲动渐渐冷静了下来，"返璞归真""回归大自然"似乎成了现代生活的特别追求和至高境界。工业文明带来的自然界的报复向人类提出了警示：人的生存与发展，绝不能脱离唯一的生存环境——地球，污染环境、破坏环境等于自毁家园。在理念上，人们慢慢地注意到环境恶化的严重性，并力求从以牺牲环境为代价来发展经济的错误途径中逐步挣脱出来。也正是在由错误向正确途径转变的过程中，客观上也促进了现代环境科学与生态科学的发展，促进了人们运用生态学理论和观点对工业文明的危机进行深层次的反思。在实践中，人们逐渐把追求人与自然的和谐作为自己的行为准则，并且将其推上当今社会发展主旋律的位置，进而成为一种全球性的时代潮流。"黑色"工业文明的衰败之时，正是新的"绿色"文明形态——生态文明的萌芽、生长之际，它的出现昭示着人类进入了一个崭新的历史时代。随着生态文明的不断发展，生态论思想逐渐兴起并广泛运用于社会领域，成为分析解决社会问题的重要工具。

在生态学上，"生态"主要指一定地域内生存的所有动植物之间、动植物与其所处环境之间的相互关系，它强调系统中各因子之间的相互联系、相互作用以及功能上的统一，含有系统、整体、联系、和谐、共生和动态平衡之意。从广义角度看，"生态"可以理解为地球上生物与其环境所形成的结构以及这种结构所表现出的功能关系。随着自然科学与社会科学的交融渗透，生态学的思想和观点逐渐融入社会科学领域，进而演变为社会分析的方法，有学者将其概括为“生态论”。一些专家学者将“生态论”理解为用生态学的观点和原则来探讨每一学科的发生发展规律，以人和自然、科技和自然相统一的协调观点去处理问题，从而使自然、人和科技最优化发展，也就是说，社会的各个领域，譬如，经济、政治、文化、科技等人们认为他们的发展必须走生态道路。由此，生态经济、生态政治、生态文化、生态法律、生态科技、生态伦理等一系列新名词不断涌现。从本质上看，生态论是一种系统有机论，作为哲学层面的理论体系，它把世界看成是相互联系的动态网络结构，超越了机械论的世界观而转向整体性、系统性、动态性的世界观。在生态论视角背景下，世界是一个相互联系的系统，人、自然和社会是一个动态发展的和谐整体，追求的是自然生态系统和人工生态系统的平衡与协调。

生态论具有四个显著特征：一是系统性。生态本身追求生态系统的整体平衡性，系统间各要素以及要素与周围环境间相互联系、相互作用，不可分割。二是有机性。生态观点将世界看成是一个和谐有序的有机体，同存在于世界上的万事万物之间有着有机的联系，世界就是由联系中的万事万物所组成的大的生态系统，组成这个生态系统的生态因子之间有内在关联性，这种内在关联性就是生态系统中万事万物的生命秩序。三是动态平衡性。一个相对稳定的生态系统，系统内各要素之间总是保持某种平衡，这种平衡是各要素相互依存、相互制约、相互作用的结果。它并不是一成不变的，随着系统内各要素自身变异或外界的影响，原有平衡就会发生变化。生态系统受到各因素干扰，原有平衡被打破后，系统将通过自我调节建立一种新的平衡。马克思主义观点认为，运动变化是一切事物最根本的属性，生态系统的各子系统以及各生态因子的运动变化都遵循物质运动的一般规律，是运动与平衡的统一。生态系统内的人、自然、社会在动态运行中不断进行循环、沟通与交流，维持系统动态平衡。四是多样性。多样性是生态系统的重要特征，也是维持生态平衡的重要因素。物种的多样性、生存方式的多样性等共同构成了丰富多彩的世界。

二、高校思想政治教育生态论内涵

目前，生态论思想和方法运用于高校思想政治教育是一种理性结合，二者具有密切的关联性、相同性。狭义层面的生态是指生物与生物及生物与自然环境之间的良性互动关系，在实质上表现为相互联系的事物之间的一种动态和谐的关系。广义层面的生态是指生物与生物（包括人与人之间的关系）及其周围环境（自然环境和社会环境）的和谐互动关系。生态学强调主体对客体自然的尊重，强调人与环境的和谐统一，强调系统的和谐平衡。高校思想政治教育系统强调构成要素之间的相互关联、相互作用，动态追求整体的和谐平衡。高校思想政治教育反映的是教育者与被教育者，教育者、被教育者与周围环境之间的关系，体现生态的实质。因此，生态论与高校思想政治教育之间具有一定的内在关联性。

生态论方法植根于生态学对自然生态系统的理性认识，是生态时代人的生态智慧的体现。思想政治教育是社会用一定的思想观念、政治观点、道德规范等对其成员进行有计划、有组织的影响，使其成为符合一定社会要求的社会实践者。高校思想政治教育生态论就是将高校思想政治教育系统视为整体生态系统，赋予思想政治教育系统以生态有机性，借用生态理论研究生命主体与环境之间相互作用的研究方法来探索高校思想政治教育新出路的一种理论。首先，它将生态原理渗透到高校思想政治教育中去，以生态论为理论基础，用人和自然和谐可持续发展的理念来剖析高校思想政治教育发展，根据大学生自身特点、思想政治教育规律和社会发展的时代要求，促进高校思想政治教育的诸多要素良性互动，培养学生道德高尚、热爱生活、积极向上的健康人格，真正实现人的全面发展；其次，高校思想政治教育生态论是以高校思想政治教育为研究对象，以教育者、被教育者、周围环境的关系以及如何使这一系统良性互动为研究内容，最终实现高校思想政治教育可持续发展；再者，高校思想政治教育生态论是一种新理念，一种方法论体系，对构建合理、科学的高校思想政治教育生态体系有着重要的指导意义。

高校思想政治教育是一个由教育者、被教育者、学校环境、家庭环境、社会环境等因素构成的有机整体，共同构成高校思想政治教育生态系统。通过其生态系统内的相互作用、相互影响，促使系统各要素协调、均衡发展，维持系统的稳定，促使思想政治教育系统持续发展，实现其引导人、教育人、实现人的全面发展的价值功能。这不仅是我们思想政治教育思维方式上的一个重要转换，更重要的是它可以深化我们对思想政治教育的研究，为我们透析新时期高校思想政治教育面临的问题提供思想理论武器。

三、高校思想政治教育生态论主要观点

从内容上看，高校思想政治教育生态论主要包括系统观点、动态平衡观点、可持续观点和有机性观点。高校思想政治教育生态论既是马克思自然生态观的主要含义，同时也体现了马克思主义唯物辩证法思想。各要素间以及要素与周围环境相互影响、相互作用，共同构成一个不断矛盾运动的生态系统。

1. 系统观点

目前，学术界对于高校思想政治教育生态系统的概念理解，大致可分为以下四种情况：第一种将高校思想政治教育生态系统视为对思想政治教育活动开展及其效果产生各种影响的内外部因素之间关系及结构的总和，并认为它由经济生态环境系统、政治生态环境系统和文化——心理生态环境系统三大部分组成。(1)第二种从教育过程将高校思想政治教育生态系统划分为社会方面的生态系统、心理方面的生态系统和控制方面的生态系统三个子系统。(2)第三种认为高校思想政治教育生态系统由主体系统、客体系统、介体系统和环体系统构成，并包括主体性因素和环境性因素两类要素。主体性因素指教育者因素和受教育者因素；环境性因素指学校环境因素、家庭环境因素、自然环境因素、社会环境因素。(3)第四种将高校思想政治教育生态系统视作教育者主体内化、文化环境积淀熏陶和受教育者实践参与等生态性建构而成的有机统一体。(4)比较而言，前三种观点都侧重于高校思想政

（1）邱柏生．要重视研究思想政治教育的生态环境 [J]. 学校党建与思想教育，2004（5）：7-10.

（2）宣仕钱．思想政治教育生态系统的互动与偶合 [J]. 求实，2006（5）：81-82.

（3）陈铁军．思想政治教育生态观研究 [D]. 西安：西安电子科技大学，2004：12-13.

（4）卢卫林．略论学校思想政治教育的生态性建构 [J]. 琼州大学学报，2004，11(6)：30-32.

治教育生态系统构成的层次性，对系统内部构成要素与外部环境因子之间生态互动关系的考察稍有忽视，第四种观点虽注重构成要素的优化整合与动态协调，但在系统构成方面略显简约。

2. 有机性观点

现代意义的生态主要是指生命体系的存在状态。它将整个世界看作一个有机的生命体。高校思想政治教育生态论这一理念把每一个受教育者都当作无可替代的生命个体，充分尊重每一个生命个体的主体参与性，帮助他们逐渐学会自我教育，实现自我超越，扩展和丰富主体精神世界，促进人格的健全与发展。

3. 动态平衡观点

高校思想政治教育生态论强调的是平衡、有机、统一、融洽，即追求教育内部外部、主体客体间相互依赖和生态有机性、互促互利的亲和性、生长性和建构性，主客互换的开放性、动态性和创新性等。高校思想政治教育生态论赋予思想政治教育系统以环境适应性的特性，使思想政治教育系统处于动态和谐状态。换而言之，就是使高校思想政治教育系统以内部和谐为依托，随着环境的变化而发展，显现出对外部环境的高度适应性，寻求其最佳配置和运作机制，达到各要素高效、有序、动态平衡的状态。

4. 多样性观点

高校思想政治教育者与被教育者的多样性、教育方式的多元化、影响因素的复杂化等，都决定了高校思想政治教育生态论的多样性特点。首先，高校管理人员、任课教师、后勤职工、学生等人员，不同的工作职责和个人思想素质、能力水平、文化底蕴都有差异；其次，高校思想政治教育活动内容丰富多样、教育形式日益多元化；再者，纷繁复杂的国际环境、日新月异的国内政治、经济、文化等发展以及高校内部改革，使得高校思想政治教育面临众多影响。

第二章　高校思想政治教育生态环境

高校思想政治教育会受到多重环境因素的制约和影响，各种环境因素外在于高校思想政治教育而独立存在，并对高校思想政治教育产生影响。在生态学意义上，高校思想政治教育作为一种教育活动身处于生态系统之中，并与该系统内的其他各要素发生着交互作用。在关于思想政治教育环境的讨论中，人们更强调的是微观、具体的外在世界。从生态论观点出发，思想政治教育生态环境可以理解为：一切对高校思想政治教育活动开展及其效果产生各种影响的内外部因素之间关系及结构的总和。在高校思想政治教育生态环境中，高校思想政治教育过程是一个教育对象、内部条件、外部环境共同作用的生态过程，教育者、教育内容则既是维持改善这一生态环境、促进受教育者全面发展的主要作用力，也是构成教育生态环境的基本要素。在俄国早期马克思主义者普列汉诺夫看来，社会系统包括生产力的状况、被生产力所制约的经济关系、在一定经济基础上生长的社会政治制度、一部分由经济直接决定一部分由生长在经济上的全部社会政治制度所决定的社会中人的心理、反映这种心理特征的各种思想体系五个方面。根据高校思想政治教育实际，可以将高校思想政治教育生态环境划分为外部环境和内部环境两个层面。外部环境主要包括经济环境、社会环境和自然环境等，内部环境主要包括高校资源、高校能力、高校文化等。(1)

第一节　外部环境

外部环境主要包括经济环境、社会环境和自然环境等，经济环境主要

（1）刘志国，等．高等职业院校战略管理研究 [M]. 北京：电子工业出版社，2015：51-63.

由经济发展水平、社会收入水平、经济关系和经济体制等构成。社会环境是指一定时期社会发展的环境状态，主要由政治环境、法律环境、教育环境、文化环境、科技环境和社会心理环境构成。自然环境主要指高校所处的地理位置等。

一、经济环境

1. 经济发展水平

经济发展水平通常是指一个国家或地区经济发展的规模和速度，其表现指标主要包括国民生产总值、国民收入、经济发展速度、经济增长速度等。社会对经济发展水平的关注更多是将它与人的发展结合起来，二者之间的关系形态至少表现为两种情景：一是相互依存、相互促进，即人的发展有助于经济发展水平的提高，经济发展水平的不断提高又能够很好地促进人的全面发展，彼此之间的发展都离不开对方的支持，二者的有效结合往往能够促进社会生产力进步，特别是人及其发展往往是促进社会发展进步的积极性因素；二是人的发展在一定程度上会受到经济发展水平的制约，提高经济发展水平在一定时期会受到人的因素的制约。作为以人为构成主体的高校，其生存发展始终受所在国家或地区经济发展水平的制约和影响。经济发展水平不同，人们的收入水平、消费理念、消费需求和消费结构会不同，对高等教育的认识和需求也会不同，高等教育的发展水平也会有所不同。例如，以高等教育消费为例，经济发展水平较高的地区，人们对高等教育的需求相对较高，择校也侧重于重点大学、名牌大学，专业选择时也倾向于热门专业；而经济发展水平落后的地区，维持和解决正常生活问题已经使得多数家庭捉襟见肘，对于高等教育消费只能望而却步，即便考上大学的学生，也往往选择农业类、师范类和职业类院校，选择的专业也倾向于学费低的专业或传统类专业。

2. 社会收入水平

社会收入水平通常是指一个国家或地区国民的整体收入水平。经济学家通常将社会收入水平与社会消费水平联系起来，这是因为在没有通货膨胀的情况下，社会收入水平越高意味着社会消费水平也就越高。当社会成员将收入用于购买生活需要的商品或服务时，其也就成为消费者。所以，社会收入水平实际上也是消费者收入水平，在这里消费者既包括个人消费者，也包括单位或集体消费者。理解社会收入水平可以从国民生产总值、人均国民收入、个人可支配收入、个人可任意支配收入、家庭收入等方面切入。[1]

（1）国民生产总值。作为最重要的宏观经济指标，是指一个地区的国民经济在一定时期内以货币表现的全部最终产品价值的总和。它能够反映一个国家的经济水平、经济发展速度和经济实力。国民生产总值的计算方法主要三种：一是生产法或者部门法，是从各部门的总产值中减去中间产品和劳务消耗，得出增加值，各部门增加值的总和就是国民生产总值；二是支出法或最终产品法，主要指个人消费支出、政府消费支出、国内资产形成总额、出口与进口的差额之间的总和；三是收入法或分配法，是指将国民生产总值看作为各种生产要素所创造的增加价值总额。从理论上说，这三种方式得出的结果应该是一致的。国民生产总值越高，社会成员对教育的需求和用于教育的消费就越强；国民生产总值增长较慢，必然会影响到社会成员在教育方面消费能力的提高。

（2）人均国民收入。主要指一个国家在一定时期内按人口平均的国民收入占有量，它能够综合反映一个国家的经济发展水平、经济实力、人民生活水平和富裕程度。人均国民收入的增长通常会带动教育消费的增加。

（3）个人可支配收入。通常是指一个国家所有个人在一定时期内实际得到的可用于个人开支或储蓄的收入，是个人收入减去直接缴纳的各项税款和非税性负担的余额。它被认为是消费开支最重要的决定性因素。

（4）个人可任意支配收入。是指个人可支配收入减去维持生活所必需的支出和其他固定支出所剩余的收入。这部分收入是消费者可任意支配的收入，是影响消费者需求构成最活跃的因素，这部分收入越多，人们的消费水平就越高，对于高档消费的机会也就越多，高等教育消费也不例外。

（5）家庭收入。是指家庭成员在一定期限内合法所得的各种货币和实物收入的总和。家庭收入直接影响家庭消费。一般而言，家庭收入高，家庭消费需求大，消费水平也就高；家庭收入低，家庭消费需求小，家庭消费水平也就低。

3. 社会经济关系

社会经济关系是建立在社会生产力基础上的生产关系，是指人们在一

（1）梁嘉桦，等 . 企业生态与企业发展 [M]. 北京：科学出版社，2005：78.

定社会中依据对生产资料的占有与否而发生的人群与人际之间的联系，以及由对生产资料占有关系所引起的社会产品分配关系。在生产关系中，生产资料所有制起主导地位，人与人之间的关系和产品分配关系也具有不可忽视的作用。在不改变生产资料所有制关系的背景下，通过调整人与人之间在生产中的关系以及产品分配关系，有助于缓解社会矛盾、阶级冲突和利益摩擦，进而维系社会或组织稳定。经济关系对人的动机和行为的产生、转变有着双重层面的影响，合理的经济关系有利于人们形成正确的行为动机和行为方式；不合理的经济关系则容易诱发社会矛盾和阶级冲突，导致各利益团体之间的利益摩擦。对于不合理的经济关系，政府通常会采取一定的措施加以调整，使其转化为合理的经济关系，进而缓解利益团体之间的矛盾冲突。

劳资关系也是社会经济关系的重要表现。所谓的劳资关系是指劳工和资方之间的权利和义务的关系，这种关系是基于劳资双方签订的劳动契约成立的。在狭义层面仅指劳工和资方之间的冲突与合作，在广义层面还包括劳资双方为了价格与权利相互竞争的理论、技术和制度。劳资关系所涉及的范围较为广泛，在手工业时代基本表现为和谐状态，但从工业革命以后，劳资双方的壁垒逐渐明显，劳工问题也日趋严重。劳资关系的状态关系着生产秩序、社会秩序的稳定以及国家的安全。如果劳资关系不和谐，通常会诱发劳资纠纷，导致工人罢工、生产停滞，甚至工厂关门或倒闭，严重时会扰乱生产环节，导致社会紊乱。因此，构建和谐协调的劳资关系有着十分重要的意义和作用。现实中，社会经济关系大量表现为领导者与被领导者的关系、管理者与被管理者的关系。由于领导者、管理者与被领导者、被管理者在生产、经营和管理中的分工和责任不同，所以收入分配和社会地位也表现不同，这种不同极易导致观念、心理和行为方面的差距，进而影响彼此之间关系的有序稳定。[(1)]

4. 经济体制

经济体制是一定区域内制定并执行经济决策的各种机制的总和，属于经济运行中的制度安排范畴。它可以称为国家经济组织的表现形式、资源

（1）邱柏生．高校思想政治教育的生态分析 [M]. 上海：上海人民出版社，2009：11-14.

配置的具体形式或制度模式。经济体制的不同体现社会制度的不同，社会制度的不同决定经济体制的不同。从功能表现上看，经济体制确定经济行为主体的权利范围，对整个社会的经济活动起协调作用；确定经济主体共同遵守的行为规范，对经济当事人不符合社会整体效率的行为发挥约束作用;确定利益分享规则，对经济主体行为发挥激励功能;确定信息交流结构，对经济运行发挥信息功能。从评价标准看，经济体制优劣的评价标准主要是资源是否得到了合理配置和利用，社会需求是否以最少的资源得到最大的满足。从构成上看,经济体制是资源占有方式和资源配置方式的有机组合，任何经济体制都有三类制度构成，即资源占有制度安排、资源配置制度安排和经济运行支持系统。从类型上看，经济体制包括计划经济体制、市场经济体制、计划—市场经济体制、市场—计划经济体制等多种类型。不同的经济体制背景下，社会资源配置的方式也不同，对高等教育发展的影响也不同。以大学毕业生就业为例，在计划经济体制下，我国高等教育主要采取高度集中的计划管理模式，高等学校的规则和制度建立在某种程度上是上级行政主管部门通过高等学校而强制形成的，高校的招生和毕业生的就业分配也基本上以计划方式进行。可以说,计划模式渗透在“高校招生—人才培养—就业分配—用人单位接纳”的每一个环节。大学毕业生就业主要采取“统包统分”模式，具体指由“中央制订计划，省级主管部门负责布置监督落实，学校付诸实施的毕业生分配”构成基本的工作格局，遵循“统筹安排、集中使用、保证重点、照顾一般”的工作方针，按照“国家统一计划、抽成调剂，分级安排”的工作方法。在计划经济体制下，高校几乎不用考虑学生就业问题。然而，随着改革开放的递进深入，我国逐步建立和完善社会主义市场经济体制,大学生就业模式也由“统包统分”向“自主择业”“自主创业”转变，以市场为导向的就业取代了“计划、分配、派遣”的就业。

5. 经济制度和政策

马克思主义认为，社会生产包括生产力和生产关系，生产力决定生产关系，生产关系对生产力具有反作用。所谓的经济制度就是制度化的生产关系，主要由社会生产力发展的状况所决定。作为社会的经济基础，经济制度虽然需要一定的政治制度作保障和支持，但它决定社会的政治制度、法律制度和社会意识形态。经济制度有优劣之分，先进的经济制度能够推动社会经济发展和社会进步；落后的经济制度则会阻碍社会生产力发展和社会进步。先进经济制度取代落后经济制度的过程就是社会经济形态演替的过程，所以经济制度也是区分不同经济形态的标准。按照马克思主义关于人类社会发展阶段的学说，人类社会依次经历了原始公社经济制度、奴隶制经济制度、封建制经济制度、资本主义经济制度和社会主义经济制度五种经济制度。我国的经济制度是以社会主义公有制为主体，多种所有制经济共同发展，这种经济制度的建立有利于发展社会生产力，增强综合国力，提高人民生活水平。对于高等职业教育而言，正是我国经济制度的合理建立及其优越性的发挥，使得国家能够基于经济社会发展的需要，统筹协调和安排高职教育资源，促进高职教育公平，实现高等职业教育大众化发展，缩小区域间人才资源存量差异，更好地满足经济社会发展和国民接受高等教育的需求。经济政策是指国家在一定时期内为实现特定的经济目标而制定的策略和措施，主要包括财政政策、国家经济发展战略、国民收入分配政策、货币政策、价格政策和贸易政策等。制定经济政策必须保持科学性、合理性，正确的经济政策能够很好地促进经济发展，实现预期经济目标；错误的经济政策非但不能产生推动作用，促进经济发展，反而会给经济发展带来严重破坏。落实经济政策必须保持连续性和灵活性，连续性强调经济政策执行和落实的持续不断；灵活性突出经济政策要能够根据经济发展形势的实际需要做出适当调整。

二、社会环境

1. 政治环境

政治环境是高等职业院校运作活动的政治关系、政治体制、政治局势、公共政策、国际关系等构成的环境。政治关系是构成政治环境的基础，是人们在社会生活中基于特定的利益要求形成的社会关系，主要以政治强制力量和权力分配为特征。作为一种特殊的社会关系，政治关系是政治角色之间的相互关系，是个人、集体等政治角色在政治活动中形成的相互关系。政治关系是社会政治活动的产物，其形成以后就会产生较强的能动效应，规范和制约人们的社会政治活动。政治体制是政府的组织结构和管理体制及相关法律和制度，主要包括领导体制、行政体制、人事体制、选举体制、政治参与体制等。政治体制确立以后，政府就形成了行为规范和工作方式，政治行为的科学性、合理性、有效性也就有了评价标准。政治体制在不同的历史时期、不同的国家地区都不尽相同。政治局势是国家或地区的政治稳定状态，它关系着整个国家或地区的社会稳定。稳定的政治局势有利于经济发展、社会进步和人民生活水平提高，为高校发展提供良好的环境背景和基础；动乱的政治局势往往容易滋生社会矛盾和社会冲突，诱发社会秩序紊乱，不利于经济社会发展，高校也会受到不利影响。

公共政策是国家根据经济社会发展需要颁布的方针政策。一定时期内，政府制定的公共政策会涉及社会诸多方面，例如财政政策、金融政策、货币政策、物价政策、能源政策、人口政策、环境政策、教育政策、科技政策等。这些政策的出台都会直接或间接地影响到社会经济生活，给社会个体或组织发展提供重要依据。从公共政策对教育的影响来看，国家出台的教育规划、文件和政策，地方各级教育行政部门要全面贯彻落实，各级各类学校也必须认真遵照执行。国际关系是国际社会之间的外交事务和关系，是超越国家界限建立起来的一种特殊社会关系，包括国家之间的政治、经济、军事和文化等关系。近年来，随着国际关系的不断扩展，我国不断与其他国家发展经济合作和贸易关系，教育层面互动往来的态势不断明显，高校之间的合作交流更是如此。

2. 法律环境

法律是国家制定和认可的，并以国家强制力保证实施的各种规范的总和。法律是个体和组织行为活动的基本准则，任何个体和组织从事社会活动时必须要以法律为依据，一旦超出法律规定的范围就会受到法律的制裁。对于高校而言，其教育教学活动除了要遵循受教育者的成长规律和高等教育规律之外，还需要遵守国家颁布的有关教育、高等教育、高等职业教育方面的法律法规。随着国际交流合作的深入递进，高校还需要了解和掌握国际性的法律法规和惯例准则。当前，我国高等教育进入了快速发展时期，加快法律法规和政策制度的建立完善，已成为摆在政府面前亟待解决的重要任务。法律法规是高校从事教育教学活动的重要依据，一旦高等教育进入持续快速发展阶段，原有的法律法规和政策就需要进行调整，或者及时制定新的法律法规和政策，否则就会影响高校发展。

3. 教育环境

作为社会环境的组成部分，教育环境既是社会人才培养的基础环境，也是社会人才成长的关键环境。特别是区域的教育水平，通过影响高校管理者和教师的素质，来影响高校思想政治教育。由于教育环境、背景的不同，高校管理者会形成不同的思维取向和价值理念，进行思想政治教育的方式、方法选择也会有所不同。一般而言，教育环境成熟的地区，教育种类相对丰富、教育层次较为系统，有助于高校管理者形成对各类教育模式本质的全面认识。高校管理者能够在综合各类教育模式特点和优势的基础上，合理制订思想政治教育计划，并采取措施加以有效实施，思想政治教育水平也相对较高。可见，教育环境的完善程度直接影响高校管理者的思想水平、心理结构，影响高校思想政治教育的目标选择和内容设置，以及思想政治教育的绩效水平。同样，教育环境相对成熟的地区，高校教职工的素质相对较好，实施思想政治教育工作也能够得到多数教师的广泛理解和普遍支持，会形成有利于思想政治教育的环境。此外，高校教师的素质也是影响思想政治教育的重要因素，直接关系思想政治教育的绩效取得，教师素质除了体现在人文素质方面，更主要是教师的业务能力和职业精神，这两个方面与教育环境紧密联系。教师业务能力不高、敬业精神不足，都会影响到高校思想政治教育的实施。

高等教育环境是教育环境的重要组成部分，高校思想政治教育必然会受到高等教育发展整体状况的制约和影响。肇始于 20 世纪 90 年代末的高校扩招，将我国高等教育送入了大众化的发展轨道。经过几年的连续扩招，我国高等教育完成了高等教育从精英教育阶段向大众化教育阶段的转变。(1) 2020 年前后将实现高等教育普及化，而上海、北京等大城市已经率先实现了高等教育普及化。(2) 高等教育扩招“消除了长期困扰我国教育和社会经济发展的各类高校中与高等学校的制度性分割和互补衔接、互补沟通的弊端，扩展了高等教育人才培养的途径，适应了我国未来高等教育办学

（1）程伟 . 中国经济转轨中高等教育变革的特征 [J]. 辽宁大学学报（哲学社会科学版），2006（5）：2.

（2）马树超，郭扬 . 中国高等职业教育的历史选择 [M]. 北京：高等教育出版社，2009：7.

体制改革的趋势，并奠定了与学习化社会相适应的终身教育体系的制度性基础”[1]。同时，也带来了高等教育的教育理念、内部结构、角色定位、功能地位的变化。特别是扩招后凸显出高等学校生存空间、办学条件、基础设施等教育资源的稀缺与不足，成为影响高等学校正常生存和健康发展的重要因素。正是在解决教育资源不足的过程中，高等教育水平不断得到了提升，高等教育理论也日趋丰富，为高等教育发展提供了有益借鉴和指导。

4. 文化环境

文化通常被理解为社会发展过程逐渐形成的思维模式、价值取向、行为习惯和理念信仰，以及人类社会创造的精神产品。文化作为一个有机整体，其核心是人们对于世界的认识、理解和观念，其内层是社会组织根据社会运作目标对人的思想、观念进行规范和调整形成的法律制度和道德规范，其外层是社会化价值观念引导下的个体的行为及其效果。[2] 这三个层面相互联系、相互影响，组成文化环境系统。文化环境是由社会价值观念、生活方式、风俗习惯、伦理道德、语言文字等形成。它主要包括两个部分：一是社会成员所共有的基本核心文化；二是随着时间变化和外界因子影响而容易改变的社会次文化或亚文化。[3] 不同区域的文化环境具有差异性，不同文化环境作用和影响下的高校思想政治教育的内容、模式和方法也会有所不同。事实上，文化环境主要是通过影响主体的思想、行为来影响高校思想政治教育的过程及其绩效，它要求高校思想政治教育在实施过程中，必须充分考虑和研究文化环境的结构和特点，并据此来做出方式选择。与经济环境相类似，文化环境也具有较强的辐射力和影响力，且各构成因素之间的关系较为复杂，不容易被有效识别和把握，这与文化环境生存形态的特殊性紧密相关。在构成文化环境诸多要素体系中，价值观念对高校思想政治教育的影响最为明显和突出。价值观念是人们对社会现象、生活和事物的态度、评价和看法。不同的文化背景塑造不同的价值观念，不同的价值观念在很大程度上决定着高校思想政治教育的内容层次，进而决定高校思想政治教

（1）贺祖斌．高等教育生态论 [M]. 桂林：广西师范大学出版社，2005：69.

（2）南佐民．区域创新文化环境建设中的层次机制 [J]. 宁波大学学报（人文科学版），2003（4）：37-40.

（3）梁嘉桦，等．企业生态与企业发展 [M]. 北京：科学出版社，2005：83.

育的实施方式，对于不同文化环境下的高校，应该选择不同的思想政治教育体系。值得一提的是，随着文化环境的日益多元化和国际化，高校思想政治教育应该有机综合不同的文化环境因子，并将其与教育目标协调统一。

5. 科技环境

马克思主义哲学认为，科学技术是人类认识和应用客观规律改造与保护客观世界的知识和能力的结晶。人类发展史上，社会生产力的发展和社会文明的进步，都离不开科学技术的重要发现、发明及广泛应用。随着人类社会的不断发展，科学技术迅猛发展的态势日渐明显，并逐渐渗透到社会各个领域，成为促进经济社会发展的重要动力。从科学技术对高校思想政治教育的影响和作用来看：①科学技术的发展极大地促进了高校教育教学、经营管理方式的变革。科学技术的发展使得教育教学过程的要素，特别是教育教学方式、手段发生了重要变化，提高了教育教学质量和水平。同时，也使得高校思想政治教育的现代化水平不断提高，计算机技术在高校思想政治教育领域的应用就是最有力的佐证。②科学技术的发展推动了高校师生的工作、学习、生活方式的变革。现代教育技术的发展及应用改变了传统的教育教学方式，提高了师生的工作水平、学习效率和生活质量。③科学技术的发展促进了高校大学文化的发展。科学技术的不断发展及其在高等教育领域中的广泛应用，不断推动大学文化的发展。④科学技术的发展推动了高校师生员工思维方式的变革。科学技术以尊重实践、崇尚理性、开拓创新为灵魂，推动着人们价值观念和思维方式的更新，启迪着人们弘扬科学精神和民主精神。[(1)] 师生员工思维方式的变革，有助于工作学习能力和效率的提高。同时，也利于高校思想政治教育的顺利实施。

广义层面上，科技环境是人类科技活动以及与科技活动相关的因素组成的环境。与科技活动相关的因素包括语言文字符号、物质资源、知识信息、规章制度和习俗惯例等，这些因素一方面为科技活动的开展提供物质基础和保障；另一方面为科技活动提供行为准则，使其能够和谐有序地进行。根据已有观点，科技环境大致包括科技水平、科技力量、科技体系、科技政策和立法、科技知识、科技产品、科技市场等。科技水平是科技研究水平、

（1）教育部社会科学研究与思想政治工作司．马克思主义哲学原理 [M]. 北京：高等教育出版社，2003：185.

科技成果先进程度和科技成果推广应用效果，是构成科技环境的首要因素。科技力量是一个国家或地区科技研究、开发和应用的实力。科技体系是指一个国家科技系统的结构、运行方式及其与国民经济其他部门之间关系状态的总称。科技政策和立法是指国家用于支持和发展科技方面的政策措施和法律法规，它是科技工作管理和事业发展的重要保障。科技知识是高等院校、科研机构、企业研发部门等机构创造的科技信息和成果。科技产品是指进行物化并最终转化为现实生产力的科技知识。科技产品具有多种类型，按照在行业分类包括农业科技产品、工业科技产品、国防科技产品等。科技市场是科技知识及其产品价值交换的场所，其主体主要是科技知识及其产品的生产者和需求者。科技市场的正常有序运作离不开从事知识产权交易、科技产品交易、信息咨询服务、创业投资等辅助业务机构的支持。(1)

6. 社会心理环境(2)

社会心理环境是社会生活中个体心理、群体心理及其在相互影响和相互作用过程中形成的特殊社会环境。作为一种复杂的环境系统，社会心理环境是社会个体、群体心理在相互作用和相互影响过程中形成的社会产物，能够对社会个体心理、群体心理活动产生多层面的制约和影响，这种制约和影响的过程也是社会心理环境转化为个体心理、群体心理的过程，往往会引发个体心理、群体心理的活动。作为一种特殊的社会存在，社会心理环境是社会个体、群体与社会环境之间的主观与客观的统一，其形成和发展主要以社会发展、物质生产和社会生活等客观环境为基础。作为社会意识形态的一种表现，社会心理环境与社会个体、社会群体日常的社会交往和生活紧密相关，更多表现为一种无形的、弥漫而普遍的心理活动，以及一定的社会心理定势和心理效应。从特点上看，社会心理环境具有整体系统性、导向内聚性、复杂多元性和动态发展性，整体系统性是指社会心理环境的表现形式具有一定的集合性，不是单独社会个体的心态表露或某种成见偏见的反映，而是一定群体或社会阶层对社会存在达成某种同感共识

(1) 田先钰．论科技生态系统、结构、动力机制与干预 [J]. 科技管理研究，2007(1)：52-55.

(2) 邱柏生．高校思想政治教育的生态分析 [M]. 上海：上海人民出版社，2009：65-68.

的显示。导向内聚性是指社会心理环境是一种隐性的精神力量，对社会个体、社会群体的行为具有导向功能，其所形成的环境氛围和集体舆论会支配着群体成员的行为，进而增加群体的凝聚力，形成强大的吸引力和向心力。复杂多元性是指随着现代社会的深刻变化和科学技术的广泛运用，社会结构不断深入调整，社会阶层和利益主体高度分化，形成了多种价值观念和社会心理环境。动态发展性是指社会心理环境会随着社会不断发展和进步呈现出动态发展的趋势。

社会心理环境是一个多层次、多种类的立体交叉有机系统，其构成因素较为复杂。按照影响范围的不同，社会心理环境可分为外部心理环境和内部心理环境，外部心理环境是群体之外的社会环境，包括社会的政治经济形势、社会风气、社会思潮、社会传统和风俗习惯等；内部心理环境是个体生活与其中的群体内部的社会环境，包括群体成员的共同目标、群体规范、群体舆论、士气和人际关系等。按照载体形式的不同，社会心理环境可分为社会环境、社区环境、单位环境和家庭环境。按照形成内容的不同，社会心理环境的形成因素包括社会感觉、社会知觉、社会印象、社会情绪、社会需要、社会动机、社会愿望、社会态度、社会风气、社会思潮等，这些因素有机综合形成一个大的社会心理环境。按照性质的不同，社会心理环境可分为积极健康型和消极病态型两种，积极健康型有助于社会个体、群体的健康成长和社会秩序的合理稳定，而消极病态型则会制约社会个体、群体正常的生产生活，不利于社会环境的健康稳定。从社会心理环境对高校思想政治教育的影响来看，二者之间存在互动关系，即社会心理环境会对高校思想政治教育产生明显的影响，例如国际形势、社会矛盾、现实问题等都会影响高校思想政治教育主体——教师、学生等的心理和行为；高校思想政治教育通过强化师生的思想政治教育和大学文化建设来促进社会心理环境的发展演化。此外，社会心理环境的优劣、综合利用也会影响到高校思想政治教育的内容选择和效果取得。

三、自然环境

在外部环境中，自然环境对高校思想政治教育的影响也是不容忽视的，在一定情境下几乎成为制约高校思想政治教育发展的决定性因素。然而，自然环境具有客观性，不以人的意志为转移。要科学说明自然环境的制约因素问题，必须进行动态、全面的考察。这就需要高校细致了解自身所处的自然环境，避免自然环境带来的不利影响，最大限度地利用自然环境的有利方面，结合自然环境变化合理规划发展计划。从宏观层面上看，自然环境是人类诞生和人类社会发展的基础条件，主要由大气圈、岩石圈、水圈和生物圈四个部分组成，其中大气圈是指包围地球的空气层，岩石圈是指由固态无机的岩石构成的地壳，水圈包含地表上的海洋、湖泊、河川及冰川等部分，生物圈则由上述三种圈中的所有生物组成，包括人、动物、植物及各种微生物。从微观层面上看，自然环境是指某个地区的自然资源、地形地貌、气候条件和水文地理等。对于高校思想政治教育而言，自然环境可以描述为来自于自然界或具有自然性质的对高校生存发展具有影响作用的因素组成的环境系统，主要包括两个方面：一是高校所处地区的自然资源，二是高校所处地区的地理环境。自然资源是高校所处地区能够给学校生存发展提供的物质环境，例如森林、土地、矿产、水资源等。在自然资源中，土地资源、水资源等关键性因素对高校占地面积和规模发展的作用较大，甚至对高校扩招以后教育教学基础条件的改善和提高有重要影响。如果说政府支持、院校努力是高校发展之源，那么自然资源则是高校发展之本，没有一定自然资源作基础，高校实现持续发展也就成为一句空话。所谓“办学条件”不足，通常是由于高校教育教学所用土地资源的短缺所致，难怪一些新办的高校在选址时首先考虑的就是占地面积。由于自然资源分布具有明显的地域性特征，因此高校在扩张办学规模或举办异地办学必须了解该地的自然资源情况。

第二节　内部环境

内部环境是高校生存发展的基础，也是高校思想政治教育的依据。分析内部环境的目的在于了解高校的发展状态，明确高校的优劣势，把握高校的发展走势。内部环境主要指高校拥有的“资源”和具备的“能力”，资源是指能够被高校利用且产生效益的要素；能力是指高校获取、配置和利用各种资源要素并实现持续发展的表现。“资源”和“能力”互为基础、互为转换，高校获取、配置和利用资源必须基于一定的能力，而能力的培育和提升则又以一定的资源为基础。资源主要指与高校生存发展紧密相关的人、财、物资源的综合；能力主要指高校的人才培养能力、科研能力和社会服务能力的综合。[1]

一、高校资源

1. 高校资源的概念特征

按照逻辑序列，资源是由物质演绎而来，物质与存在相统一，资源则与需求相对应。据此，可以将资源理解为满足人类需求的物质，这也是狭义层面资源的定义。随着人类社会的进步发展，人类需求不断呈现多样化的特点，资源概念的外延也逐渐扩大，突破了物质范畴而向非物质范畴延伸，构成了广义层面资源的内涵。教育作为人类社会特有的现象，其运作发展离不开教育资源的支持，主要包括与教育活动紧密相关的人、财、物资源的总和，例如教学设备、图书资料、土地面积、建筑设施、师资队伍、资金、专业等。高等教育作为组成教育体系的重要类型之一，同样需要一定的教育资源做基础和保证，这种基础性和保证性更多体现在高校运作和发展过程中。相应地，高校资源就可描述为一定社会时期存在的，能够被高等院校获取、配置和利用并产生社会、人本、教育效益的要素。高等院校是承载高等教育功能的重要组织，也是培养高素质人才、开展科技研究和提供社会服务的特殊机构，对于提高劳动者素能，促进经济社会发展起到了积极作用。高校资源属于资源、教育资源的特殊形态，除具有资源、教育资源的一般特性以外，还具有稀缺性、功能性、特殊性、综合性、过程性等特征。

（1）稀缺性。资源具有价值性，通常被社会个体、社会组织所关注，尤其是同一地区的社会个体之间、社会组织之间，为了能够享有利用更多资源，必然展开激烈的资源竞争，加之特定时期内资源的形成具有时间性和过程性，以及社会需求扩大的存在，使得资源呈现出稀缺性。同样，高校资源也具有稀缺性，一方面表现为高校教育不能够完全满足高校持续快速发展的需求；另一方面表现为高校提供的教育、社会服务不能够完全满足社会、行业企业的需求，尤其是优秀高质的高等教育尚不能很好地适应经济社会建设和发展的需要，这也是国家大力号召提升高等教育质量的重要原因。

（1）刘志国，等 . 高等职业院校战略管理研究 [M]. 北京：电子工业出版社，2015：66-74.

（2）功能性。尽管高校发展受外部环境的制约和影响，但并非是被动的，而是双向互动的，即高校也能够产生对外部环境的影响，主要通过人才培养、科技研究、社会服务和对外交流来实现。国外教育经济学家将这种影响称之为高等教育的正向外部效应。高校资源的功能性在宏观层面上表现为提高国民素质，促进经济社会发展；在中观层面上表现为增强高校的办学实力和竞争优势，保证高校持续快速发展；在微观层面上表现为丰富学生的知识结构，提升学生的职业能力，增强学生的职业竞争力。

（3）特殊性。高校资源是高校教育活动的基础和保障，高校教育活动主要是高素质技能型专业人才培养，其人才培养方案、规格、标准、模式的选择必须建立在社会调查、行业企业参与的基础上，特别要与实际的工作过程、岗位职责、任职要求相匹配。实际上，职业领域的任职要求在一定时期具有特定性，且不同职业类型的职业要求又存在差异性，这就决定了高校不同专业领域资源选择和配置的特殊性。

（4）综合性。高校资源的价值性具有多层面性，既表现为促进经济社会建设和发展，也表现为促进和保证高校持续快速发展，还表现为提升受教育者综合素质和能力。不同的价值层面需要不同的资源及其配置方式。然而，高校运作是一项整体化、系统化的动态过程，不仅需要各层面健康有序的运作，也需要各层面之间的相互协调和有机配合，这就需要在资源配置和利用时必须突出综合性，唯有此才能实现高校正常高效的运作发展。

（5）过程性。主要表现为资源结构过程性、利用过程性和收益过程性三个方面。资源结构过程性是指高校资源结构的形成需要经历一个长期过程，不可能在短时期内实现，这是由于不同资源性质、特点等方面存在差异所决定；利用过程性是指高校资源利用能力和水平的提升不是短时期内能够实现的，高校对每一类型资源潜质的挖掘和利用也需要经历一段时间；收益过程性是指高校资源从投入到产生预期效益是一个复杂的过程，甚至存在资源投入的风险，即没有实现预期收益。

2. 高校资源的主要类型

（1）人力资源。高校是高素质技能型专业人才培养的重要场所，对于满足经济社会发展和行业企业需求发挥着重要作用。要保证和提高人才培养质量，必须具有优秀的师资队伍，为此多数高校特别重视师资队伍结构的优化，尤其是“双师型”教师队伍的建设。人才培养主体的高素质和对象的高层次决定了高校人才聚集的特征。除师资队伍、学生之外，高校人力资源还包括领导队伍、科研队伍、管理队伍、工勤队伍等。其中，师资队伍和科研队伍是人力资源的主体、领导队伍和管理队伍是人力资源的关键、工勤队伍是人力资源的重要补充。师资和科研队伍的整体水平代表着高校教学、科研和社会服务的整体水平，领导和管理队伍的整体水平代表着高校领导、管理和决策的整体水平，并影响师资和科研队伍的健康成长。高校发展在根本上取决于人力资源，没有一定的人力资源做基础和保障，高校很难实现持续发展。仅有一定数量的人力资源是基础，还要对其进行合理配置，将最优秀的人力资源安排在最适合、最需要的工作岗位，实现人才资源最优化使用，进而提升人力资源的效能，为高校发展提供智力保证。实际上，高校之间的竞争归根结底是人才培养质量的竞争，本质是人力资源的竞争。高校人力资源具有价值性、流动性和规划性特征，价值性是指人力资源是高等职业院校的重要资本，是高校生存发展的依据，能够给高校带来竞争优势；流动性首先是指人才资源会随着高校发展需求实现内部流动，表现为内部不同部门、不同职位之间的流动，同时，高校人才资源还不断与外部环境存在着广泛互动，既可能是由高校流出，也可能是由外部环境流入。正是在与外部环境互动过程中，高校人才资源不断实现自身价值的提升。规划性是指高校要在统筹考虑自身发展实际和未来发展走势的基础上，结合外部人力资源市场的特点，合理规划人才资源，注重人才资源年龄、学历、专业、技能、职称、薪酬等方面结构的优化。通过规划实现人才资源结构优化，通过结构优化实现人才资源合理利用，通过人才资源合理利用实现高校持续发展。

（2）财力资源。财力资源主要指高校运作和发展需要的资金。相对于人力资源、物力资源等，财力资源既是高校拥有、享有或使用这些资源的基础，也是这些资源实现价值效能的前提。从人才引进、教学设备采购、教育设施购置到人才培养过程开展，以及教育教学管理活动的进行，每个环节的正常有序运作都离不开一定财力资源的支持和保障，否则就会陷入停滞状态，进而影响高校的正常运作。高校运作和发展的每一个环节都必须以一定的财力资源为基础。目前，对于多数高校，财力资源的短缺仍然是发展过程面临的主要问题，这既与办学体制有关，也与办学思路有关。从办学体制来看，现有高校多数靠国家投资来维持运作，政府投资成为高校资金的主要来源，主要用于高校日常教育教学活动的各项开支;从办学思路来看，高校普遍存在“等靠要”的思想，“等”政府拨款和扶持，“靠”政府运作和发展，“要”政府接济和帮助，忽视自身主体能动性的发挥，既不愿意主动与行业企业联系，更不愿意打开办学思路，借助社会各方力量，增强办学活力。按照来源分类,高校财力资源可分为内部积累型和外部市场型两种。内部积累型主要靠高校在发展过程中逐渐积累形成的非货币形态的财力资源；外部市场型主要指高校借助外部市场吸引办学资金、增加财力资源的方式。这两种类型都是高校获取财力资源的主要渠道，二者相互协调、相互补充，共同构成高校财力资源的结构体系。高校办学规模的扩大和竞争优势的提高,既离不开高校内部财力的有效积累,也离不开外部市场的全面支持。随着高等教育办学体制机制的改革，高校发展将越来越受到外部市场因素的影响，特别是行业企业的影响。对于某个地区的高校之间，由于一定时期行业企业规模、数量有限,为获得行业企业的资金支持必然展开激烈竞争。高校要想在如此激烈的竞争中赢得一席之地并获得持续发展，就必须不断拓宽资本途径，而这又主要依靠借助外部市场型的方式加以解决。

（3）物力资源。物力资源主要指以实物形态存在的高校资源，包括高校的土地、地面建筑物、教科研设备、管理设施、后勤设备等。高校物力资源一方面由财力资源转化积累形成；另一方面接受行业企业、社会组织捐赠积累形成。随着“政行企校”合作机制的建立完善，高校与行业企业之间的合作日趋紧密，行业企业不断参与人才培养过程。高校利用人力资源和场地优势，积极吸纳行业企业的技术和设备资源，校企合作共建校内生产实训基地，这既可以有效满足实训教学需要，也可以丰富高校物力资源。然而，物力资源形态、形成方式的多样化也带来了教育产权的归属问题。教育经济学认为，教育产权就是围绕教育财产形成的权利关系。在多数人看来，高校基本上都属于公立学校，职业院校的教育产权归属国家，根本不存在教育产权纷争问题，但这又与高等教育办学形式多元化的发展态势相背离。实际上，从我国实行市场经济体制以来，办学体制出现新的发展格局，逐渐形成以国家办学为主，社会广泛参与办学，公办学校与私立学校、民办学校、联办学校、股份合作制学校等多种办学形式，教育投资体制呈现多元化趋势[1]，高校物力资源及教育产权也形成了多元化的结构形态。在高等教育体制创新的背景下，特别是随着“教育产业集团办学”模式的兴起，高校物力资源社会化的趋向将越来越突出和明显，其产权归属问题也将得到越来越多的重视。

（4）专业资源。专业是根据学科分类和社会职业分工需要划分的学业门类，是高校组成教学的基本单位，进行专门知识教学活动的依据。高校依据经济社会发展需求和自身办学实际，设置和调整专业，经过合理定位和长期建设，一些在教育目标、培养模式、师资队伍、课程体系、教学资源和培养质量方面有别于其他学校且具有较高社会声誉的专业就成为特色专业。特色专业往往具有明显的专业优势、竞争优势和辐射优势，能够带动高校专业办学水平的整体提升。因此，专业也是高校的重要资源，是高校资源特色的生长点。专业优势越强、特色专业优势越明显，高校资源的优势就越强、越明显。除了注重特色专业培育之外，高校还必须突出专业结构的建设和优化。专业结构受高校内外环境诸多因素的制约和影响，特别是经济结构变化的影响最为主要。经济结构决定专业结构的设置调整，影响专业结构的改革优化，这主要由高等教育人才培养规格和类型所决定。高校进行专业结构调整时，必须着力研究区域经济社会发展特点，重点考虑地区的经济结构、产业结构和技术结构。今后，高校专业发展将主要以服务和面向第二、第三产业的专业为主，兼顾社会主义新农村建设和农村产业、技术转移需要的专业人才培养。

（5）信息资源。在信息生态学的视域中，高校是信息生态系统核心构成要素——信息人的特殊形态，主要以信息（知识）的获取、储存、加工和传递为目标。在外部层面，高校既表现出相对独立性，也与环境中其他信息人存在着广泛联系。高校的信息活动必然有一定的轨迹可循，其信息活动所特有的价值取向、模式结构、运行机制、形成机理等内部生态因子，与经济环境、政治环境、教育环境、文化环境等外部生态因子共同组成了高校特有的信息资源。严格地讲，信息资源是高校以信息（知识）收集、整理、创新和共享为主导，通过与外部环境的物质循环、能量流动和信息传递以

（1）杨克瑞，谢作诗．教育经济学新论 [M]. 北京：人民出版社，2007：242.

及其他信息人的交流互动中形成的资源地位和作用。信息资源既是高校发展完善化、成熟化、健全化的推动结果，也是高等职业院校与外部环境信息交流纵深化、扩大化、全面化的互动结果。在此过程中，信息资源内部结构之间相互作用并与外部环境发生联系，从而获取高校发展和人才培养所需的信息（知识）和信息流（知识流），以及选择信息（知识）生成、信息（知识）创新的方向。通过汲取外部信息（知识），拓展信息（知识）空间，高校实现与外部环境的广泛联系，传递有价值的知识信息。信息资源之所以是构成高校资源的重要部分，一方面是由于信息传递需要随时获取保持与外部信息源、信息链、信息网络的联系；另一方面是由于信息资源体系的构建能够克服高校信息创新过程中不可回避的弊端，增强高校与外部环境互动，实现信息（知识）的发酵增长与有效转移。在未来信息产业化发展过程中，高校将发挥信息开发、信息加工、新服务和信息固化的作用，这种作用不仅体现在人才培养方面，更体现在科技研究和社会服务方面，信息资源的拥有状态将直接决定和影响高校功能角色的发挥。

（6）文化资源。文化资源是以高职院校环境和教育教学设施为基础，以高职院校师生的思想观念、心理素质、价值取向和思维方式为核心，以具有高职院校特色的人际关系、行为方式和文化活动为表征的精神状态和文化氛围。[1] 高职校园文化资源包括有形形态和无形形态，有形形态是高职院校主体在教育教学活动中逐渐形成的长期稳定的校园文化，这种形态的文化主要是通过具体的文化活动、现实的文化载体和客观的校园建筑物表现出来；无形形态主要是基于高职院校的校纪校规、行为准则和道德规范等，以及高职院校师生的世界观、价值观和审美情趣形成的理性文化，这种文化能够更深入有效地影响高职院校的生存发展。现实中，文化资源总是与高职院校精神相融合，是高职院校精神的底蕴性存在和深层次表征。高职院校的发展过程是高职院校精神的培育过程，也是高职院校精神效能的释放过程。可以说，正是高职院校精神激发了高职院校师生的拼搏意识和进取心理，推动了高职院校的持续发展和不断演化。同时，大学文化的不断成长和社会文化的日渐丰富也在高校文化资源形成发展中起到了重要作用。

（1）陈于仲，李正华，钟黎川 .论大学校园文化建设 [J]. 理论与改革，2007（6）：101-103.

高校发展过程是内部结构不断完善的过程，也是功能机制逐渐优化的过程，更是高校精神凝聚化、理性化的文化转变过程，通常表现为在一定文化精神指引和导控下，由高职院校发展目标决定的各构成主体之间相互适应、相互促进和相互融合的动态过程。与现代化演变相类似，高校的发展演化也是一个理性化的过程，其本质就是在高校精神指导下，依靠高职院校师生主体性、能动性和创造性，不断实现结构完善、功能优化、优势增强和绩效突出的过程。理性化的过程是高校思维方式、生存方式和发展方式合理化，并且渗透到高校文化资源的各构成层面。高职教育是以培养高技能人才为目标，以培养和提高学生的实践操作能力为旨归，所以文化资源建设就应该服务和服从于高技能人才培养，而不应该脱离高职教育的价值目标和取向。然而，现实中，一些高校文化资源建设并没有很好地体现高职教育的功能价值，长期游离于高职教育核心价值的边缘，没有形成与高职教育实际相适应、相匹配的文化特色。所以，在进行文化资源建设时，既需要充分汲取大学文化、校园文化、社会文化的合理成分，也需要对已有的高职校园文化的基因结构进行系统研究，对于基因结构中的缺陷和不足要有针对性地采取措施加以改造和补充，唯有此才能实现高校文化资源的健康发展。

二、高校能力

“能力”最早被引入到组织领域是“企业能力”概念的提出，这应该归功于古典经济学家亚当•斯密的劳动分工理论，随后经过马歇尔、彭罗斯、理查德森等人的发展，企业能力逐渐发展为一门理论，成为人们分析企业战略管理的重要学派，至今影响着企业管理理论的发展走向。“企业能力”概念提出以后，人们总是将其与资源混淆在一起使用，有学者径直将能力理解为企业的特殊资源，例如 Selznick（1957）认为能力是能够使一个组织比其他组织做得更好的特殊物质。这种理解一直持续了很长时间，以至于人们不能够很好地把握和认识企业能力的概念本质。直至 20 世纪 90 年代，Grant、Amit 等人系统梳理了企业能力和资源的关系，对二者之间的区别进行了深入分析。Grant（1991）认为资源是生产过程中的投入物，而能力是把一组资源结合起来用于执行一定的任务或活动的能力。Amit（1993）提出能力是企业资源之间通过长期复杂的相互作用发展而来的企业独特的基于信息的、有形或者无形的流程。尽管 Amit 将能力视为一种流程的理解仍然具有模糊性，但避免了 Grant 以能力界定能力的逻辑问题。我国学者项宝华指出：资源是那些能够由管理者所完全掌控的外显、静态、有形、被动的“使役对象”；而能力是最终会体现在具体个人或者群体身上的潜在、动态、无形、能动的可胜任某项工作或活动的“主观条件”。(1)

多数学者认为，企业能力包括一般能力、核心能力和动态能力三个层次。这三个层次的能力之间逐步递进，一般能力是核心能力的基础，核心能力又是动态能力的前提，动态能力则是一般能力、核心能力发展的高级阶段。对于企业而言，一般能力是行业领域中企业普遍具备的能力，没有一般能力做支撑，企业是很难进入该行业企业领域，更遑论健康生存和持续发展。没有一般能力就没有参与市场竞争的资格和条件，但仅具备一般能力又不可能在激烈的市场竞争中获得生存发展，这就需要企业培育其他企业所不具备或难以模仿的核心能力，以增强企业竞争优势，使得企业获得超额利润。核心能力的效应具有时效性特征，这既与特定时期内核心能力自身结构的稳定有关，又与行业企业技术的发展变化相关，企业的核心能力不可能恒久保持不变，时刻面临被学习、模仿，转变为一般能力的风险。一旦核心能力变成一般能力，企业获得的超额利润也就变成一般利润、平均利润，产品价格优势也就随之消失，企业很难在竞争中获得优势。这就需要企业具备不断培育核心能力的能力——动态能力。动态能力在本质上是企业动态适应内外环境变化的能力，其建构通常经历长期复杂的过程。

作为典型的组织形态，高校同样具有能力表现，但与企业能力不同，高校能力更体现社会性和人本性。根据企业能力理论，可以将高校能力描述为高校利用内外资源有效开展人才培养、科技研究、社会服务和对外交流等活动体现出的主观条件。高校能力并非是一种有形的实体存在，只有借助人才培养、科技研究、社会服务和对外交流等具体活动才能够表现出来。正是通过这些具体活动，高校能力不断获得了提升和发展。按照企业能力层次理论，高校能力可分为适应能力、发展能力、创新能力和核心能力。

适应能力是指高校不断适应内外环境变化的能力，集中表现为人才培养规格、模式的选择必须与经济社会发展要求相适应，科技研究、社会服务

(1) 钟尉，张阳．企业能力的层次与结构分析 [J]. 商场现代化，2007（4）：151.

也要面向行业企业技术领域的实际需要。发展能力是指高校从不发达状态向现代化状态转化的能力，具体表现为发展规模扩大、质量提升、结构优化、影响扩大等。创新能力是指高校按照发展规律和创新要求，在人才培养、专业建设、课程建设、师资队伍建设、社会能力建设等方面，进行体制机制、方式途径、内容体系、管理制度创新的能力。核心能力是指高校具有其他院校不具备的且能够带来竞争优势的能力，通常表现在专业特色、人才培养模式、校园文化等方面。在高校能力体系中，适应能力是基础，没有适应能力，高校不可能实现健康生存和持续发展；发展能力是关键，只有具备发展能力，高校才有可能实现全面、协调、可持续发展;创新能力是保障，只有通过办学理念和办学实践层面的不断创新，高校才能提升人才培养质量，实现与经济社会的协调发展；核心能力是重点，建立在核心能力基础上的竞争优势更容易给高校带来发展力和竞争力，核心能力也是高校重点培育的能力层级。

三、高校能力的具体表现（1）

高等教育肩负着人才培养、科技研究、社会服务和对外交流的历史重任，其功能在微观层面表现为对个体发展的影响，在宏观层面表现为对社会发展的影响。高校作为实施高等教育的组织机构，其能力表现主要反映在人才培养、科技研究、社会服务和文化发展四个方面，这四个方面有机结合、相互联系，共同决定高校能力的整体水平。2017 年 2 月，中共中央、国务院印发了《关于加强和改进新形势下高校思想政治工作的意见》，突出强调高校肩负着人才培养、科学研究、社会服务、文化传承创新、国际交流合作的重要使命。从国际学界公认高校的“人才培养、科学研究、社会服务”三大职能，到 2011 年胡锦涛在清华大学建校 100 周年庆祝大会上发表重要讲话中提出的“人才培养、科技研究、社会服务和文化发展”四大职能，再到 2017 年以习近平同志为核心的党中央提出的“人才培养、科学研究、社会服务、文化传承创新、国际交流合作”五大职能，充分体现了我国高校建设理念发展创新的主要脉络，对于加快建设世界一流大学和一流学科，

（1）胡锦涛 . 在庆祝清华大学建校 100 周年大会上的讲话 [M]. 北京：人民出版社，2011.

增强我国高等教育竞争力发展力具有重要意义。

1. 人才培养

教育的本质是促进人的全面发展。高等教育的根本任务是高素质技能型专业人才培养。人既是高等教育的主体，也是高等教育实施的对象，高等教育就是要通过一系列的教育教学活动使得教育者形成正确的人生观、价值观和职业观，具备从事职业活动必需的职业道德、职业知识和职业技能。高等教育倡导以就业为导向，促进个体职业化发展，突出学生职业意识、实践能力的培养，保证个体职业发展能力的持续发展。作为高校要坚持把促进学生健康成长作为一切工作的出发点和落脚点，全面贯彻党的教育方针和职业教育政策，坚持育人为本、德育为先、能力为重、全面发展，着力增强学生服务国家服务人民的社会责任感、勇于探索的创新精神、善于解决问题的实践能力，努力培养德智体美全面发展的社会主义建设者和接班人。要注重更新教育观念，把促进人的全面发展和适应社会需要作为衡量人才培养水平的根本标准，树立多样化人才观念和人人成才观念，树立终身学习和系统培养观念，造就信念执着、品德优良、知识丰富、本领过硬的高素质技能型专业人才。要注重培养学生实践能力，创新人才培养模式，积极营造和鼓励独立思考、自由探索、勇于创新的良好环境，提高学生职业综合能力，努力为经济社会发展培养高素质技能型人才。

2. 科学研究

高校既是高素质技能型专业人才培养的重要基地，又是行业企业技术领域研究和创新的重要机构。要以区域经济发展、行业升级、企业转型需要为指向，在地方政府的积极引导下，通过出台相关鼓励政策，优化制度环境，紧密结合行业协会、骨干企业、学院和学生四方利益协调的切入点，在利益互惠共赢的基础上，构建“政行企校”的合作机制，提升校企深度合作水平，增强科技研究的针对性。要积极适应经济社会发展和行业企业重大需求，开展区域发展急需的战略性研究、探索行业企业技术领域的前瞻性研究以及涉及国计民生重大问题的公益性研究。要积极提升原始创新、集成创新和引进消化吸收再创新能力，瞄准国际前沿，加强基础研究，推动学科融合，培育新兴学科，建设重大创新平台和创新团队，以高水平科学研究支撑高质量的高等教育。要积极推动协同创新，通过体制机制创新和政策项目引导，鼓励高校同科研机构、企业开展深度合作，建立协同创新的战略联盟，促进资源共享，联合开展重大科研项目攻关，在关键领域取得实质性成果，努力为建设创新型国家做出积极贡献。

3. 社会服务

要紧紧围绕科学发展这个主题、加快转变经济发展方式这条主线，不断增强服务经济社会发展能力。充分利用高校资源和区位优势，主动适应区域经济体制转轨、产业结构升级和经济发展方式转变的社会格局，培养区域产业发展急需的人才。紧紧围绕地区产业发展布局和产业发展的实际需要，深入开展专业调研，在专业设置、人才培养模式和研发攻关等方面提前布局，提高社会服务的针对性。面向行业企业开展技术服务、高技能和新技术培训，主动参与企业技术创新和研发，为企业职工和社会成员提供多样化的继续教育服务，支持企业在岗人员技能更新。面向新农村建设，提供农村劳动力转移培训、技术推广和农村新型合作组织建设管理咨询等服务。面向西部地区高职院校要做好对口支援建设与发展工作，为中职毕业生在岗接受高等学历教育创造条件。通过提供技术服务、技术指导和劳动力培训，实现高校与行业企业相互促进，与区域经济社会和谐发展；通过对口支援，发挥高校应有的骨干、示范和带动作用。同时，也要自觉参与推动学习型社会建设，适应全民学习、终身学习的时代需要，加快发展继续教育，广泛开展科学普及，为社会提供形式多样的教育服务，深入开展政策研究，积极发挥思想库和智囊团作用，努力为党和国家科学决策、民主决策做出积极贡献。

4. 文化发展

作为高等教育的重要类型和职业教育的最高层次，高等教育也具有传承优秀文化和创新思想文化的重要作用。高校要重视校企合作对于丰富大学文化的意义，以及大学文化对于促进校企合作顺利开展的作用，系统分析校企合作所需要的文化基础、文化条件和文化背景，并对这些文化基础、条件和背景进行细化，认真研究大学文化的结构体系、功能机制和运作机理，基于人本性、系统性、动态性、绩效性和成本性等原则，加强大学文化的建设。要积极发挥文化育人作用，加强社会主义核心价值体系建设，掌握优秀传统文化成果，扬弃旧义，创立新知，并传播到社会、延续至后代，不断培育崇尚科学、追求真理的思想观念，推动社会主义先进文化建设。要借助对外交流与合作的平台，积极开展对外文化交流，增进对国外文化科技发展趋势和最新成果的了解，展示当代中国高等教育风采，增强我国文化软实力和中华文化国际影响力，也要加强不同文化的学习和借鉴，形成新的文化，促进文化的繁荣和发展，努力为推动人类文明进步做出积极贡献。

5. 国际交流合作

国内外知名高校发展实践充分表明，国际交流合作是高校持续快速发展的有效动力，是增强高等教育国际竞争力和国际话语权的关键举措。目前，我国加快建设世界一流大学和一流学科，即“双一流”建设，深入推进国际交流合作具有十分重要的意义和作用。国际交流合作体现高校开放办学的理念，有助于高校吸收国际一流大学的办学经验、办学理念、办学模式，依托合作机制享有办学成果，输出优秀人才，增强人才优势，培育具有国际视野的高精尖人才，扩大高校办学的国际影响力。目前，我国高校国际交流合作还面临合作体制机制不健全、合作理念不先进、合作方式不灵活、合作途径不多元等诸多问题，这些问题往往相互交织、相互并存，不同程度地影响高校国际交流合作的有效开展。同时，各地区之间的高校国际交流合作水平也参差不齐，发达地区高校国际交流合作水平相对较高，不论在合作的广度还是深度上都超过了不发达或欠发达地区。因此，要借助“一带一路”发展战略，不断创新国际交流合作体制机制、合作理念，增强国际交流合作的灵活性和主动性，不断提升高校国际交流合作水平。

第三章 高校思想政治教育生态系统

随着思想政治教育环境的多元发展和日渐复杂，如何动态适应外部环境演变，积极探索发展规律，成为现代思想政治教育管理中无法回避的选择。在计算机通信技术迅猛发展浪潮的推动下，互联网以前所未有的速度影响和改变着人们的思维方式、生活方式和交往方式，使得网络环境成为继现实环境之外的一种新环境。现实生活与网络生活的拼凑杂糅、交织催化在很大程度上诱发了思想政治教育环境的大幅改变。在思想政治教育环境中，存在许多与思想政治教育相互联结的环境因素，这些环境因素大致可分为两类：一类是政治因子、经济因子、文化因子、教育因子、社会制度与政策因子、国际政治因子、科学技术因子等社会生态因子；另一类是地域地缘因子、自然资源因子等自然生态因子。其中，每一个环境因素都不同程度地对思想政治教育发展起着推动和制约的作用。然而，这些因素绝不是“外在于教育者、受教育者以及教育过程的环境而存在的，它们实际上已经与教育者、受教育者一起构成了以教育过程为中心的”[(1)]具有特定的内部结构、功能机制和作用表现的思想政治教育生态系统。实际上，没有一组独一无二的环境因素可以完全决定和解释思想政治教育活动过程，思想政治教育活动所体现的更多的是一个复杂的、涉及许多环境因素的生态系统整体运行状态及结果。本章主要从思想政治教育活动的特点和规律出发，对思想政治教育生态系统的概念特征、结构层次、形成机制以及运作机制进行研究。

第一节 概念特征

高校思想政治教育生态系统作为学术范畴被系统而科学地论述，严格

（1）戴瑞．思想政治教育生态论 [J]. 理论与改革，2007（2）：150.

地说是从社会转型背景下思想政治教育探寻新途径、摸索新模式、构建生态化、增强实效性的发展过程开始的。长期以来，许多专家学者针对思想政治教育的持续发展问题给予密切关注，并提出一系列卓有成效的对策措施，但“多数研究都局限于思想政治教育自身层面上考虑问题，没有突破狭隘的思维模式，难以冲破理论困惑”(1)。在以往的研究中，人们始终把思想政治教育框定在教育学理论范围。认为思想政治教育发展就是思想政治教育内容、方式和方法的改进创新。在这种思想支配下，思想政治教育便成了相对于外部环境而独立存在的特殊场所，思想政治教育实际上扮演着“外在于环境影响，受制于环境作用”的被动角色。由此不但形成了以思想政治教育为中心的单向度的理论研究方式，而且形成了思想政治教育是实现其持续发展的唯一需要考虑因素的思维发展模式。近年来，一些学者开始把研究的主题转向理论视野和研究方式创新方面，管理学、生态学等相关理论和方法成为分析思想政治教育的新视角。若从生态学角度看，若把思想政治教育视作一个有机的系统整体，而不只是结构分散的独立体；把思想政治教育看作是与环境相互依存、互动平衡、协调发展的共生关系，而不只是外在于环境且直接相对的功能体，就会发现思想政治教育无论是在内部要素构成上，还是与外部环境多向交互中，都处于一个内容复杂、影响因素多元的生态系统中。学者们把这个系统称为“高校思想政治教育生态系统”。

不同知识背景的学者从各自不同的专业角度对高校思想政治教育生态系统进行论述或界定，形成了一道道风格迥异、姿态万千的思想景观。从整体上看，学术界对高校思想政治教育生态系统的认识呈现两个特点：一是从思想政治教育生态的理论框架和学科体系的角度，即思想政治教育生态，这一概念是政治哲学视野下的发展观的研究，旨在从思想政治教育的生态环境变迁提供学科发展的新思路；二是从系统论、整体论和过程论角度探讨思想政治教育构成要素之间的有机联系和辩证统一，这一概念是通过对思想政治教育构成要素进行共时性的静态研究和历时性的动态考察，来发现各要素之间的生态关系。

当前，学术界对于高校思想政治教育生态系统的概念理解，大致可分

(1) 陈铁军．思想政治教育生态观研究 [D]. 西安：西安电子科技大学，2004.

为以下四种情况：第一种将高校思想政治教育生态系统视为对思想政治教育活动开展及其效果产生各种影响的内外部因素之间关系及结构的总和，并认为它由经济生态环境系统、政治生态环境系统和文化、心理生态环境系统三大部分组成。(1)第二种从教育过程将高校思想政治教育生态系统划分为社会方面的生态系统、心理方面的生态系统和控制方面的生态系统三个子系统。(2)第三种认为高校思想政治教育生态系统由主体系统、客体系统、介体系统和环体系统构成，并包括主体性因素和环境性因素两类要素。主体性因素指教育者因素和受教育者因素；环境性因素指学校环境因素、家庭环境因素、自然环境因素以及社会环境因素。(3)第四种将高校思想政治教育生态系统视作教育者主体内化、文化环境积淀熏陶和受教育者实践参与等生态性建构而成的有机统一体。(4) 比较而言，前三种观点都侧重于高校思想政治教育生态系统构成的层次性，对系统内部构成要素与外部环境因子之间生态互动关系的考察稍有忽视，第四种观点虽注重构成要素的优化整合与动态协调，但在系统构成方面略显简约。

在生物界，生态系统是指一定空间内由生物成分和非生物成分组成的功能单位。(5) 在内部层面，生态系统构成要素以信息流动为纽带，彼此依存又相互制约，共同形成有机协调的整体；在外部层面，生态系统不断与外部环境进行物能交换，成为一个动态的开放系统。内外层面之间的功能互补、协调一致共同决定生态系统的健康态势。相应的，高校思想政治教育生态系统就可以理解为，一定时空条件下与思想政治教育实践过程存在关联的要素组分，要素组分与环境因子之间相互联系、相互作用而形成的功能整体和复杂系统。其中，要素组分之间的相互依存、相互支撑产生的网链关

（1）邱柏生．要重视研究思想政治教育的生态环境 [J]. 学校党建与思想教育，2004（5）：7-10.

（2）宣仕钱．思想政治教育生态系统的互动与偶合 [J]. 求实，2006（5）：81-82.

（3）陈铁军．思想政治教育生态观研究 [D]. 西安：西安电子科技大学，2004：12-13.

（4）卢卫林．略论学校思想政治教育的生态性建构 [J]. 琼州大学学报，2004，11（6）：30-32.

（5）钱易，唐孝炎．环境保护与可持续发展 [M]. 北京：高等教育出版社，2000：14.

系和结构形态，构成思想政治教育生态要素群落；各种环境因子之间相互作用、相互促进产生的多维空间和多元环境，构成思想政治教育生态环境。

在高校思想政治教育生态系统中，不同要素群落都有各自特定的时空结构、营养关系、角色地位和功能表现。要素群落之间通过物质能量流和价值信息流进行互动联系。物质能量流和价值信息流的强弱程度往往决定要素群落之间联系的差异性、层次性和多样性。任何一个要素群落的病变、缺失和破损都有可能影响到系统的动态平衡与协调发展。思想政治教育生态环境主要包括自然环境、社会环境、规范环境、家庭环境、单位环境和心理环境（个体和社会）等。各种环境相互依存又相互制约，构成统一、协调的物能流转生态链和环境因子生态链，不断满足和支撑思想政治教育持续发展的需要。各种环境之间又具有交叉镶嵌性和催化交融性，始终对思想政治教育产生作用与影响，构成高校思想政治教育生态系统，“产生竞争、协同进化和生态平衡或生态失调等复杂的情况和关系”[(1)]。

作为一个复杂有序的动态平衡机制，高校思想政治教育生态系统必须具备三个条件：一是多样构成要素，主要包括教育者、受教育者、教育组织、教育目标、教育内容、教育过程、教育手段以及教育环境等。其中，每一个要素都不可或缺，既是高校思想政治教育生态系统构成的基本要素，也是高校思想政治教育生态系统的存在基础。二是复杂关系结构，即构成要素之间，要素与环境之间，某一组织、性质、类别和区域的高校思想政治教育生态系统与环境中其他生态系统都存在着一定的有机联系，进而形成一定的结构和秩序。三是特定功能表现。任何一个高校思想政治教育生态系统都有特定的功能，这是系统具有不同于各个构成要素的新功能，这种新功能是由系统内部构成要素的有机联系和结构共同决定的。如果一个高校思想政治教育生态系统独有的特定功能消失或者被取代，这个系统将面临消亡解体。

除具有生态系统的一般特征之外，高校思想政治教育生态系统还表现出以下几个特征：

（1）时空承接性。从空间结构来看，高校思想政治教育生态系统是社会系统的一个子系统，与社会经济系统、政治系统、文化系统、科技系统

（1）鲁洁．教育社会学 [M]. 北京：人民教育出版社，1990：294.

等存在着一定程度的物能联系，这些系统的发展变化总是对高校思想政治教育生态系统产生影响，并在一定程度上塑造、制约其内部结构的形态与变化。从时间发展来看，高校思想政治教育生态系统是思想政治教育长期适应外部环境变化，与外部环境在交往协调过程中形成的有机系统，是其内部构成要素之间相互依存、相互适应的共同结合体，各构成要素之间绝非彼此独立、互不影响，而是一种网络式交叉的结构关系。

（2）动态适应性。主要体现在系统对所依存环境的适应与各构成要素对其赖以生存发展的环境的适应两个方面。高校思想政治教育生态系统对所依存环境的适应既包括系统主体通过调整内部结构、优化功能机理和健全运作机制来适应环境条件，也包括有机体通过适当改变环境条件、有效变更资源取向，使得环境朝着有利于思想政治教育发展的方向演变。高校思想政治教育生态系统的基本功能是解决社会、组织和个体发展所要求的品德内容与个体的品德状态及社会现实环境之间的矛盾，高校思想政治教育生态系统通过塑造个体品德对外部环境产生影响。构成要素对环境的适应表现为不断改变教育目标、内容和手段等，受教育者的思想品德水平的培养要适应环境的需求。

（3）内外共生性。在自然界，共生是指不同生物之间共存于同一环境中的现象。对高校思想政治教育生态系统而言，共生主要表现为系统内部共生和系统外部共生。系统内部共生是指系统与环境互动过程中产生的，有益于系统朝向和谐有序方向演化的构成要素之间的共生态势。系统外部共生表现为思想政治教育与环境中其他不同层次、形态和类别的生态系统存在的单向度依存关系，例如：高校思想政治教育生态系统与经济系统、政治系统、文化系统、科技系统之间存在的物能流转关系，也表现为同类同级高校思想政治教育生态系统之间，或者共处于同一环境内部不同类型的高校思想政治教育生态系统之间的竞争合作关系。

（4）自校平衡性。与其他生态系统一样，高校思想政治教育生态系统也具有自校平衡性。作为一个复杂的有机体，高校思想政治教育生态系统不是完全被动地受制于外部环境的影响，它会根据环境发展走向及时完善内部结构，主动适应环境变化。当环境中的物质、能量和信息被输入系统内部，就会引起高校思想政治教育生态系统与环境系统之间的不平衡。为了确保与环境系统之间的动态平衡，高校思想政治教育生态系统通常会合理协调内部要素的结构关系，有效配置要素组分的比例关系，充分挖掘要素的功能潜质，及时调整思路、改善方法，动态寻求教育要求与个体、社会环境的结合点，实现与外部环境的协调与平衡。

（5）遗传变异性。在某种程度上讲，高校思想政治教育生态系统是思想政治教育遗传与环境共同作用的产物。遗传是以保持系统特性，维持系统相对稳定为本位和出发点的，而变异使系统的演化成为可能，是以对系统某些形状的“异化”和对系统的辩证否定为本位和出发点的。[1]高校思想政治教育生态系统一方面要保持自身已有的遗传特性——历史专长和特色优势，以区别于其他生态系统而存在，就必须巩固其在外部环境格局中的专属空间位置和资源维度；另一方面为了适应外部社会环境的动态变化和发展走向，就必须推陈出新，适当进行系统“变异”——功能优化与机制创新，达到系统的发展与创新。

第二节　结构层次

高校思想政治教育生态系统的生存发展必须依附和镶嵌于一定的环境条件、资源结构和空间格局，这就决定了高校思想政治教育生态系统在外部层面作出行为选择的时候，需要综合考虑自身行为对环境变化的影响，以及环境变化对思想政治教育系统内部结构、教育体系、生理机制和策略制定的影响；在内部层面进行构成要素整合的时候，需要合理搭配各要素之间的比例关系、位置排列和功能组合，即有效设置高校思想政治教育生态系统的结构。与自然界生态系统类似，高校思想政治教育生态系统结构也具有整体性、层次性和系统性等性质，但高校思想政治教育生态系统是以人为核心的有机整体，具有更强的意识性、主动性，进而在免疫能力、进化表现、生理机制和发展规律等方面显现出独特的机能形态。如果将高校思想政治教育生态系统结构的共时态整合与历时态演变置于同一构架平台内加以审视，便会演绎出高校思想政治教育生态系统的宏观结构体系、中观结构体系和微观结构体系，呈现出高校思想政治教育生态系统的纵向结构

（1）贺祖斌．高等教育生态论 [M]. 桂林：广西师范大学出版社，2005：41.

体系和横向结构体系。可以说，高校思想政治教育生态系统结构是“一个宏观中观微观相渗透、纵向横向相交错、动态静态相结合的网状结构”。在高校思想政治教育生态系统结构的各个层面，始终存在着物质流、能量流和信息流之间的交换互转，即为系统生态演替提供充足的物质能量的过程，体现出外部环境条件和资源因子与高校思想政治教育生态系统形成的供给支持或生态制约关系。

一、高校思想政治教育生态系统的共时态结构层次

1. 高校思想政治教育生态系统的宏观生态、中观生态和微观生态

宏观生态是以“社会—经济—自然”复合生态系统为基点、以思想政治教育系统为中心来研究复合生态系统中的自然环境系统、社会环境系统和经济环境系统对高校思想政治教育生态系统的影响，分析思想政治教育系统内部构成要素结构及其与外部环境之间的关系，探寻思想政治教育生存发展空间，开辟有利于思想政治教育生存发展的生态环境和资源取向，制定思想政治教育发展的战略方向和策略途径。中观生态是以思想政治教育为中心，研究思想政治教育内部构成要素之间的关系，集中分析思想政治教育管理的计划、组织、控制和领导职能，重点探讨环境中其他社会组织对思想政治教育生存发展的影响。微观生态是以高校思想政治教育生态系统的核心构成要素——人为中心，分析人的主观能动性在教育活动组织、教育目标实现中的重要作用，注重人性假设研究，采取激励、惩罚、情感、竞争管理手段，充分调动教育主体的积极性和创造性，积极营造良好的思想政治教育环境，促进思想政治教育管理的和谐化、生动化和活力化。

2. 高校思想政治教育生态系统的个体生态、种群生态和群落生态

在高校思想政治教育生态系统中，思想政治教育的个体生态属于微观生态，思想政治教育内部要素结构关系会影响到思想政治教育组织结构的安排和思想政治教育基因的遗传，不同的思想政治教育，其内部结构、组织性格、免疫机能和适应能力都存在差异，在很大程度上影响思想政治教育的生命周期。种群生态主要指在某些方面相似的思想政治教育组织群体所表现出的生态特征，相似思想政治教育之间的关系多数情况下表现为资源、产品、市场、技术等方面的竞争，竞争程度的高低往往会影响思想政治教育内部结构的调整及方向，竞争范围的大小也会对周围环境产生一定

程度的影响。例如，当思想政治教育之间存在恶性的竞争关系时，政府会积极采取有效措施予以及时化解。群落生态主要研究一定地理区域内相似和不同的组织之间和组织与环境之间的关系网络。一个地理区域内部通常广泛分布着一定数量的思想政治教育，其中，相似思想政治教育之间存在着多样的关系网络，不同性质、种类的思想政治教育之间也存在着复杂的关系网络。这些关系会随着思想政治教育发展和资源条件的改变而不断变化，对思想政治教育内部结构调整和环境秩序稳定产生影响。

二、高校思想政治教育生态系统的历时态结构层次

1. 高校思想政治教育生态系统的内部要素关系结构

从内部微观层面上看，高校思想政治教育生态系统主要包括管理层、财务层、技术层、供应层、生产层和销售层等构成要素，这些要素之间环环相扣、紧密联系、相互补充、交叉催化，共同形成一个复杂的关系结构网络。其中，包括三个最基本的生态链：供应、生产和销售生态链；管理、财务和技术生态链；管理、生产和社会服务生态链。从本质上分析，高校思想政治教育生态系统内部要素生态链的构成主体是具有不同功能地位和作用表现的人，其功能实质是不同个体之间的信息流转，依存关系是不同个体之间的多元复合关系。

（1）供应、生产与销售生态链。相关物质、能量和信息的有效供应是思想政治教育产品生产和销售的基础，产品是外部物能条件、需求信息与思想政治教育内部构成要素之间催化互动的凝集产物，生产高质量产品，提供优质服务是思想政治教育竞争优势的集中体现，而产品的顺利销售和服务的最终实现则是高校思想政治教育生态系统的功能价值旨归。

（2）管理、财务与技术生态链。有效的管理是确保思想政治教育财资雄厚、提高投资效益、增强生产技术优势的重要前提。生产技术水平的提高是思想政治教育发展经济、广辟财源的依据。思想政治教育引进先进技术设备时，必须以思想政治教育系统发展状况为根据，与思想政治教育经济实力相适应。如果超越思想政治教育实际发展水平和内部结构管理范围，不顾及思想政治教育及其内部要素的承受能力，将会产生不良的后果。

（3）管理、生产与社会服务生态链。管理的有效开展是思想政治教育系统演化的保障，是实现思想政治教育生产总体功能和社会服务价值的必要条

件，也是提高思想政治教育经济效益的重要基础。生产部门通过输送高质量产品，可以有效缓解外部需求与内部供给之间的矛盾，在一定程度上促进思想政治教育管理水平提高，满足社会发展需求。社会需求的结构和内容一直处于不断变化的状态中，它通过调整产品质量和服务规格影响高校思想政治教育生态系统，要求思想政治教育必须做出适应性选择，思想政治教育只有强化社会服务职能，提高内部管理职能，才能更好地适应周围环境。三个要素的活动在为彼此创造有利条件的同时，也提出了一定程度的挑战。如果忽略三个要素对其他要素的催化角色，思想政治教育对外部环境的适应过程将会十分困难，高校思想政治教育生态系统演化进程也会极为缓慢。

2. 高校思想政治教育生态系统的年龄结构层次

除了受外部环境的制约外，高校思想政治教育生态系统还受其内部要素结构存在的“共同演进”关系的影响。一个高校思想政治教育生态系统的演进过程可以分为初创生态系统、拓展生态系统、成熟生态系统和衰退生态系统四个阶段。

（1）初创生态系统。如何有效汲取各种生存因子、资源条件和环境空间，是多数高校思想政治教育生态系统面临的主要问题。由于初创期的思想政治教育系统对外部环境和内部结构的控制能力较低，对发展空间和资源取向的把握程度不高，因此，思想政治教育系统与外部环境之间还没有真正建立起物质循环、能量流动和信息传递的互动联系。相应地，高校思想政治教育生态系统在功能层面、作用层面和效能层面也处于原始状态或者竞争前状态，外部环境对高校思想政治教育生态系统的认识也处于模糊阶段或者初级阶段。此时，高校思想政治教育生态系统的最主要特征就是缺乏较为完善的功能机制，面临较强的竞争压力，极易受到环境中其他系统的排斥、威胁，被淘汰的风险系数较高。

（2）拓展生态系统。经过初创期的资源储备、条件积累和能量积蓄，高校思想政治教育生态系统开始进入发展的黄金阶段，生产规模不断扩大，产品质量稳步提高，市场占有率显著提升，经济效益明显增强，社会影响力日渐扩大。在生存力、发展力和竞争力逐步提高的条件下，高校思想政治教育生态系统获得扩张的结果体现在两个方面：一是资源结构性规模扩张，注重各方面生存要素的积累性获得；二是空间结构性规模扩张，注重高适合度空间的层次性整合。由此可见，处于成长期的高校思想政治教育生态系统既要保持与外部环境的资源结构相适应，又要考虑与自身发展所依赖空间结构相匹配。

（3）成熟生态系统。在成熟期，高校思想政治教育生态系统内部的管理水平较高，组织结构稳定，经济效益较好，政策制度完善，能够对外部环境产生较强的辐射力和影响力。此时，需要进行系统排列与优化组合的资源开始趋向明朗，盈余资金逐步得到积累，利用资源的能力有了显著提高，这就给高校思想政治教育生态系统挖掘资源深层潜力和提升竞争优势提供了新的内部条件，要求思想政治教育系统缩小规模空间，控制发展空间的盲目扩大，提高对外部环境的适应能力。然而，成熟期正是高校思想政治教育生态系统内部结构相对固化、各种问题和矛盾交织出现的频繁时期。因此，成熟期也是高校思想政治教育生态系统规模难以控制，高适合度空间难以营造，资源利用率难以提高，同时竞争优势难以整体推进的时期。

（4）衰退生态系统。进入衰退期，高校思想政治教育生态系统首先面临着资源维度的衰退，当生存发展空间扩展到一定程度时，高校思想政治教育生态系统对各种资源因子的需求会达到饱和状态，用于资源取向方面的投入也随之减少。其次是技术维度的衰退，内部结构的稳定是高校思想政治教育生态系统发展追求的主要目标，也是其参与竞争的动能支点。在衰退期，这种价值取向常常会变成困扰高校思想政治教育生态系统持续发展的消极因素，导致高校思想政治教育生态系统发展目标的短视化。最后是产品维度的衰退，高校思想政治教育生态系统行为的短视化诱发了发展规划制定迟缓、利润追求过度、市场调研缺乏、适应能力降低等诸多问题，致使高校思想政治教育生态系统难以根据市场变化与顾客需求来合理设计内部结构和生产产品。

第三节　形成机制

高校思想政治教育生态系统是在某一特定的环境空间中，由相互关联和相互影响的教育者之间、受教育者之间、教育条件之间及其与外部环境之间，不断进行物能交换和信息流动而形成的一个复杂有机体。从本质上讲，高校思想政治教育生态系统是由交互关联的内外因素形成的具有特定内部结构和外部关系，实现教育效果增值并不断发展演化的教育系统。虽然高校思想政治教育生态系统的本质决定其形成发展的根源，体现其演化的特征形态，但未能充分揭示高校思想政治教育生态系统的产生发展机理。事实上，高校思想政治教育生态系统的运行状态主要取决于系统各个主体构成要件——主体要素的行为选择能力及相互之间的协同适应能力。谋求教育效果最佳化是思想政治教育活动过程中各构成要素之间增强生态互动的出发点，它促进了内外部因素之间相互依存、相互制约和协同适应共生关系的形成，推动了具有内在结构要素的有机协同机制与外在环境联系适应互动功能的生成发展。在外部层面，思想政治教育系统与环境互动的关系程度不断紧密、层次范围逐渐扩大。高校思想政治教育生态系统在逐渐推进社会环境系统演化的同时，也催促着自身演化形态和特征的变化。由此可见，高校思想政治教育生态系统的内在有序关系与外在互动关系，既不是天然而成的，也不是外力强加的，而是思想政治教育在特定环境条件下基于某种共生关系自我组织、自我强化所形成的。

一、解决思想政治教育资源需求扩大与供给短缺困顿之间的矛盾是高校思想政治教育生态系统形成的根本动力

思想政治教育发展过程是思想政治教育不断适应环境、探寻自我发展的过程，是思想政治教育理念、认知变化的过程，也是思想政治教育不断扩大、更新资源取向的过程。从组织行为学角度分析，思想政治教育发展在某种形式上表现为思想政治教育对外部环境适应的不断增强，对资源需求的不断扩大，思想政治教育发展就是在思想政治教育与信息日益分散、资源渐趋增多、活动范围逐步扩展的外部环境系统中构建起的一种系统持续创新、教育效果稳步提高、适应能力逐渐增强的行为方式和表达方式。对各种资源的识别、选择、创设孕育了思想政治教育系统的资源吸收能力、消化能力和免疫能力。最初的资源因子在促成思想政治教育系统生成发育之后，会随着思想政治教育系统的生理变化、肌体发育和营养格局变更而不断被遗弃。生存力、发展力和竞争力的逐渐增强促使思想政治教育系统进行资源取向变更，剔除无效的资源因子，留下的便形成了思想政治教育生存发展所需的资源体系。从整体上看，思想政治教育对资源需求的层次类别呈现不断扩大丰富

的变化态势。思想政治教育作为塑造受教育者良好道德品质和专业素质的功能中心，其发展过程实质上就是对各种资源要素的积累过程。由于一定时期优质资源的稀缺性，为了获取更多的高效优质资源，教育主体必然投入大量人、财、物资源及时间展开资源搜索。通过营造高校思想政治教育生态系统，教育主体可以找准资源配置重点，明确资源取向，挖掘资源潜能，保障内部结构正常运转；也可以明确教育目标，有效构建教育内容，合理组织教育过程，不断促进教育创新，提高思想政治教育效果的整体水平。

二、解决思想政治教育生存环境多变与适应能力薄弱之间的矛盾是高校思想政治教育生态系统形成的重要动力

外部环境是思想政治教育发展的基础条件。在市场机制不完善的社会经济环境里，思想政治教育发展确实主要依赖于自身内部结构的有机整合，但随着经济发展速度的日益加快，受教育者联系的不断紧密，思想政治教育发展越来越必须考虑外部环境的影响，而不单纯决定于内部结构的优化调整。随着社会转型的深化，政治重组、经济转型、文化变迁，特别是市场经济的快速发展，受教育者之间交流、冲突与融合的机会不断增多，不管是主动还是被动，任何一个层面、性质和类型的思想政治教育活动都将遭遇社会急剧转型引发环境变化的多元复杂，都将面临如何在动变环境中构建内部结构功能机制的问题。现实中，一些思想政治教育工作者难以有效应对外部环境的急剧变化，加之内部结构设计、发展规划、危机处理和应急机制缺少足够的准备和应有的能力，多数思想政治教育工作者在适应环境变化过程中迷失方向。教育工作者通过有效整合与生态链接的思想政治教育过程构成要素之间关系及其与外部环境、环境要素关系，并在交织互动而成的生态系统中谋生存、求发展，是因为生态互动关系的选择与建构，可以产生相互依存、相互制约、协同适应的共生关系，形成与环境相协调的适应机制、反馈机制、创新机制和沟通机制，因此，高校思想政治教育生态系统能够带来比传统思想政治教育更加有利的教育环境。

三、解决思想政治教育活动演化机制发展与规模效应不足之间的矛盾是高校思想政治教育生态系统形成的基础动力

作为一个意识性和能动性较强的有机体，思想政治教育在其演化过程中所形成的特定发展空间、物能流转生态链、环境资源条件、内部组织结

构，以及自校稳态平衡机制等都是它的优势所在。或者说，思想政治教育竞争优势的获得就在于它演化机制效能的发挥。只有在思想政治教育演化机制处于正常运作状态下，思想政治教育才能根据外部环境变化要求，受教育者身心发展规律以及自身发展目标需求，合理建构内部结构系统，推动思想政治教育系统与环境系统的协调互补和良性循环，达到优化教育资源配置，提高教育效果水平，不断推进思想政治教育工作的发展创新。然而，思想政治教育演化机制发展到一定阶段之后，其所依附的运行规模就会受到教育资源丰度效度不足、层次种类单调的约束和限制，进而影响思想政治教育的持续发展。从某种意义上讲，思想政治教育规模效益可能成为思想政治教育演化机制纵深发展的障碍，也就是说，思想政治教育演化机制持续发展可能受到思想政治教育原有教育理念、教育规模和教育效果的影响和羁绊。即使思想政治教育演化机制存在平衡系统，但由于规模效应不足，思想政治教育与环境之间正常的物能流转也会受到影响，造成彼此间相互作用无法实现，延缓思想政治教育过程递进发展。高校思想政治教育生态系统的有效建立可以为思想政治教育提供新的资源取向、生态因子链、发展机遇和扩展路径，有效扩大运行规模，增强教育效应，促进思想政治教育演化机制的健康成长。

四、解决思想政治教育发展风险增大与抗险能力单薄之间的矛盾是高校思想政治教育生态系统形成的核心动力

改革开放以来，社会各层面转型的并驾齐驱，辩证互动，成为我国社会发展的重要特征。经济发展快速化、社会竞争激烈化、关系网络复杂化以及价值理念多元化的态势日趋明显，在某种程度上增加了思想政治教育工作开展的难度，导致了思想政治教育内部结构无序和功能机制失衡。特别是经济全球化使思想政治教育工作面临的风险系数陡然升高，多数思想政治教育工作者难以在纷杂凌乱、未成体系的信息面前有效识别和准确把握其中的发展机遇，风险及其所携带的机遇都可能成为令这些教育者恐惧的资源。因此，对风险的承受能力弱和化解能力差便成为一些思想政治教育工作实现正常运作与持续发展目标的致命弱点。思想政治教育抗风险机制具有自我维持和自我调节能力，当不受外部风险干扰，处于相对稳定的环境或接近平衡状态时，它可以保持自我平衡状态。一旦环境变动或内在结

构调整的影响力超过思想政治教育抗风险机制的可调节、可承受能力的范围，思想政治教育抗风险机制的平衡就会被破坏，思想政治教育的风险认知、风险防御、风险记忆和风险化解的正常运作将难以维持。内外部要素之间交互生成的高校思想政治教育生态系统之所以能广泛存在并显现出勃勃生机，正是由于这种交互形态通过内在的有机协同作用和与外在的适应性互动，会产生单个思想政治教育构成要素功能叠加所不具备的新质——系统性功能。正是这种系统的要素、结构及其环境共同作用下产生的优势互补、资源共享、协同进化、共同发展的系统生态效应，增强了思想政治教育的抗风险能力。

第四节 运 作 机 理

高校思想政治教育生态系统由于在内部构成、组织结构、形成机理、演化特征、生理机制等方面所具有的特殊性质，它对于宏观层面的社会经济发展、中观层面的区域社会稳定以及微观层面的思想政治教育战略管理表现出越来越大的影响效应。实践表明，高校思想政治教育生态系统要取得持久的生存力和发展力，必须具备核心能力、保持竞争优势和推进持续创新。复杂的社会环境条件下的高校思想政治教育生态系统的运作机制就是高校思想政治教育生态系统优化内部构成要素结构、整合外部环境资源结构、协调自身与环境相互关系的动态过程和作用机理。在长期的发展演化过程中，高校思想政治教育生态系统逐渐形成动力机制、整合机制、创新机制、控制机制和保障机制等多层面机制。这些机制相互联系、相互影响共同形成高校思想政治教育生态系统运作机制的整体功能效应。

一、高校思想政治教育生态系统的动力机制

高校思想政治教育生态系统的动力机制是三种动力——政府的拉动力、思想政治教育的自动力和环境的推动力，共同作用、交互影响和均衡发展而形成合力的过程机理。作为推动其他运作机制形成、发展和转化的本质力量，动力机制在高校思想政治教育生态系统运作机制体系中处于核心地位。

1. 政府的拉动力

政府服务职能的有效发挥是一定区域、规模和形态的高校思想政治教育生态系统发展演化的重要拉动力量。在市场经济体制的作用下，一些地

区开始出台相关经济发展政策，适当放权，给予部分思想政治教育以充分的生产经营自主权，提高了思想政治教育参与市场、参与竞争的积极性和主动性，促进了加工业和服务业等性质的高校思想政治教育生态系统的发展。围绕高校思想政治教育生态系统的持续发展，地方政府一般都从区域社会发展、竞争态势和经济现状等方面，来制定发展战略规划，合理配置资源结构，引导思想政治教育竞争，营造公平竞争环境。

2. 思想政治教育的自动力

在高校思想政治教育生态系统的发展演化过程中，思想政治教育主观能动性和积极性的发挥，将会影响系统整体功能的发挥。在外部竞争环境的作用下，思想政治教育通常会强化市场意识和产业观念，合理设置发展目标和内部结构，适当调整发展规模，有效利用现有资源，充分挖掘资源潜能，加快高校思想政治教育生态系统的内涵式发展。

3. 环境的推动力

一定环境力量的支撑是思想政治教育及其所依存生态系统健康生存、持续发展的必要条件。近年来，在社会各方面力量的支持下，多数高校思想政治教育生态系统在机制改革方面，重新定位决策、执行、运行和监督职能；在管理绩效评估方面，全面考虑社会环境因素的影响；在结构优化方面，充分认识、突出重点、难点突破，实现系统内部结构与外部环境的持续发展和生态循环;在功能塑造方面，注重吸纳社会力量、培育市场经济、引导系统再造、整合资源结构。

二、高校思想政治教育生态系统的整合机制

与社会整合类似，高校思想政治教育生态系统整合可以视为高校思想政治教育生态系统一体化的过程或这一过程的终极状态，其具有丰富的内容，包括结构整合、物能整合、信息整合和功能整合等。大量的彼此存在交互关联性的思想政治教育聚集在特定的地理空间上，所形成的集群系统功能优势，使得高校思想政治教育生态系统必须具有较强的整合能力来有效规范和控制其中每一个思想政治教育的行为，以提高系统的群体凝聚力。所以，高校思想政治教育生态系统的整合机制必然成为保护思想政治教育生存、维持思想政治教育发展、抑制思想政治教育不良行为倾向产生的能动平台。然而，高校思想政治教育生态系统的整合机制具有双向性，即整

合程度不足会诱发系统成员产生离心倾向，使其陷入发展的沼泽之地。相反，整合程度过高则会导致系统成员发展活力不足，发展步伐迟缓。因而，高校思想政治教育生态系统整合机制就需要在协同共生目标的指引下，通过有效的整合手段，合理规范系统成员之间的关系，促进系统内部主导价值的一元化、生存形式的多元化、发展目标的差异化、角色扮演的互补化以及地位功能的层次化。从社会角度看，高校思想政治教育生态系统要突显自身的竞争优势，积极带动一系列相关思想政治教育、思想政治教育集群的兴起，促进区域社会经济的繁荣发展，为地方社会经济系统和环境系统的优化提供强有力的发展氛围。从高校思想政治教育生态系统角度看，通过整合内部结构要素，营造生动活泼、和谐有序的内部关系氛围，为系统成员提供良好的环境支持和发展基础；通过明确发展认知，规范系统成员行为，打造核心要素生态链，全面提升系统竞争优势。从思想政治教育角度看，高校思想政治教育生态系统需要通过内部结构和外部环境的有效整合，使思想政治教育认识到协同整合的重要意义，充分了解当前发展过程中面临的重点难点问题，促进高校思想政治教育生态系统内部要素间关系的平衡稳定。

三、高校思想政治教育生态系统的创新机制

创新机制是高校思想政治教育生态系统以持续发展为导向，以外部环境为依托，建立一种新的内部结构关系与资源整合模式，以实现竞争优势提高的能力机制。现代社会环境，由于信息多元化、技术复杂化、市场需求多样化以及竞争焦点集中化的态势日渐明显，原始的生存方式和发展模式很难适应环境变化的要求。思想政治教育及其所在生态系统的发展更强调的是一种涉及发展理念、生产技术、管理手段、资源取向、产品性能等方面的协同创新和系统创新。在现代社会背景下，创新为系统成员提供不竭的发展动力，给高校思想政治教育生态系统带来生机和活力，因此被提升到战略高度，成为衡量高校思想政治教育生态系统效能的重要标准。随着以战略变化和组织适应性为研究焦点的战略管理潮流的来临，高校思想政治教育生态系统发展最初所依赖的因素会导致其发展轨迹的路径依赖性，可能成为系统持续发展的障碍。由于受到原有思维方式、价值取向、发展观念、管理制度和行为偏好的“锁定”，一些传统的管理方式和手段或许得

到继承和沿用。然而，更能体现高校思想政治教育生态系统的发展动力和竞争优势则是其独特的创新机制，尤其是对于系统的全面创新。全面创新是指在网络环境与激烈的竞争环境下，高校思想政治教育生态系统通过完善创新机制和方法，激发系统主体要素的创新热情，通过战略、文化、制度、组织结构、技术和市场等要素创新，整合系统内外关系及资源，提高竞争优势，获取持续发展。与传统创新机制相比，全面创新机制突破以往系统成员单独创新的格局，扩展了创新的要素种类和时空范围，集中体现在全要素创新、全员创新和全时空创新三个方面。全要素创新是指系统内部构成要素的协同创新，创造有效的创新工具和良好的创新机制，进一步激发和保障系统成员的创新活动。全员创新是指充分调动系统各层面主体要素创新的积极性和主动性，挖掘主体要素的创新潜能，提高系统的整体创新绩效。全时空创新是指高校思想政治教育生态系统在信息网络技术平台上，实现创新时空观的全面扩展。

四、高校思想政治教育生态系统的控制机制

高校思想政治教育生态系统是一种思想政治教育之间聚集共生、协同演化的复杂有机体。在发展演化的过程中，由于内部要素与外部环境作用力的程度差异，不同发展阶段的高校思想政治教育生态系统通常会表现出不同的生理特征和进化表现。从发展的历史轨迹上看，高校思想政治教育生态系统遵循从初创期，到成长期，再到成熟期、衰退期的演进过程。对于区域中某一个高校思想政治教育生态系统的演化过程而言，不同的环境变量会使其在某一演化阶段出现发展方向偏离、发展速度过快的异常情况，这可能是持续进化的表现，也可能是系统退化的征兆。也就是说，高校思想政治教育生态系统在演化过程中都不可避免地会面临发展严重偏离的危险。同时，高校思想政治教育生态系统内部构成要素在协同运行中可能会因为文化、制度、战略和流程等方面的差异而引起协调成本过高的情况。值得一提的是，系统内部构成要素也会出现发展偏离的可能，进而影响高校思想政治教育生态系统的演化发展。为了避免系统及其构成要素的发展误区，高校思想政治教育生态系统必须启动控制机制，科学设置控制目标，有效确定控制主体，准确锁定控制对象，不断强化控制基础，有针对性地采取控制方式和控制手段，对系统和要素的行为活动及战略措施进行导向

指导和适当制约，确保行为绩效的正常发挥。事实上，高校思想政治教育生态系统的控制机制具有丰富的内容，在时间维度上不能仅限于对近期行为及绩效的控制，还要注重对主体要素长期行为及其绩效的关注；在空间维度上要着眼于高校思想政治教育生态系统的内部结构与外部环境协同关系的控制；在价值维度上要加强对系统内部主体构成要素价值的控制整合，统筹考虑经济、社会、生态价值的有机控制；在投入维度上要着力提高对人、财、物资源投入与各种政策法规投入以及二者间关系的控制力度；在制度维度上不仅要注重对系统内部制度和外部环境制度的控制，而且也要从动态角度加强新旧制度之间的有机整合；在文化维度上要注重构成要素文化与系统整体文化、系统内部文化与外部环境文化之间的协同控制。此外，在控制机制实施效能过程中需要注意两个方面的问题：一是既要注意引导、发挥和挖掘系统及构成要素的主观能动性和潜在特质，又要注意消除、弱化和防范系统及构成要素的潜在破坏性和异变威胁；二是既要注意把握系统与外部环境关系发展走向等宏观问题，又要注意研究系统内部构成要素的结构设置和功能把握等微观问题。

五、高校思想政治教育生态系统的保障机制

系统内部构成要素的基本生存条件和发展环境的获得离不开高校思想政治教育生态系统保障机制效能的发挥。保障机制是高校思想政治教育生态系统根据内部结构的发育程度和外部环境的变化态势，遵循内部构成要素成长规律、系统演化规律以及环境演化规律，逐步建立健全能够有效促进系统内部要素正常生存和持续发展，推进系统平稳有序演化的机制体系。保障机制是一项内容复杂、目标多样、手段丰富和体系健全的系统工程。在内容上，要在保障系统及其构成要素生存发展的基本条件下，防止系统及其构成要素生存力、发展力和竞争力的丧失弱化，推动系统及其构成。要在成长的绩效化、持续化和稳定化的基础上，从生存层面、发展层面和竞争层面的一体性入手，合理构建保障内容，实现保障内容的全面化。在目标上，要在维护高校思想政治教育生态系统的稳定发展，提供高校思想政治教育生态系统及构成要素持续发展演化的动力源泉，抵抗外部环境中病变因子和干扰因子威胁挑战的基础上，从社会经济发展、系统发展演化以及要素生存发展的需要出发，准确把握保障目标，实现保障目标的多元化。在手

段上，要在深入分析受保障对象的结构层次、共性差异，合理确定保障内容重点，有效制定相关的战略和方针，科学设计保障规划和步骤的基础上，将立体式的救助网络、多层次的维护网络、全方位的扶持网络系统结合起来，灵活掌握保障手段，实现保障手段的多样化。在体系上，要在分析系统内部结构以及构成要素之间关系，研究系统与外部环境物能互换、信息流转状态的基础上，将政府、系统管理者、系统主体要素有机结合起来，积极营造“政府—系统管理者—系统主体要素”三级联动的保障体系，实现保障体系的层次化。维护和保障高校思想政治教育生态系统及其构成要素的健康生存、快速发展和持续演化，应把握和贯彻三个原则：一是系统性原则，要求从系统整体的角度对高校思想政治教育生态系统及内部结构进行有效保障，而非系统局部的优化保障与短期的阶段保障；二是动态性原则，要求根据外部环境、系统及其构成要素的变化态势，适时对保障的内容、目标、手段和体系进行调整，提高保障的灵活性与匹配性；三是渐进性原则，要结合高校思想政治教育生态系统及其构成要素的生命发展周期特点，有阶段、有次序、有步骤地渐进深入，而不能一蹴而就、急于求成。

第四章　高校思想政治教育生态机制

高校思想政治教育能够表现出多种生存和发展形态，各种形态都会产生范围不同、程度有别的效应。在诸多生存和发展形态中，思想政治教育生态是最能体现思想政治教育价值和意义的环境状态，是各类影响高校思想政治教育环境因素实现有机结合和协同共生状态的集中体现，因而具有较强的辐射性和影响性。高校思想政治教育生态的构建就是高校思想政治教育生存与发展环境的构建，是高校思想政治教育价值显现和超越的过程，是高校思想政治教育过程出现的矛盾和冲突的扬弃与化解过程，是高校思想政治教育环境实现生态平衡的过程，也是高校思想政治教育发展具有内在关联性、和谐共生性、视角融合性和多元渗透性的过程。[1]可见，高校思想政治教育生态作为一种特殊的生存和发展形态，既具有适应力、生命力和竞争力，也具有协调性、整合性和导控性，使得它成为目前高校思想政治教育解决生存危机和发展困境的致思取向。然而，高校思想政治教育并不是一个包含要素及要素关系简单、运作规律清晰且能够借助线性方程进行精确控制的过程。由于思想政治教育主体——人不是完全可控的对象，将思想政治教育视为一个普通教育过程是对思想政治教育现实管理状况的扭曲[2]，单纯采用某个理论的思想、方法和原则很有可能会无益于问题的合理解决。当所依存的外部环境变得复杂多变时，高校思想政治教育系统的平衡机制就会受到强有力的影响而被推向不稳定的边缘，呈现出传统管理方式难以应付的复杂格局，通常需要借助整体性、非线性、不确定性和复杂性的思维模式来加以描述，可以根据高校思想政治教育生态的内在要求和形成条件，构建思想政治教育生态机制，充分挖掘思想政治教育生态的多层面效应，

（1）卢岚．现代思想政治教育社会生态论 [J]. 理论与改革，2008（1）：126.

（2）冯德雄．企业适应性成长研究 [M]. 武汉：武汉理工大学，2008：5.

切实增强思想政治教育生态的辐射性，有效化解思想政治教育过程出现的各种危机、问题和困境，为高校思想政治教育持续发展提供借鉴指导。

第一节 引 导 机 制

一、社会层面的引导

改革开放以来，经济转型、政治转型和文化转型的并驾齐驱、辩证互动，成为我国社会发展的重要特征，经济发展快速化、社会竞争激烈化、人际关系复杂化和思想观念多元化的态势日趋明显，增加了高校思想政治教育工作的难度。分配差距的拉大、腐败现象的蔓延、阶层分化的复杂等社会现象随之而生，极易造成大学生频繁转换价值尺度，调整价值取向。全球化背景下不同国家间经济、政治、文化互动频繁，各种异质文化在社会与历史的交界处激烈碰撞。西方一些有害的文化垃圾和腐朽的意识形态借助着传播媒体的更新和互联网技术的升级悄然向全球蔓延，冲击着社会主义的主流意识形态。享乐主义、拜金主义、个人至上观念、暴力、恐怖、色情等西方社会的毒瘤，随着商品贸易、文化交流、国际旅游、跨国公司和互联网等形式流入我国，对大学生的生活方式、价值观念、审美情趣、伦理道德等诸多方面产生了很大的消极影响。(1)忽视外部社会环境对高校思想政治教育的影响，不仅会造成高校思想政治教育工作绩效的弱化，而且会导致大学生思想观念和价值立场的误区和偏差。从复杂性理论角度看，高校思想政治教育生态运作发展是一个复杂的非线性系统，它嵌套在复杂的社会环境系统中，同其他社会子系统诸如经济、政治、文化以及各种社会因素存在着密切的联系，其运行发展要受到经济、政治、文化以及各种社会因素的制约。但是，“制约”并不等于“决定”，经济政治文化以及各种社会因素都不能单独地决定高校思想政治教育生态系统的运行和发展状态，它们通常以合力或组合的形式影响或制约高校思想政治教育生态运作和发展。(2) 所以，既不能将高校思想政治教育生态运作发展简单地归结为社会环

(1) 李景春，等.研究生党建创新的 SWOT 分析 [J]. 学位与研究生教育，2006(8)：49.

(2) 李枭鹰.复杂性视域中的高等教育研究思维 [J]. 中国高教研究，2010(4)：23.

境系统中的某个要素或者某个系统，也不能将高校思想政治教育生态运作发展视为一个与外部社会环境系统毫无联系的封闭过程。可以说，社会环境系统与高校思想政治教育生态运作发展之间的关系是一种复杂的非线性因果关系，很多高校思想政治教育生态危机和困境的出现都归因于多种环境因素共同作用的结果，几乎任何一个思想政治教育问题都有着深刻的社会原因和背景。因此，在构建高校思想政治教育生态过程中，需要充分考虑社会环境与思想政治教育生态运作发展之间的互动问题，从社会环境变化要求来进行思想政治教育生态发展的布置安排；需要积极引导和推动社会环境转型，促使社会环境朝向有利于思想政治教育生态发展的方向演变。

二、学校层面的引导

高校思想政治教育生态是伴随着高校的发展而逐渐形成的，其生成是一个动态复杂的历史过程。高校思想政治教育生态既是高校发展生态化和学生个体成长生态化需求的推动结果，也是思想政治教育适应外部环境能力不断提高及其与外部环境互动联系平衡化、协同化的集中表现。高校的生态发展推动了高校思想政治教育生态的生成发展，大学生个体健康成长的素质能力要求促进了高校思想政治教育生态的持续演化。高校思想政治教育生态的形成发展是在高校生存发展的环境背景中进行的，是社会生态发展、高校生态发展和个体生态成长交织催化、相互促进的能动体现。以创新高校发展模式、增强高校竞争优势、丰富高校校园文化为主要切入点，从思想政治教育生态的理念确立、计划制订、组织设置、评价实施和优化开展等方面创设条件，为高校思想政治教育生态运作提供了重要保障。以创新思想政治教育理念、模式和方法为突破口，提高思想政治教育的辐射力和影响力，是引导高校思想政治教育生态运作的有效前提。随着不同区域之间高校竞争与合作态势的日渐明显，借助外部环境力量来实现快速发展的战略思维和模式逐渐被多数高校所认同，只有基于平稳有序的生存发展环境才能实现高校的健康发展和思想政治教育的正常开展。当高校发展过程出现的各种问题外化为制约思想政治教育顺利开展的瓶颈，并与思想政治教育生态运作目标和方向相违背时，需要树立高校发展的生态理念和思维，采取积极稳妥、切实有效的生态策略，进而为高校思想政治教育生态发展提供环境条件，在推进大学生思想政治教育生态发展过程中不断积累经验、提升理论。

三、教师层面的引导

任何大学的思想政治教育活动的开展，都需要借助专职思想政治教育教师的参与，都需要肯定专职思想政治教育教师的地位和作用，提高专职思想政治教育教师的积极能动性，探索专职思想政治教育教师成长的培育机制，这就是所谓的专职思想政治教育教师队伍的建设。无论是传统的思想政治教育工作，还是现代的思想政治教育工作，专职思想政治教育教师队伍建设对于保证思想政治教育顺利开展、增强思想政治教育实际效果都起到了基础性作用。但从现实情况来看，大学思想政治教育教师队伍素质的参差不齐已经成为大学思想政治教育实效弱化的主要因素。究其原因，由于思想政治教育与专业教育的人为分割使得专职思想政治教育教师与专业教师的地位不明确，优势不互补和作用不协调，是导致这一问题出现的症结所在。也就是说，作为思想政治教育活动的重要主体，教师群体如果形不成协调统一的合力，就不可能产生良好的思想政治教育实效。同样，高校思想政治教育生态的构建和发展也离不开教师素质能力的提高培养。首先要培育教师的教育理念特别是教育生态理念，改变过去形式化、抽象化的教育模式，让多数教师明确思想政治教育既不是单纯的思想教育和政治教育，也不是简单的教育模式的构建与运作，而是基于大学生素质能力全面发展的人本教育；其次要注重教师的教育生态方法养成，面对错综复杂的思想政治教育生态环境，教师要改变过去就事论事、追求平稳、避免问题短视化的工作方法，着力从大学生目前关注的社会问题和现象入手，综合应用各种教育方法来开创思想政治教育工作新局面；最后要提高教师对教育生态规律的认识，将思想政治教育生态发展嵌入高校生态发展实践过程中，使得高校思想政治教育生态发展更加富于主体性和科学性。

四、学生层面的引导

高校思想政治教育生态之所以能够产生积极的能动效应，是因为高校思想政治教育生态主要以学生个体全面发展为价值旨归。具有主观能动性的大学生不仅是高校思想政治教育生态运作发展的重要力量，也是高校思想政治教育生态发展内容选择的参考对象。不同社会环境背景下思想政治教育生态发展的基本内容在很大程度上都与大学生学习、生活及所处环境有着密切关系，往往反映大学生群体或个体最为关心的社会问题和现象，体现大学生在成长过程中出现的各种心理、思想和品德等方面的问题，表达所处社会时代对大学生思想政治、道德品质、个性心理的要求。从本质上讲，高校思想政治教育生态发展的目标就是更好地促进大学生素质能力的全面发展，任何试图脱离和超越大学生成长发展实际的教育理念、教育方法和教育措施都是不切实际的。相对学生层面的引导，社会层面的引导、学校层面的引导和教师层面的引导都属于外在因素，尽管都对高校思想政治教育生态发展起着不可忽视的作用，但大学生却是思想政治教育生态发展的核心主体，也是思想政治教育生态发展绩效的体验者和检验者。正是如此，大学生主体构成了思想政治教育生态发展的动力保障和内在支持。面对复杂的大学生群体及其可能出现的各种思想、心理和行为问题，通过对思想政治教育生态发展目标、内容、结构、方法和措施的设置、选择和安排，既要充分调动大学生的积极性和主体性，也要保证社会价值的完整性和系统性，以个人价值和社会价值的有机统一为基础，以制约和影响高校思想政治教育生态发展的各类问题为重点，构建一个包括学生心理引导、思想引导和行为引导的能动机制，进而端正学生心理、培育学生对思想政治教育生态发展的情怀，养成学生正确的行为取向，提高思想政治教育生态发展的内在推动力，真正实现思想政治教育生态发展的终极价值目标和方向。

第二节　优化机制

高校思想政治教育生态理论作为一个动态过程或是作为一个结果表征，其本身是思想政治教育工作发展内在需求的推动体现。尽管高校思想政治教育生态极大地改善了传统思想政治教育的问题和不足，提高了思想政治教育绩效水平，增强了思想政治教育辐射力和影响力，但思想政治教育生态的构建需要基于一定的环境条件和生态因子，如果忽视了高校思想政治教育生态的时空条件性，不仅会加剧思想政治教育与外部环境、大学生群体或个体之间的对立和分化，在实际中造成思想政治教育效应不足，相应地也会影响到思想政治教育的持续发展。正是绩效性及其实现的条件性的相互制约、相互影响，要求必须采取相应的措施来进行思想政治教育生态的优化。结合优化的生态学概念，可以将高校思想政治教育生态优化理解为对思想政治教育生态发展的要素、环节或结构进行调整组合，使其接近最佳状态或最佳性能，产生最大化效能。高校思想政治教育生态优化不仅体现了教育主体的能动性选择，也表现出一系列的调整、控制、重组等活动，它往往涉及优化的基本原则、社会环境、文化氛围、运作机制、物能供给和制度体系等多方面内容。

一、明确高校思想政治教育生态优化的基本原则

高校思想政治教育生态优化是主体按照合规律性与合目的性相统一的要求，对高校思想政治教育生态要素、环境和活动进行最优化管理、引导和选择的实践活动。优化主体具有多层面内涵，既包括大学教师、专职思想政治教育教师、教育管理者，也包括政府、相关社会团体、组织和人员。合规律性就是要求主体采取和实施的相关措施、策略和方法必须符合思想政治教育生态发展以及学生成长的规律；合目的性是指采取和实施的相关措施、策略和方法必须有利于思想政治教育工作水平的提高、学生的健康成长和思想政治教育理论的总结提升。只有实现合规律性与合目的性的有机统一，才能保证优化活动的科学性和措施的有效性。高校思想政治教育生态优化的基本原则主要包括：①关联性原则。思想政治教育生态发展涉及诸多内外环境要素，这些要素相互联系、相互影响，形成错综复杂的关系结构。关联性原则要求从内外环境要素之间的关联性入手进行优化行为的选择。②整体性原则。摆脱孤立、封闭的思维模式，将优化所涉及的影响因素和行为活动置于更为广阔的整体视野内加以审视，并采取积极行动进行多层面优化。③动态性原则。用动态的观点看待思想政治教育生态发展，并将其置于教育生态发展和社会生态发展的背景中去考虑和实施。

二、创设高校思想政治教育生态优化的社会环境

高校思想政治教育生态发展是诸多环境因素和环境条件交织催化的动态过程。任何环境因素和环境条件的缺失、不足或残次都有可能影响到高校思想政治教育生态发展的演进过程及其实效水平。没有一定环境因素和环境条件的支持就不可能实现高校思想政治教育生态发展的顺利推进，没有丰富的环境因素和健全的环境条件就没有高校思想政治教育生态发展的根本动力。在环境因素和环境条件体系中，社会环境因素和环境条件是高校

思想政治教育生态发展的关键，高校思想政治教育生态发展通常需要良好的社会环境因素和环境条件。创设社会环境首先要充分认识思想政治教育生态优化在社会生态发展中的作用，营造积极向上的舆论氛围，形成思想政治教育生态优化的社会认知；其次要鼓励和支持高校进行思想政治教育生态优化活动，倡导文明、和谐、健康的思想政治教育生态优化风尚，对一些基础条件和实力偏弱的高校适当进行政策倾斜和资金支持；再次要加快建立思想政治教育生态优化实施、评价的制度体系，既要保证生态优化的正常实施，也要降低生态优化的成本投入，通过全面的生态优化评价来发现生态优化过程存在的问题和不足，提高生态优化的整体水平；最后要合理引导社会资源的流动和配置，注重社会资源与优化能力的结合，使得优质的社会资源流向取得优化绩效的高校中；注重社会资源与优化重点的结合，使得优质的社会资源配置到优化重点层面或部分，实现优质社会资源利用的最优化。

三、培育高校思想政治教育生态优化的文化氛围

高校思想政治教育生态优化离不开一定的文化氛围。文化氛围的不足或者缺失不利于外部社会环境中各种优质资源因子的合理流入和有效配置，不利于思想政治教育生态运作目标选择、计划制订和组织实施，也不利于思想政治教育与外部环境之间的物质循环、能量流动和信息传递，进而造成思想政治教育生态发展不适应外部环境变化，诱发思想政治教育生态发展绩效偏低的情况。因此，首先要培育开放的文化氛围。一些校园文化丰富的高校要扩大与外部社会环境的沟通联系，不断从外部社会环境中获得优质的资源因子和广阔的环境空间，同时也要开辟和探索新的资源因子和环境空间，提高自身对外部社会环境的适应能力和水平。其次要培育多元的文化氛围。只有汲取不同文化的营养成分，实现不同文化的最优组合，才能满足高校思想政治教育生态优化的空间要求。最后要培育竞合的文化氛围。优化的目标就是提高思想政治教育的绩效水平，增强思想政治教育的竞争优势，扩大思想政治教育的影响范围。这些目标的取得离不开主体之间的适度竞争与通力合作。营造竞合的文化氛围既有助于培养主体的竞合意识，也有助于促进主体竞合行为的养成。可以说，竞合的文化氛围是主体之间形成适度竞争与通力合作关系的重要基础。

四、构建高校思想政治教育生态优化的整合机制

从本质上讲，高校思想政治教育生态优化是由众多优化要素相互影响、相互作用形成的具有特定内在结构和外在关系、体现整体协同效应并不断发展演化的复杂自组织系统，这种自组织性质决定了优化过程机制的自组织性和优化结果的不确定性。优化内在结构和外在互动关系的协同适应性，既不是现成的，也不是外在施加的，而是自我生成和自我组织的。由于优化主体具有较强的思维性和主观能动性，在很大程度上决定着优化整体的作用机制和运行、演化的性质，使得优化表现为一种在特定条件下自发产生、自我强化、自组织协同和自组织演化的过程。内外环境处于相对稳定和近平衡状态时，思想政治教育生态优化具有明确的方向，当内外环境变化超过生态优化系统的自校稳态机制时，思想政治教育生态优化方向就会发生分岔，表现出不稳定性特征。[1]现实中，由于优化制度不完善，优化主体不明确，优化活动不具体，优化要素利用和配置不合理，在很大程度上延缓了思想政治教育生态优化过程。基于优化自组织性建立的整合机制对优化主体、优化要素、优化环节和优化过程具有协调性与整合性，能够合理规范优化主体行为，有效促进优化要素组合和优化环节排列，保证优化过程的顺利开展。

五、保证高校思想政治教育生态优化的物能供给

正常的物能供给是实现思想政治教育生态优化的基本条件。不同时期的思想政治教育生态优化所需的物能供给具有一定的差异性，这种差异性既体现在物质、能量和信息的类别、丰度和效度等方面，也体现在物质循环、能量流动和信息传递的渠道、平台和方式等方面。从来源上看，优化初期的物能需求主要通过高校内部环境的物能供给来实现，特定阶段内任何高校的物能资源都是有限的，尤其是优质资源，更具有稀缺性特点。然而，优化的物能需求会随着优化实践的递进深入而不断趋于增加。一方面是物能供给的相对有限，另一方面是物能需求的不断增加，由此就形成了思想政治教育生态优化的物能供需矛盾。物能供需矛盾的合理解决与否往往制约着思想政治教育生态优化的顺利开展，进而影响思想政治教育生态发展及绩效水平。为此，就需要加大思想政治教育生态优化所需的物能供给，一

（1）康胜．企业集群可持续发展问题的思考 [J]. 未来与发展，2004（2）：5.

是加大核心物能资源供给，例如资金、人力资源、技术和信息等；二是加大基础物能资源供给，例如活动场所、图书资料、计算机和网络通信设备等；三是加大补充物能资源供给，例如专职思想政治教育教师队伍的建设和培养、思想政治教育生态研究基地建设、对外活动和交流等。只有保证了这三个方面的物能资源供给，思想政治教育生态优化才能实现正常、有序和持续运作。

六、健全高校思想政治教育生态优化的制度体系

制度是社会活动的规则，是规范人们交互关系的各种正式和非正式的约束，对于社会稳定和社会行为具有指导意义。(1) 作为社会活动的一种特殊形态，思想政治教育生态优化也需要相关制度体系的支持，以此来规范和约束优化主体、要素的行为，保证和促进生态优化的递进深入。首先，健全生态优化的基本制度，对思想政治教育生态优化的各个方面进行制度规范，将生态优化涉及的要素、环节和行为都纳入相关的制度体系中。同时，针对目前不利于思想政治教育生态优化的制度、规定进行适当改革，加快思想政治教育生态优化发展。其次，健全生态优化的鼓励制度。思想政治教育生态优化是一项需要人、财、物资源投入的系统工程，尤其离不开一定的经济支持，它要求在充分利用已有资源和空间的基础上，不断开辟新的资源因子和环境空间。对于目前一些基础条件较差但又急需进行思想政治教育生态优化的高校给予必要的资源支持和优惠政策，也可以有针对性地选择有实力的社会组织和企业，对它们进行鼓励，由此来解决思想政治教育生态优化资源不足的问题。最后是要健全生态优化的协调制度。协调制度重点解决生态优化偏重于某个高校或某个层面的问题，这种偏向在宏观维度可能导致不同高校、区域之间思想政治教育生态优化水平的参差不齐，在中观维度可能形成不利于新建高校或实力偏弱高校的思想政治教育生态优化的情况，在微观维度可能造成思想政治教育生态优化问题得不到及时解决。通过协调制度来合理调整和梳理各高校之间、各优化层面之间和各优化问题之间的关系，进而提高思想政治教育生态优化的整体水平和实效性。

(1)孙卫，唐树岚，管晓岩.基于制度的战略观：战略理论的新发展[J].科研管理，2008（2）：15.

第三节 评 价 机 制

近年来，随着高校生思想政治教育研究的不断深入，一些学者开始突破传统思想政治教育研究的理论视域，利用社会科学出现的新工具、新视角展开研究，例如高校生思想政治教育生态系统、高校生思想政治教育生态论、高校生思想政治教育生态位等，这些研究对于丰富现有高校生思想政治教育研究理论起到了重要的推动作用。从某种意义上讲，高校生思想政治教育也是一项耗费人、财、物资源的经济行为，需要进行教育投入和教育产出的系统分析，由此就出现了高校生思想政治教育研究的新趋向——思想政治教育绩效研究。检索“中国知网数据库”可以发现，题目涉及高校生思想政治教育绩效的论文共有26篇，这些成果主要集中在绩效内涵、绩效特点、绩效评价三个方面，整体上侧重于定性研究，定量研究略显不足，开展此方面的研究正是今后研究的主要方向。可以说，高校生思想政治教育绩效研究已经是思想政治教育研究的一个新方向，并随着高校生思想政治教育研究实践的不断深入，会逐渐成为新的研究热点和焦点。目前，学术界对高校生思想政治教育绩效评价研究尚处于起步阶段，相关成果较少。本节在借鉴已有相关成果的基础上，着重分析和研究高校生思想政治教育评价机制，以期为高校生思想政治教育研究提供有益借鉴和参考。评价机制也可以理解为绩效管理，如下行文中关于评价机制的表述主要以绩效管理评价为主。

一、高校生思想政治教育绩效管理机制研究的意义

思想政治教育绩效体现为高校生思想政治教育过程运作状态及其目标实现程度。思想政治教育绩效的取得体现出较强的过程性，这种过程性通常会受到思想政治教育内外环境的多重影响，既表现为积极的、基础性的方面，也表现为消极的、制约性的方面，使得思想政治教育绩效实践过程体现出复杂多元的特征。消除和弱化消极层面的影响，提高和增强积极层面的作用，需要构建一定的机制来加强高校生思想政治教育绩效的管理。在全面加强和改进高校生思想政治教育工作的背景下，开展思想政治教育绩效管理机制研究，具有如下四个方面的意义：

1. 有利于把握高校生思想政治教育绩效取得的规律

高校生思想政治教育绩效取得过程是一个较为复杂的系统过程，内外环境因素不同程度地产生作用和影响，这些因素与绩效取得过程相互联系、相互作用的内在本质就是思想政治教育绩效取得的规律。由于思想政治教育绩效取得过程涉及环境因素之间的关系形式、类型和内容复杂多变，使得绩效取得规律呈现出多样化的表现，如何有效把握绩效取得规律，实现思想政治教育绩效最优化，就显得尤为突出和重要。认真研究思想政治教育绩效管理机制，能够更加有效地分析高校生思想政治教育绩效过程构成要素之间的关系，更好地把握高校生思想政治教育绩效取得的规律。

2. 有利于丰富高校生思想政治教育绩效过程的内容

各种影响思想政治教育绩效过程的环境因素都可以称之为思想政治教育绩效过程的构成要素，这些要素既是组成思想政治教育绩效过程的基础和条件，也是实现思想政治教育绩效目标和任务的依据。加强思想政治教育绩效管理机制研究，能够更好地确定思想政治教育绩效过程的内容，明确绩效过程内容各层面之间的内在关系，增强对绩效过程资源的整合能力和利用水平。

3. 有利于完善高校生思想政治教育绩效评价的体系

现有的绩效评价研究主要侧重于思想政治教育结果的评价，对于思想政治教育过程略显忽视。实际上，高校生思想政治教育绩效更多地体现在思想政治教育过程中对受教育者思想道德素质的影响。这就需要突出和强化思想政治教育绩效过程的管理，通过构建教育绩效管理机制，有利于完善思想政治教育绩效评价体系，提高思想政治教育绩效管理水平。

4. 有利于拓展高校生思想政治教育研究理论的视阈

作为一门传统学科，高校生思想政治教育具有完善的理论体系，已成为培养高素质人才必不可少的基础学科。近年来，随着高校生思想政治教育实践的深入发展，高校生思想政治教育的研究视角逐渐呈现出多元化的特征，例如思想政治教育生态学研究、系统论研究、有效性研究等，这些研究对于丰富高校生思想政治教育理论体系，推进高校生思想政治教育工作具有十分重要的作用。尽管如此，现有的研究仍然不能适应和满足高校生思想政治教育形势的发展需要，这就需要在已有的基础上继续深入研究，而思想政治教育绩效管理机制研究正好契合了现有形势的要求。

二、高校生思想政治教育绩效管理机制的概念特征

按照已有的观点，绩效是业绩和效率的结合，主要包括行为过程和行为结果两层含义，具有过程性、目标性和价值性特征。所谓的绩效管理就是对主体实施某一行为的过程表现和结果的评价管理。绩效管理涉及管理主体、管理对象、管理手段、管理方式、管理内容、管理标准、管理制度、管理流程等方面的内容。据此，可以将高校生思想政治教育绩效管理理解为对高校生思想政治教育成效和效率的管理，即对“高校生思想政治教育取得成效”的管理、“取得成效消耗的人、财、物资源和时间”的管理。

高校生思想政治教育绩效管理主要包括两个方面的内容：一是教育成效管理，是指综合运用各种方式和手段，按照一定的标准和程序，对思想政治教育过程影响成效取得的环境因素、教育条件进行有效管理，确保思想政治教育预期目标的实现；二是资源配置管理，是指对思想政治教育实现预期成效需要投入的人、财、物资源的管理，实现人、财、物资源的合理配置和有效使用，提高思想政治教育资源的利用水平。思想政治教育绩效管理机制是指思想政治教育绩效管理过程构成要素之间形成的关系结构及其运行机理，其本质是思想政治教育绩效管理构成要素之间的内在联系、功能及运行原理。管理机制从根本上决定管理效能，是影响思想政治教育绩效管理水平的重要方面。概括而言，思想政治教育绩效管理机制具有如下特征：

1. 适应性

作为一个有机功能体，思想政治教育绩效管理机制具有时空变化性，在时间维度表现为形成期、发展期到成熟期再到衰退期的发展演化，在空间维度表现为思想政治教育绩效管理机制作用范围大小的移动变化。不论是时间维度的变化，还是空间维度的变化，思想政治教育绩效管理机制必须要基于思想政治教育内外环境的实际特点，而不能脱离环境实际条件，唯有此才能够实现不同时期高校生思想政治教育的发展目标，从根本上推动高校生思想政治教育的持续发展。实践表明，高校生思想政治教育主体需要从自身实际出发来塑造思想政治教育绩效管理机制，增强竞争实力和特色优势，不断对外部环境产生多层面的作用影响。所以，思想政治教育绩

效管理机制的构建必须要适应自身实际、适应环境变化、适应高素质技能型人才成长和培养规律。这三个方面相互影响、相互制约，任何一个方面的或缺都有可能影响思想政治教育绩效管理水平的提高。因此，需要着重强化思想政治教育绩效管理机制适应能力的提高。思想政治教育绩效管理机制适应性的培育和提高应该注重实际性、规律性和科学性，从思想政治教育持续发展演化和内外环境变化两个层面切入来营造环境氛围，选择资源条件，而不能依据系统主体的情感意志随意进行。

2. 动态性

生态学研究揭示，自然界任何一个生物物种都不是孤立存在的，它始终与所依附环境、其他物种、种群和群落存在多样化的联系，这种联系主要是物种之间的物质循环、能量流动和信息传递。生物物种通过与外部环境的相互作用、相互影响，来获得生存发展的物能和信息供给。有的生物物种通过多元化的环境联系能够不断取得外部环境的支持，满足自身生存发展的需求，同时也促进了环境中其他生物物种的生存发展，而有的生物物种则不能够与外部环境形成动态化、全面化的生态联系，进而影响正常的生存发展，甚至制约其遗传基因的有效传递。当然，生物物种所处环境的实际特点也在很大程度上影响物种的外部环境关系，例如某区域环境中生物物种的种类、数量相对较少，那么该区域环境中的物种关系也就相对简单，而物种种类相对丰富的区域环境一方面稳定性较强，另一方面也能够为区域内生物物种提供有利的环境关系和条件，进而增强了生物物种的生存力和发展力。作为教育管理系统的构成系统，思想政治教育绩效管理机制不断与外部环境进行物质、能量和信息方面的交流互动，交流范围和互动程度在很大程度上决定着思想政治教育绩效管理机制的运作和发展。思想政治教育绩效管理机制与外部环境系统交流范围越广、互动态势越强，就越能够获得其生存发展所需的资源因子，否则，就会影响到正常的物能和信息需求，甚至会影响思想政治教育工作的优势特色，弱化思想政治教育工作的持续发展。

3. 主动性

思想政治教育绩效管理机制要保持正常有序的健康态势，不仅需要合理调整内部环境构成要素之间的生态关系，还需要主动适应外部环境变化，能够与外部环境开展多层面和全方位的物能流转和信息沟通。同时，也要保持与其他性质、形态的教育管理机制之间关系的合理稳定。在教育资源相对稀缺的背景下，思想政治教育绩效管理机制要保持较强的发展力和竞争力，需要享有广阔的发展空间和优质的发展资源，而这又依赖于系统主动性和主动能力的提高。具体而言，就是思想政治教育主体需要投入一定的时间、精力和人、财、物资源来分析和研究环境资源格局，能够在充分把握自身优势和劣势的基础上，主动适应环境变化和化解环境风险，根据环境变化现状预测环境发展走势及其对思想政治教育工作造成的影响，对自身主动适应行为、过程和结果进行客观准确的评价。

4. 发展性

在自然界，系统的生存力和发展力的强弱高低决定其在自然环境中的存亡久暂，为了实现系统的持续发展演化，系统主体就必须增强自身乃至系统的生存力和发展力，提高风险识别和化解能力。正是在不断适应环境变化过程中，系统体现出生命周期性，生成了从形成期、发展期、成熟期再到衰退期的演化轨迹。可以说，发展性是系统存在的根本价值目标，而这又有赖于系统的不断学习和积累。从遗传学角度来看，学习和积累就是系统遗传基因的复制、传递和变异，它既包括系统习性特征、形态外观和基本结构的延续，也包括系统交流方式、行为习惯和外部关系的遗传，通过学习和积累来实现生态系统的持续发展和生命演化。可见，学习和积累是系统得以存在发展的根本，没有合理、准确和有效的学习积累，系统就不可能实现时空上的发展演化，也就失去了生存发展的根本。同样，思想政治教育绩效管理机制也具有发展性特征，它通过实现思想政治教育目标来实现发展，思想政治教育目标的实现反过来又促进思想政治教育绩效管理机制的持续演化及其功能机制的不断提升。所以，实现思想政治教育目标，也就促进了思想政治教育绩效管理机制的健康成长，推动了思想政治教育绩效管理机制的持续演化。

三、高校生思想政治教育绩效管理机制的结构体系

高校生思想政治教育绩效管理机制是高校生思想政治教育绩效管理过程构成要素之间相互影响、相互作用的动态过程与作用机理。在动态发展过程中，高校生思想政治教育绩效管理逐渐形成动力机制、整合机制、创

新机制、控制机制和保障机制等多层面机制。这些机制相互联系、相互影响共同形成高校生思想政治教育绩效管理机制的整体功能效应。

1. 动力层

动力机制是高校生思想政治教育绩效管理机制的核心部分，它在高校生思想政治教育绩效管理机制的发展演化过程中起主导和决定作用，其突出特征是形成的综合性、效能的基础性和优化的全面性。从形成上看，动力机制是拉动力、自动力和推动力有机综合的结果体现。政府出台相关政策措施，给予人、财、物资源倾斜，有助于高校生思想政治教育绩效管理主体的热情和积极性，增强高校生思想政治教育绩效管理的竞争优势，促进高校生思想政治教育绩效管理的持续发展。高校作为重要的创新主体，其能动性发挥不仅是高校生思想政治教育绩效管理有效开展的内在要求，也是高校生思想政治教育绩效管理取得绩效的重要保证。高校通过强化绩效管理意识和能力，合理制定绩效管理目标，科学选择绩效管理方法，有效利用绩效管理资源，能够实现思想政治教育绩效管理的健康发展。社会力量是思想政治教育绩效管理动力机制形成、改革、优化和发展的关键条件。在思想政治教育绩效管理过程中，要注重引导、鼓励和吸纳社会力量，实现社会力量利用的最优化。

2. 复制层

复制机制是生物种群系统实现子代之间性态稳定有序传递的机制。作为一个类生物种群系统，思想政治教育绩效管理也具有复制机制。通过复制机制，思想政治教育绩效管理在内部层面可以实现基本要素、结构形态和功能特征的保持，在外部层面可以实现思想政治教育绩效管理理念、方法、模式和机制的时空延续。复制机制主要解决思想政治教育绩效管理的持续发展问题，保持思想政治教育绩效管理的生存力、发展力和竞争力。概而言之，强化思想政治教育绩效管理特质，提高思想政治教育绩效管理优势，推进思想政治教育绩效管理有序延续是复制机制的基本内涵。现实中，一些高校在思想政治教育绩效管理过程中只偏重于绩效，而对优势的保持不予关注，这样就会造成有价值的思想政治教育绩效管理经验、方法和模式的流失，不利于思想政治教育绩效管理的深入开展。构建复制机制不仅能够提高思想政治教育绩效管理水平，还可以改善思想政治教育绩效管理的功能结构，增强思想政治教育绩效管理的竞争优势。

3. 变异层

在思想政治教育绩效管理演化过程中，存在变异和重组两种基本情况，这两种方式都会引起思想政治教育绩效管理的改变，前者是思想政治教育绩效管理构成要素和性质的改变，后者是思想政治教育绩效管理构成要素排列顺序、组合方式、功能表现的改变。思想政治教育绩效管理的变异具有双向性，它既有可能促进思想政治教育绩效管理持续发展，也有可能导致思想政治教育绩效管理衰退解体。因此，就需要正确把握变异特征，合理构建变异机制。从归因论角度看，教育环境的不断变化是诱发变异的外在动因，主体能动性的发挥是推动变异的内在动因。从过程论角度看，思想政治教育绩效管理变异不是一种单纯的内在动因起作用的过程，也不是一种单纯的外在动因起作用的过程，是思想政治教育绩效管理内外环境因素相互交织的有机过程，它不但表现出阶段性和动态性，也会体现出复杂性和易变性。要维持整个思想政治教育绩效管理的有序稳定，高校必须全面考虑诱发变异的环境因素，分析变异的运作机制，弱化变异的负向影响。

4. 重组层

作为思想政治教育绩效管理演化的重要形式，重组主要指构成要素排列顺序、结合方式和组合关系的变化，其变化过程的运作机理就是重组机制。重组机制的建构和运行有助于改变思想政治教育绩效管理的内部结构，优化思想政治教育绩效管理的功能机制，促进思想政治教育绩效管理的跨越式发展。与其他机制一样，重组机制具有很强的组织性，需要高校采取正确的重组方式，选择合理的重组阶段，以保证重组机制的正常运作和良好绩效的取得。重组方式主要包括内驱型重组、外推型重组和混合型重组三种类型，内驱型重组的动因主要来自思想政治教育绩效管理内部，外推型重组的动因主要来自思想政治教育绩效管理外部，混合型重组的动因既有来自思想政治教育绩效管理内部的因素，也有来自思想政治教育绩效管理外部的因素，是内外因素共同作用的结果。重组过程可划分为计划确定、步骤论证、方略实施和绩效评价四个阶段。事实上，重组机制运作过程中会面临各种风险，对这些风险的准确识别和有效化解是思想政治教育绩效管理主体必须解决的重要问题。

5. 控制层

思想政治教育绩效管理是一个动态复杂的有机过程，任何一个环节、因素的忽略都有可能造成思想政治教育绩效管理过程的偏离，或者导致思想政治教育绩效管理成本过高，进而影响思想政治教育绩效管理的健康运行，降低思想政治教育绩效管理的绩效水平。在此背景下，就需要合理构建控制机制，对内外环境因素及相互作用过程进行适当控制，来保证思想政治教育绩效管理的持续发展演化。思想政治教育绩效管理的控制机制具有丰富的内容：既要对思想政治教育绩效管理的近期目标和过程进行合理控制，也要对思想政治教育绩效管理的长期发展进行有效规划；既要关注思想政治教育绩效管理的内部环境，也要掌握思想政治教育绩效管理的外部环境，还要对思想政治教育绩效管理内外环境的物能流转关系进行控制；既要统筹考虑思想政治教育绩效管理的运作成本，也要对其进行合理控制；既要注重现有制度的贯彻执行情况，也要不断完善现有制度体系；既要对思想政治教育绩效管理的构成要素及要素关系进行有效整合，也要对思想政治教育绩效管理过程及运作机制，例如动力机制、复制机制、变异机制和重组机制进行优化控制。

第五章　高校思想政治教育生态模式

高校思想政治教育各要素之间相互影响、相互作用，形成和谐有序的关系结构，并且与周围环境关联互动，组成开放有序、不断运动的思想政治教育生态系统。高校思想政治教育生态论观点包括不仅重视服务功能又重视育人功能的教育质量观，既强调重视动态过程又重视结果亲和的教育效果观，还重视目前现状又着眼未来的持续发展观。落实这些思想观点，既要改变长期高校思想政治教育过程的不平衡状况，促进高校思想政治教育的可持续发展，也有助于构建有效合理的生态模式。

第一节　引导型模式

生态引导是贴近生态社会时代背景的学术词语，长期以来社会各界对引导的理解就是带领或指导主体朝向一定目标和方向思考和实践的过程，这也是传统思维模式和行为习惯下的概念内涵，即一个主体或者组织基于发展实际要求而对其他成员提供理论、观念、价值、政策、目的、目标、内容、方法等方面的指引，其典型特征就是指引过程的动态复杂，以及指引结果的双向性。随着自然生态危机和社会生态危机的相继发生，人类的生态意识不断觉醒，一系列内容丰富、形式多样的生态运动开始兴起，在实践活动中逐渐强调人类社会与自然环境之间的互动协调。面对人类科学技术使用不当所产生的各种妨害自然与社会关系有序稳定的问题，作为培养大学生思想意识、政治理念和价值认知的大学生思想政治教育，必须要承担化解危机、突破困境、实现持续的新任务、新责任，即提醒大学生去认识生态危机的影响，引导大学生去树立生态保护的意识，实践生态保护的行为，培养生态保护的情怀。从这个层面看，大学生思想政治教育具有引导和培养主体正确认知、科学意识、合理行为、健康心理的功能。然而，随着现代计算机技术的迅猛发展和广泛应用，互联网以前所未有的速度、范围影响和改变着人们的思维、生活、生产和交往方式，使得网络环境成为继现实环境之外的一种新的环境空间。现实环境与网络环境的相互渗透、相互影响、相互交织，在很大程度上造成了大学生思想政治教育环境的急剧变化。传统的思想政治教育理论、观念、方法、机制和策略已经很难适应目前大学生思想政治教育工作的实际要求。对此，许多学者开始将大学生思想政治教育研究主题转向理论视野、维度的创新方面，生态学、系统学、生态系统等理论方法成为新的分析工具，催生出思想政治教育生态环境、生态系统、生态方法、生态理念等专有名词，进一步丰富了大学生思想政治教育的理论体系。然而，学术界对于思想政治教育生态引导的研究则相对不足。尽管有学者在相关的文章论著中有所提及，但也只限于概念层面的探讨，既没有深入分析大学生思想政治教育生态引导的内涵和特征，也没有系统总结大学生思想政治教育生态引导的策略体系。本章基于教育生态学理论，结合目前大学生思想政治教育实际，提出生态引导型思想政治教育模式的概念，并对生态引导型思想政治教育模式的内涵、特征和实施策略进行研究。

一、概念内涵

面对社会转型和经济转轨背景下人的政治思想、价值取向、意识认知、道德观念和心理活动的迅疾变化，多数思想政治教育工作者开始致力于思想政治教育的多视角、多维度研究。一些研究者将“生态世界观”“生态方法论”引入思想政治教育的研究境遇中，生态观对思想政治教育工作的重要意义使得很多人更加关注“思想政治教育生态论”。生态是物种、种群或群落经过长期生存发展形成的时空格局，强调系统各构成要素之间相互影响、相互作用的共生关系，突出系统构成要素之间的结构关系和功能机制的有机统一，它既是物种、种群或者群落与其外部环境互动协调的过程表征，也是物种、种群或者群落适应外部环境变化，外部环境影响物种、种群或群落生存发展的结果体现。可见，生态既是一个动态的过程性概念范畴，又是一个静态的结果性概念范畴。

在社会系统中，生态是人类社会实践活动过程各构成要素交互作用形成的关系状态，社会个体、组织的发展在很大程度上取决于它所处生态环境的平衡性、动态性和协调性。社会个体、组织成长需求的差异性、发展取向的多样性和价值追求的复杂性，决定了思想政治教育必须要充分考虑社会个体、组织的差异性需求及其相互之间的关系，进而使得思想政治教育逐渐形成一个由教育主体、对象、内容、手段和环境共同作用形成的生态过程。生态是思想政治教育内外环境因素相互作用、相互促进的目标指向，也是思想政治教育内外环境实现良性循环和动态平衡的深刻反映，生态的思维方式可以使得思想政治教育发生现代转换。

思想政治教育生态是围绕思想政治教育过程的有机整体，每一个层面的思想政治教育生态，无论其性质、类型、范围或者具体内容是什么，都需要构建一定的运作机制来引导思想政治教育构成要素的合理流向，规整思想政治教育内外环境要素之间的内在关系，并探索思想政治教育生态保持的策略途径。也就是说，只要有思想政治教育存在的境遇，就会有思想政治教育生态的存在，就需要进行思想政治教育生态的引导，即思想政治教育生态引导。从系统论角度看，生态引导是以一定的原则和理论为基础，围绕系统确定的目标任务，优化系统内外环境要素及相互之间的关系，促进系统有序化、合理化和最优化的发展，防止系统失衡、低效和退化等问题。生态引导过程的目标、任务、方法、机制和管理制度等要素之间稳固化的结合方式就形成生态引导模式。

生态引导型大学生思想政治教育模式可以理解为：以教育生态学和思想政治教育学的理论为指导，通过整合大学生思想政治教育生态要素及相互间关系，优化大学生思想政治教育内外生态环境，保证大学生思想政治教育过程物质循环、能量流动和信息传递的正常有效运转，促进大学生思想政治教育生态系统全面、协调、高效、可持续发展的运作模式。从对象上看，生态引导型大学生思想政治教育模式的对象是大学生思想政治教育过程及其构成要素和内外环境。由于大学生思想政治教育过程的物能、信息流转具有特殊性，即通过社会对思想政治教育的要求进行内容设置和方法选择，培养出符合社会发展要求的具备良好思想品德、政治素质和道德观念的大学生，进而对社会产生影响实现物能、信息的流转，这并非是简单、线性的运作过程，而是更高级、复杂、非线性的、依靠大学生来实现各种教育活动的模式。因此，生态引导型模式是一种有别于传统大学生思想政治教育模式的新型模式。

生态引导型模式主要从尊重大学生思想政治教育过程的系统性和生态性出发，以整体关联、协调互动的观念来对大学生思想政治教育过程及构成要素进行审视和分析，从大学生思想政治教育内在的生态本质规律来主动设置教育内容，选择教育方法，构建教育策略，以实现大学生思想政治教育过程的最优化。从结构上看，生态引导型模式是社会层面的引导、学校层面的引导、教师层面的引导和学生层面的引导的有机结合。社会层面的引导就是充分考虑社会环境与思想政治教育之间的互动关系，从社会环境变化要求来进行思想政治教育内容的选择，积极引导和推动社会转型，促使社会环境朝着有利于思想政治教育发展的方向演变。学校层面的引导就是以创新高校发展模式、增强高校竞争优势、丰富高校校园文化为主要切入点，从生态引导型思想政治教育的理念确立、计划制订、组织设置、评价实施和优化开展等方面创设条件，推动思想政治教育的实施。教师层面的引导就是培养教师的教育理念特别是教育生态理念，改变过去形式化、抽象化的教育模式，让多数教师明确思想政治教育既不是单纯的思想教育和政治教育，也不是简单的教育模式构建和教育机制确立，而是基于大学生素质能力全面发展的人本教育。学生层面的引导就是充分调动大学生的主体能动性，以个人价值和社会价值的有机统一为基础，以制约和影响大学生思想政治教育发展的重点问题为核心，构建一个包括学生心理引导、思想引导和行为引导的能动机制，增强生态引导型模式的发展力。从作用上看，生态引导型模式在内部层面有利于整合大学生思想政治教育过程各构成要素之间的关系结构，优化大学生思想政治教育功能机制；在外部层面有利于保持大学生思想政治教育外部环境关系的平衡稳定，汲取外部环境中各种优质资源因子，使其更好地保证大学生思想政治教育功能的充分发挥，促进大学生思想政治教育持续发展。

二、基本特征

传统的思想政治教育习惯于采取实践调研、社会考察、英雄事迹学习、爱国主义基地参观、法制宣传等教育方式，来提高大学生的世界观、人生观、政治观、道德观和法制观。尽管这些方式较为贴近大学生学习、生活、情感和心理的实际，也能够满足大学生追求思想上进的要求，但这些模式缺乏传递的持久性，并不能够通过理论总结的形式加以凝练提升或通过具体操作的方式加以实践深化。与传统模式相比，生态引导型大学生思想政治教育模式具有如下几方面特征：

1. 教育目标的人本性

人是思想政治教育的主体、内核和价值指向，对人的尊重和培养人的主体性始终是思想政治教育的最基本内涵。传统思想政治教育片面夸大政治功能和政治导向性，轻视甚至完全忽视思想政治教育的经济功能、文化功能、创造功能和人本功能，使得受教育者既不能充分认识人的自我本质，也不能够正确开启人与自我认知、认同之间的张力关系，还不能够合理构建人的主体意义世界，造成人的本质、人的价值、人生意义、人生理想等终极性问题得不到准确解读和诠释，从而弱化了思想政治教育的功能绩效。任何形式的教育都要关切人的价值形态和生命形态，为人的主体活动提供信念动机、意义标示、操作方法和实践路径。除了从精神世界、价值境遇和意义范畴关注受教育者之外，大学生思想政治教育还应该从思维能力、操作方式和实践技能等方面引导受教育者。生态引导型大学生思想政治教育模式以实现大学生健康成长和持续发展为出发点，以影响大学生成长发展的内外环境及相互之间关系为主要内容，来设置教育目标、确定教育内容、选择教育方式，使得学生在生动活泼、鲜活玲珑的教育情境中得到成长和发展，它要求教育工作者必须要树立思想政治教育人本观，从大学生思想政治教育环境的系统性和整体性切入，通过营造良好的思想政治教育生态环境来实现对大学生的人本关怀。

2. 教育内容的综合性

思想政治教育是一个教育内容构建的过程，是一个教育内容认同的过程，代表着教育内容核心价值的保持与提升、交流与互动。教育内容是思想政治教育过程的基本构成要素，是思想政治教育目标和任务具体化的体现，教育内容选择的合理与否直接决定思想政治教育目标的实现水平。对于生态引导型大学生思想政治教育模式来说，它是一种能够整合多重、丰富和复杂的教育内容并使之以合理的方式和途径，获得大学生普遍认同与有效内化的模式。由于大学生思想政治教育目的、任务规定的丰富性，受教育者思想品德状态的多样性和复杂性，社会环境发展变化的快速性和持续性，因此，生态引导型大学生思想政治教育模式的内容也是丰富、多样的，是一个复杂的、动态的系统。这种综合性主要体现在思想体系层面、大学生成长内容层面和社会发展内容层面的有机结合。思想体系层面包括世界观、人生观、政治观、道德观、法制观等；大学生成长内容层面包括大学生职业教育、心理教育、成长教育等；社会发展内容层面包括社会经济、政治、文化、教育、科技、国防、卫生等方面的教育。综合性的教育内容是生态引导型大学生思想政治教育模式的核心，体现生态引导型大学生思想政治教育模式的本质特点，为生态引导型大学生思想政治教育提供存在发展的客观依据和现实基础。如果生态引导型大学生思想政治教育模式的教育内容缺少综合性，受教育者就会感到教育内容空洞抽象，教育特色模糊不清，失去接受生态引导型模式的兴趣，缺少推动生态引导型模式发展的积极性；如果生态引导型大学生思想政治教育模式的教育内容缺少实际性，其模式的价值本质、生态活度就会失去意义，整个生态引导型大学生思想政治教育模式的特征、功能、角色和创新点也会逐渐被弱化，最后退出大学生思想政治教育实践的时空境遇。

3. 教育主体的互动性

生态引导型大学生思想政治教育模式的典型特征就是根据大学生思想政治教育内外环境条件、要素、因子之间的生态关系，构建实现内外环境互动沟通的生态机制——社会层面引导、学校层面引导、教师层面引导和学生层面引导，强调这四个层面引导之间的融通协调。从本质层面来看，生态引导型模式就是通过内外环境力量的协调整合，在大学生思想政治教育内外环境主体要素之间的交流互动中完成大学生思想政治教育的目标任务、内容体系和过程开展，实现社会、学校、教师和学生之间的协同发展，增强大学生思想政治教育的绩效性、辐射性和影响力。生态引导型模式既是对大学生思想政治教育内外环境力量的综合利用，也是对大学生思想政治教育内外环境力量的协调统一，它实现了内外环境中不同主体之间的通力协作和互动发展，有助于明确和把握大学生思想政治教育的牵引力、推动力、拉动力、自动力以及相互之间关系。目前，社会与教育之间的互动联系日趋广泛和紧密，社会进步在带动教育发展的同时不断为教育提出新的要求，教育在适应社会发展变化和要求的同时也促进了社会的持续发展。这种互动态势体现在大学生思想政治教育方面的表现是，作为思想政治教育对象的大学生不再仅仅是接受教育内容的受动者，其所形成的群体文化越来越影响社会主流文化的发展，并对学校发展和教师成长也产生了重要作用。生态引导型大学生思想政治教育模式强调教育内容各层面之间的综合引导，突出教育主体之间合力的积极引导，是主体之间、内容之间、主体与内容之间交叉催化、互动循环的有机模式。

4. 教育过程的动态性

快速、动态变化的社会环境和多元、复杂的社会发展实际，是大学生思想政治教育的现实基础，也是大学生思想政治教育面临的主要难题。社会环境作为一种客观的存在，其内含的各种资源因子给大学生思想政治教育发展提供了条件支持。大学生思想政治教育并不是完全受制于社会环境，它会在不断发展、创新过程中突破或超越社会环境的某种给定性，赋予新的价值目标和内容，这个过程也是大学生思想政治教育模式逐渐发展完善的过程。思想政治教育必须融入社会发展中，产生与社会发展相适应的推动力，实现与社会发展的协同共生。当社会环境发生急剧变化时，大学生思想政治教育必须做出适应性选择，不能禁锢传统的教育观念和认识，固守传统的教育方法和模式，否则，就会背离大学生思想政治教育的人本性和创新性目标，弱化大学生思想政治教育的功能绩效。创新教育模式成为大学生思想政治教育实现持续发展的根本途径，与传统模式相比，生态引导型模式更加突出教育过程的动态性，这种动态性深刻体现出社会环境、大学生成长的要求。通过保持教育过程动态性，达到大学生思想政治教育发展自觉的高度，深化为大学生适应环境的行为自觉，使大学生思想政治教育价值不断走向社会价值、人本价值和教育价值的有机统一。

三、实践路径

从上述特征的分析中可以看出，相对于传统的思想政治教育模式，生态引导型教育模式具有明显的独特性。为了使得生态引导型教育模式的独特性转化为实际的教育效应，必须要采取相应的策略措施加以实施。

1. 以人本价值理念为主导

作为一种价值理念，以人为本主要是指社会发展依赖于人的发展，指向于人的发展，人既是社会发展的目标，又是社会发展的手段。以人为本理念反映在思想政治教育工作方面，就是要求教育者必须将受教育者视为成长、发展的人，能够根据社会发展要求和个体素质能力成长规律，合理设置内容、有效选择方式、科学构建机制，保证教育过程的有效开展，将受教育者培养成全面、健康和完整的人。人本价值是一个多层面的概念体，主要包括大学生的生命价值、社会价值、发展价值等内涵。生命价值层面的思想政治教育就是要引导大学生关爱自己、关爱他人、关爱社会、关爱自然，培养大学生的关爱意识、认知和情怀；社会价值层面的思想政治教育就是要引导大学生践行社会主义核心价值观，主动融入社会发展潮流，在未来发展中找准并扮演好自身的社会角色，树立为国家和社会奉献自我的精神风貌。发展价值层面的思想政治教育就是要引导大学生从自身的专业特长、兴趣爱好、职业取向出发，培养综合素质和技能，提高就业竞争优势和职业发展力。人本价值是生命价值、社会价值和发展价值的有机统一，是基于大学生生命价值基础上的社会价值和发展价值的协调推进，三者之间的互动关系深刻突出了生态引导型大学生思想政治教育模式的本质和目的。

2. 以多层面生态引导为方法

生态引导型大学生思想政治教育模式的突出特点就在于以多层面生态引导为主要方法，这种方法具有引导主体的多元化、内容的综合化、过程的互动化和结果的绩效化等特征。生态引导型大学生思想政治教育模式实现了大学生思想政治教育从主体到内容、过程再到结果的循环交替，使得大学生思想政治教育不再是传统模式下教育者与受教育者之间的“主动—被动”式的教育、单纯的政治化教育和知识化教育、内容从主体灌输到客体的教育，以及结果评价相对模糊的教育。首先，坚持多元化的引导主体。主体的多元化是生态引导型大学生思想政治教育模式的典型特征。生态引导型模式以特定的教育目标、教育内容为指导和依据，协调好大学生思想政治教育多级主体之间的关系，充分调动社会、学校、教师和大学生等不同教育主体的积极性、主动性和能动性，实现大学生思想政治教育主体之间的平等交往、多维互动、深度合作和协同发展。其次，坚持综合化的引导内容。社会、学校和教师可以根据大学生思想政治教育实际和要求，从大学生的生命价值、社会价值和发展价值层面合理构建引导内容，通过适当的教育方法，积极引导大学生朝向有利于自身成长的方向发展，大学生也可以根据教育主体提供的方法手段，主动选择教育内容，实现自我教育。再次，坚持互动化的引导过程。生态引导型模式突出大学生的自我引导，强调不同引导主体之间的互动交流，通过互动化交流实现引导目标的正确化和引导内容的合理化。最后，坚持绩效化的引导结果。大学生思想政治教育实际的客观差异性，使得生态引导型模式必须要遵循实事求是的基本原则，合理构建引导评价体系并对生态引导型大学生思想政治教育过程进行客观评价，突出生态引导型模式的绩效性。

3. 以优化环境条件为保障

环境条件是思想政治教育开展的基础，也是思想政治教育取材的对象。忽视或者忽略环境条件的重要性，思想政治教育的正常开展就无从谈起，取得绩效也只能成为没有可能实现的目标。生态引导型大学生思想政治教育模式的实践同样要重视环境条件的优化，尤其是社会环境条件，对于生态引导型大学生思想政治教育的有效开展和目标实现起着至关重要的作用。这是因为生态引导型大学生思想政治教育在很大范围内受到社会环境条件的制约和影响。实现环境条件的优化，一要充分肯定生态引导型大学生思想政治教育模式的积极作用，营造良好的社会舆论和宣传氛围，使得生态引导型大学生思想政治教育模式得到社会广泛的认知和支持；二要政府主管部门出台相关政策和制度，积极鼓励高校进行生态引导型大学生思想政治教育模式的实践，及时总结和提炼生态引导型大学生思想政治教育模式的实践经验和成果，探索生态引导型大学生思想政治教育模式的实践规律，对于实践生态引导型大学生思想政治教育模式取得良好成绩的高校进行表彰并将其成功经验进行推广；三要以实现大学生思想政治教育过程持续运作和促进大学生思想道德健康成长为目标，广泛开展生态引导型大学生思想政治教育模式的理论研究，努力形成生态引导型大学生思想政治教育模式研究的学术氛围；四要以高校的校企合作办学模式为平台，调动行业企业、社会组织和机构的积极性，使得这些社会力量能够主动参与到生态引导型大学生思想政治教育过程当中，优化生态引导型大学生思想政治教育模式的主体结构，增强生态引导型大学生思想政治教育模式的推动力和发展力。

第二节　融合型模式

“校企融合型”思想政治教育模式是具有高职院校特色的教育模式。该模式主要结合“校企合作”办学模式的特点，依据高职学生专业实践的具体情况，构建“一、二、三、四、五”的工作体系，即一条主线：以创新思想政治教育模式，增强思想政治教育水平和绩效为主线；两个结合：学校教育与企业教育相结合、具体的专业实践内容与明确的思想政治教育主题相结合；三个重点：丰富思想政治教育的主体、扩大思想政治教育的范围、提高思想政治教育的实效；四个阶段：准备阶段、实施阶段、评价阶段、优化阶段；五个要求：有计划、有重点、有深度、有影响、有实效。

一、基本条件

“校企融合型”思想政治教育模式采取“两结合、三联系”的方式，突出“一多一全一实”，即学校教育与企业教育相结合、具体的专业实践内容与明确的思想政治教育主题相结合，加强与实习企业领导（店长）的联系、加强与实习指导老师（校内和校外）的联系、加强与实习小组组长（学生担任）的联系，突出思想政治教育参与主体的多元性、实施过程的全面性以及结果评价的实效性。

“校企融合型”思想政治教育模式有助于学生熟悉社会、企业对人才素质和能力的要求，增强理论学习和专业实践的主动性和积极性；有助于学校加强对大学生思想发展趋势的预测，把握新形势下大学生思想政治教育具有的优势与劣势，面临的机会与挑战，分析各项思想政治工作方法、措施给大学生思想带来的影响；有助于企业了解目前大学生思想变化的特点和规律，明确企业人力资源管理创新的主要方向。

“校企融合型”思想政治教育模式是一个有机系统，其运作过程较为复杂，不仅涉及区域社会环境、行业、企业和学校，还涉及师资队伍、教育方案、计划和管理制度等诸多因素。在统筹考虑各方面因素基础上，合理选择合作企业，有效构建师资队伍，科学制订教育计划，逐步完善管理制度。

一是合理选择合作企业。有效选择合作企业是推进“校企融合型”思想政治教育模式的前提。需要广泛调查、细致盘点和系统研究区域经济环境，重点选择那些发展潜力大、发展实力强、企业文化浓的企业作为合作对象。经过广泛联系和深入沟通，秦皇岛兴龙集团广缘商厦有限公司成为连锁经营管理专业的校外实训基地。秦皇岛广缘商厦有限公司具备实施“校企融合型”思想政治教育模式的基本条件：①实力较强。秦皇岛广缘商厦有限公司成立于2002年，发展到今天已经拥有30多家连锁店，其中孟营店、奥体店和太阳城店的规模较大，有助于多层面地把握学生在不同大卖场实习的思想动态。②经营稳定。在秦皇岛零售超市业的竞争格局中，广缘商厦有限公司具有较强的竞争优势，且日接待的客流量较大，尤其是在周末，可以观察到学生在繁忙工作期间的思想表现和心理状态，有助于发掘学生工作潜能，增强学生工作适应能力、处理能力和应急能力，这正是“校企融合型”思想政治教育模式的价值指向。③企业文化建设水平较高。从精神层企业文化来看，广缘商厦有限公司有明确的经营理念——做无愧于心的商店，即无愧于顾客、无愧于社会、无愧于员工；从制度层企业文化来看，广缘商厦有限公司有完善的管理制度、管理方式和管理机制；从行为层企业文化来看，广缘商厦有限公司积极举办各类员工培训，开展形式多样的企业活动，广泛参与社会捐资助学活动。丰富的企业文化为“校企融合型”思想政治教育模式提供了有效的实施载体。④能提供较多的实习岗位。随着经营规模的日益扩大，广缘商厦有限公司的人才需求逐年增加。目前，广缘商厦有限公司正实施储备人才计划，不断从省内外高校中选拔优秀大学毕业生，尤其热衷于有专业知识、技能背景的高校毕业生，为“校企融合型”思想政治教育模式的长效开展提供重要保障。

二是有效构建师资队伍。除合理选择合作企业之外，“校企融合型”思想政治教育模式开展还需要构建适应工学结合、校企融合教育要求的师资队伍。结合连锁经营管理专业学生的实际情况，精心挑选专业教师，完善师资队伍结构。为保证“校企融合型”思想政治教育模式取得成效，学校要求专业老师在认真贯彻和落实实习教学大纲和教学指导书的前提下，切实做好学生实习安全教育、及时了解实习学生工作和思想状态，帮助学生解决实习难题等，并将专业老师的表现作为评定优秀教师的重要指标。

三是科学制订教学计划。“校企融合型”思想政治教育模式实施要求有与之相匹配的教学计划。在修改和制订人才培养方案时，调整了课程体系和教学内容，把假期实习纳入正常的教学计划之中，使得课堂理论学习与校外顶岗实习实现衔接，既利于“学以致用，用以促学”的紧密结合，也利于理论与实践的催化互动。只有这样才能保证“校企融合型”思想政治教育模式的深入开展。

四是全面完善管理制度。建立和完善相关的管理制度是“校企融合型”思想政治教育模式实施的重要保证。为此，根据高等职业教育人才培养规律，结合高职院校思想政治教育特点，制定了一系列有助于“校企融合型”模式实践的管理制度，例如《学生实习手册》《专业实习教学指导记录》《专业实习指导教师守则》等，这些管理制度的构建，提高了“校企融合型”模式的规范化、合理化与科学化，确保了“校企融合型”模式的正常开展。

二、实施过程

按照秦皇岛职业技术学院与兴龙集团广缘商厦有限公司签订校企合作协议书所确定的实习计划，连锁经营管理专业学生利用假期进行专业实习。“校企融合型”思想政治教育模式也便随之进入实施阶段。

（1）实施计划。“校企融合型”思想政治教育模式的实施离不开学校与企业之间的相互配合，由于“校企融合型”思想政治教育模式依附于“校企合作”办学模式，而“校企合作”办学模式主要体现在专业实习方面，所以“校企融合型”思想政治教育离不开在校理论学习和在企业专业实习两个阶段。在校理论学习期间侧重于大学生世界观、人生观、价值观和生命观的教育，在企业专业实习期间侧重于大学生职业意识、职业观念、职业素质和职业技能的培养。按照连锁经营管理专业教学计划安排，“校企融合型”思想政治教育实施时间主要集中在大一、大二的两个暑期，每次实施时间为 1 个月左右，实施地点为秦皇岛广缘商厦有限公司的孟营店、奥体店和太阳城店三个大卖场，实施单元为蔬菜组、水果组、商检组、粮油组、酒饮组、面包房组、防损组、家电组、收银组、客服组、针服组、洗化组等。

（2）实施组织。连锁经营管理专业学生分为 3 组，每一组选 2 名同学作为小组负责人，学校指派 1 名专业老师作为校内指导教师，孟营店、奥体店和太阳城店各选派 1 名资历较深的员工作为校外指导师父，这样“学校”与“企业”构成“校企融合型”思想政治教育的生态环境；小组负责人、校内指导教师、校外指导师父和学生构成“校企融合型”思想政治教育的主体；各种有碍于学生健康成长和职业发展的思想、意识、观念、心理和行为构成“校企融合型”思想政治教育的客体；实践证明各种思想政治教育工作方法、手段构成“校企融合型”思想政治教育的方法；小组负责人、校内指导老师、校外指导师父和学生之间关系的有效互动构成“校企融合型”思想政治教育的运作机制。

（3）实施开展。经过企业培训、小组分配、店长见面、指导师父任命等几个环节，“校企融合型”思想政治教育模式分别在秦皇岛广缘商厦有限公司的孟营店、奥体店和太阳城店开展。期间，校内指导老师、小组负责人、校外指导师父和店长定期见面，综合了解学生的思想动态和实习情况，而后对学生实习过程出现的各种思想、心理和行为问题进行多方位的教育、疏导和指导。

（4）实施控制。随着实施过程的递进深入，发现部分同学实习积极性不高，情绪波动较大、缺少吃苦精神、奉献精神、时间意识、纪律意识和组织意识不强等问题，这些问题既有来自学生方面的原因，也有来自企业、学校和“校企融合型”模式等方面的原因，经过深入了解和细致研究，发现小组负责人责任意识淡薄和小组分组不合理是影响“校企融合型”思想政治教育绩效的主要方面。为此：对意见反映较强的个别小组负责人进行调换，由小组成员重新选择责任意识强的学生作为新的负责人；对分组不合理的小组进行重新调整，尽量将非秦皇岛本地生源的学生安排在离学校较近、交通方便的商店；召开店长、校内指导老师、小组负责人、校外指导师父和学生的见面沟通会，疏导这些主体之间的关系。这些措施实施取得了良好效果，主要表现在如下几个方面：兼顾了学生住宿和实习，避免了住校学生因交通不方便而造成抱怨、不满和抵触情绪；不同岗位的轮换，有助于提高学生对整个连锁超市经营管理的宏观把握和对自身所处岗位性质、职责的微观研究；有助于发现“校企融合型”思想政治教育模式存在的问题和不足，提高“校企融合型”思想政治教育模式的时效性和实效性；不同年级学生交叉安排在寒暑假实习，增强“校企融合型”思想政治教育模式实施的连续性。

三、评价优化

“校企融合型”模式评价主要采取“学校＋企业＋学生”的三重评价。

评价结果以总结报告的形式表现。学校评价的主体是校内指导老师，通过评价学生在校理论学习期间思想行为表现和在企业实习期间的思想行为表现，来实现对“校企融合型”思想政治教育模式的评价。企业评价的主体是店长和校外指导师父，通过评价学生在企业实习期间的思想行为表现，来实现对“校企融合型”思想政治教育模式的评价。学生评价的主体是学生，通过评价自我在理论学习和专业实践两个阶段的思想觉悟、观念意识和行为养成的变化情况，来实现对“校企融合型”思想政治教育模式的评价。实践表明，“校企融合型”思想政治教育模式既与高职院校人才培养模式特点相契合，又与创新思想政治教育时代特征相吻合，是新形势下高职院校思想政治教育工作创新的新方法、新途径，加强“校企融合型”模式研究，推进“校企融合型”模式实践正是今后高职院校思想政治教育工作建设的努力方向。“校企融合型”思想政治教育模式的创新点主要表现在工作模式创新，该模式结合高职院校“工学结合、校企一家”办学模式的特点，将学校思想政治教育、企业、指导教师、指导师父对学生的思想政治教育、学生自我的思想政治教育有机结合起来，构建了多元化的思想政治教育主体、多层面的思想政治教育内容，提高了高职院校思想政治教育工作水平。要增强“校企融合型”思想政治教育模式的实效性，需要从以下几个方面进行优化：

在理念上要充分认识“校企融合型”思想政治教育模式优化的价值性。要认识“校企融合型”模式优化在思想政治教育工作创新中的作用；树立正确的优化理念，用协调、整体的优化观取代搭配、零碎的优化观；注重全面性优化，摒弃“补充优化”思想下的缺补优化、差补优化。在内容上要正确处理“校企融合型”思想政治教育模式优化的层次性。“校企融合型”模式优化内容是一个由不同层次、类型要素纵横交错形成的有机整体，要素之间彼此并不是简单叠加、机械联系，而是错落有致、联系紧密的体系。需要在综合考虑各方面因素的基础上，进行优化内容的层次化处理。在目标上要准确把握“校企融合型”思想政治教育模式优化的趋向性。随着大学生思想政治教育实践的深入发展，信息化、民主化、柔性化和细致化日渐成为“校企融合型”模式优化的发展趋势。在管理上要充分理解“校企融合型”思想政治教育模式优化的系统性。“校企融合型”模式优化需要处理好“局部优化与整体优化”“讲求速度与注重效度”“快速递进与有序稳定”之间的关系。在机制上要统筹考虑“校企融合型”思想政治教育模式优化的条件性。在优化条件结构中，动力机制、整合机制、创新机制、控制机制和保障机制是一体多面的存在，它们相互作用、相互影响构成“校企融合型”模式优化的背景条件和保障机制。

第三节　转变型模式

转变实践教学方式是深化实践教学的关键，是加强高校实践育人的手段，是增强高校思想政治理论课教学质量、水平和成效的内在要求，体现高校思想政治理论课教育教学改革的根本性质，反映高校思想政治理论教育教学改革的丰富内涵。现有的实践教学方式在不断丰富教育教学内容、拓展教育教学形式和积累教育教学经验等方面发挥了重要作用，但面对新形势下高校实践育人和全面提高思想政治理论课教育质量的现实要求，其效能日渐式微，不断表现出不适应特征。这就需要梳理和萃取现有实践教学方式的思想精华，改进或转变实践教学方式，使之与高校思想政治理论课教育教学实际相契合，让高校思想政治理论课不断发挥马克思主义理论教育、大学生思想政治教育的主渠道作用。本节在概括现有思想政治理论课实践教学方式主要类型的基础上，重点讨论转变实践教学方式面临的问题和实施途径。

一、方式转变的基本现实

作为一个复杂的有机过程，高职院校思想政治理论课教育教学总是处于动变状态。各时期或阶段的实践教学在主题、内容方面都有一定的差异性，相应的实践教学方式选择也需要发生变化。客观而言，任何实践教学方式都存在自身难以规避的局限性，需要不断弥补甚至是变革创新，以适应实践教学要求。新形势下，强调实践教学方式转变，目的就是加强对现有实践教学方式价值的挖掘，赋予新的时代内涵，形成与高校实践育人工作相融合、与思想政治理论课教育教学相适应、与思想政治理论课实践教学相一致的新方式。现有思想政治理论课实践教学方式主要包括基地参观、假期社会调研、案例教学、阅读实践、校园文化创建、课题研究、口述史调研、网络实践、人文社科讲座、演讲辩论、就业导向式等。根据这些形式的实践要求和特点，大致可划分为如下四种类型：

1. 学校主导

随着高职院校内涵建设的不断深入，课程建设逐渐成为专业建设的核心。通过加强课程建设来促进专业建设发展，提升专业建设水平成为多数高职院校的主要策略选择。课程建设是一项系统工程，涉及课程观、课程建设途径和开发方式、课程目标、课程内容、课程结构、课程实施、课程质量与评价等诸多内容。每一项内容的完成都要提前谋划，并且有经费的保障。由于建设时间长、收效小，一些高职院校不愿意在思想政治理论课建设方面投入大量精力和物力，因而使得思想政治理论课实践教学开展受到了一定影响。近年来，随着高校思想政治工作的不断加强，特别是《关于进一步加强高校实践育人工作的若干意见》（教思政〔2012〕1 号）、《关于全面提高高等教育质量的若干意见》（教高〔2012〕4 号）等文件的出台，进一步增强了高校思想政治理论课程建设的重要性和紧迫性，为推进思想政治理论课实践教学改革提供了重要保障。一些高职院校成立了专门的思想政治教育教学部，加强指导，加强投入，由副书记或副校长主管思想政治理论课教学，甚至有的院校党委书记直接领导，为思想政治理论课教育教学工作及改革发展提供了坚实保障。事实上，这种保障主要是基于高职院校强有力的政治领导和有效的资源倾斜。在保证政治方向正确的基础上，如果外部力量过多干预教育教学，就会影响到教师在思想政治理论课实践教学开展过程中主体性、能动性和积极性的发挥。

2. 教师驱动

吸引力不强是目前多数高职院校思想政治理论课面临的主要问题。如何提高吸引力，增强实效性，成为广大思想政治理论课教师着重考虑和认真解决的现实任务。随着深入实践和不断探索，一些教师逐渐发现在保证与理论教学相融合的前提下，通过积极开展实践教学活动有助于调动学生学习积极性，提高思想政治理论课吸引力，促进思想政治理论课教育教学发展。然而，在实践教学方面，多数高职院校存在“三无”问题，即无大纲、无体系、无标准。加上，教师之间存在评优推先、晋级考核等方面的竞争，教学资源不能够充分共享，不利于有效合力的形成和经验规律的总结，在很大程度上影响了思想政治理论课实践教学的有效开展。尽管教师层面的驱动方式有助于发挥教师的积极性和主动性，但是这种方式缺少科学合理的系统设计和具体微观的操作研究。

3. 学生自发

学生参与是思想政治理论课实践教学开展的充分条件。仅有参与热情没有参与认知和参与支持很难保证实践教学有效开展。要在培养正确认知的基础上，充分调动发挥学生的积极性和能动性。学生参与支持主要体现在三个方面：一是意见建议方面，学生提出的意见建议有利于实践教学活动进一步贴近学生实际，使其具有较强的可操作性；二是行动方面，实践教学活动的实施离不开学生的自我学习、自我组织和自我管理，离开学生的广泛参与和支持，实践教学很难有效开展；三是心理方面，学生心理支持对于解决实践教学开展过程出现的问题具有重要作用。学生心理支持的状态水平往往影响教师开展实践教学心理、情绪和情感的调动发挥。目前，一些学者依据多元智能理论，积极倡导思想政治理论课翻转式教学和学生自主学习，掀起了思想政治理论课教育教学改革的新热潮。但在具体实践中，一些思想政治理论课实践教学项目尽管突出了学生的自我选择和自我学习，却忽视了学生实际，特别是知识基础和能力水平，造成了实践教学质量不高。同时，学生自发型的实践教学，随意性和灵活性较大，难免会脱离实践教学的价值主线，使得实践教学流于形式，严重影响实践教学的持续性、稳定性和价值性。

4. 理论依附

用科学理论引导帮助学生树立正确世界观、人生观和价值观是思想政治理论课的重要任务之一。加强思想政治理论课建设，发挥其在思想政治教育工作中的主渠道、主阵地作用，离不开理论教学方法手段的创新。近年来，随着适龄人口的减少，民办院校、三本院校扩招以及应用型本科院校转型，高职院校生源危机开始显现，单招、对口招生成为高职院校破解招生难题的有效途径之一，造成了高职院校生源质量下降。面对理论基础相对薄弱的生源，传统的理论教学方式很难激发学生学习思想政治理论课的兴趣爱好，创新教学形式显得尤为突出。在此背景下，部分高职院校开始尝试开展一些简单且依附于理论教学的实践教学项目，取得了一定成效。然而，这些高职院校没有将实践教学与理论教学很好地融合起来，片面理解实践教学就是服务于理论教学，没有正确认识和准确把握好实践教学在推进实践育人、深化思想政治理论课教学改革、提高思想政治理论课教育质量方面的重要作用。甚至认为实践教学就是理论教学的附属和补充。这种片面认识和理解必须及时纠正，否则会影响到实践教学有效性的发挥和提升。

二、方式转变的主要问题

当前，继续深化高职院校思想政治理论课教学改革需要转变实践教学方式，创新实践教学手段，不断为实践教学改革注入新动力。转变实践教学方式，要强化质量意识，树立素质本位，注重师生定位，优化资源配置，加强制度保障。

1. 强化质量意识

提高教育质量是高等教育的生命线，也是高校内涵建设的核心。2012年，教育部等部门颁布了《关于进一步加强高校实践育人工作的若干意见》，明确指出：加强实践育人工作对于深化教育教学改革，提高人才培养质量具有重要深远的意义。实践教学作为实践育人的主要形式，既要注重合理规划，也要强化质量意识。思想政治理论课实践教学作为高职院校实践教学的重要组成部分，同样要确立质量意识。目前，质量不高仍然是困扰多数高职院校思想政治理论课实践教学的突出问题。转变实践教学方式，首先树立强化质量意识，使质量意识渗透到实践教学方式应用过程中，突出实践教学的内涵建设；其次把握质量评价标准，根据教育部制定的思想政治理论课建设标准，细化实践教学质量评价指标，组织力量进行实践教学的常态化评估，积极引导思想政治理论课实践教学的内涵发展；最后研究质量变化规律，深入分析思想政治理论课实践教学规律，研究不同实践教学方式的特点，促进各种实践教学方式的有效融合。

2. 树立素质本位

《教育部关于全面提高高等教育质量的若干意见》强调：全面实施素质教育，把促进人的全面发展和适应社会需要作为衡量人才培养水平的根本标准。可见，学生的全面发展是人才培养的根本标准，而这一目标的实现又有赖于素质教育的全面实施。素质本位就是突出学生的素质培养，突出素质培养在人才培养中的地位，要求人才培养整个过程都必须服务或服从于素质培养。学生既是思想政治理论课实践教学的客体，也是推动思想政治理论课实践教学的主体。学生思想政治素质、道德素质和法律素质的培养成效是思想政治理论课实践教学的价值目标，也是评价思想政治理论课实践教学的主要指标。受传统教育思想的影响，一些教师认为实践教学的目的就是使学生更容易理解和接受理论知识，忽视实践教学对于学生综合素质培养提高的作用。在实施过程中降低教学难度，片面追求活动气氛，学生素质培养往往流于形式，造成思想政治理论课实践教学质量下降、吸引力不强、发展不持续等问题。转变实践教学方式，必须坚持以人为本，强调学生素质培养和全面发展。

3. 注重师生定位

教师和学生之间的关系一直备受社会各界的关注。尤其在教育界，从古到今，争论不休。多数人认为教师的作用就是“传道、授业、解惑”，但对于如何传、如何授、如何解的问题没有做出合理解释。目前，关于教师引导作用和学生主体地位的师生观被普遍认可，这一观点明确了教师的作用和学生的地位，阐明了教师作用发挥的基本前提是保证学生的主体地位。只有在保证学生主体地位的前提下，教师发挥的引导作用才能获得认可。同样，高职院校思想政治理论课实践教学要明确师生关系，注重师生定位，建立和谐师生关系。教师要针对不同实践教学活动的特点，为学生主体地位的发挥创设条件、营造环境。具体而言，就是通过转变实践教学方式，促进思想政治理论课实践教学过程中学生主体地位的回归和教师引导作用的发挥。在生态学上，生态位通常是指生物物种在所依存环境中拥有的各种需求总和，它能够揭示生物体之间以及生物体与无机世界之间存在的相互关系。在思想政治理论课实践教学情境中，同样存在着教师生态位、学生生态位。生态位明确了师生各自在实践教学中的地位作用，体现了教师在专业思想、情意、知识和能力的综合状态，以及学生在思想道德素质、综合能力方面的整体水平。开展实践教学就是发挥教师生态位作用，拓展学生生态位空间。

4. 优化资源配置

从系统论角度看，实践教学方式转变的本质就是实践教学要素结构变化引起功能变化的过程。实践教学方式转变有利于实践教学要素结构优化，提升实践教学整体功能水平，促进师生关系健康发展，深化思想政治理论课实践教学。评价要素结构优化主要有两个维度：一是微观维度上构成实践教学各要素、条件之间的协调匹配水平；二是宏观维度上实践教学与学生成才成长、与中央省市相关要求之间的适应水平。评价功能水平主要有三个维度：实践教学过程的高效有序推进、学生综合素质和能力的提高培养、教师开展实践教学经验的不断丰富和能力的逐渐提升。实际上，结构优化和功能提升的一个重要前提就是要素资源的合理配置。不同的实践教学方式选择的要素资源数量、类型是不同的。实践教学过程的有序推进决定合理配置要素资源的必要性；实践教学过程的高效推进决定优化配置要素资源的必要性。忽视合理性必然影响实践教学过程的稳定性；忽视最优化必然影响实践教学过程的绩效性，甚至会造成资源浪费和成本上升。近年来，随着思想政治理论课教学改革的不断深入，多数高职院校不断意识到实践教学改革的重要性，并通过构建大思政育人机制来统筹发展，有力地保证了实践教学开展。然而，由于缺少学校层面的顶层设计和整体谋划，思政教学部门与学生管理职能处室在实践教学项目的选择设置上仍存在重复现象，造成了教育资源浪费，影响了实践教学有效开展。因此，优化资源配置成为实践教学方式转变的重要任务。

5. 注重制度保障

实践教学离不开制度建设。制度建设是一项长期任务，由于影响因素较多，又表现出一定的复杂性。目前，尽管思想政治理论课实践教学得到了高职院校的普遍重视，但多数院校没有针对实践教学的专门制度。事实上，保证高职院校思想政治理论课实践教学的持续发展，需要尽快建立、完善相应的制度体系。令人可喜的是，教育部《关于进一步加强高校实践育人工作的若干意见》的出台，为思想政治理论课实践教学发展明确了方向，提供了强有力的政策支持。随着实践教学方式转变，高职院校要根据教育部相关文件精神，结合自身办学实际和学生成长成才规律，加快制定思想政治理论课实践教学方面的政策制度，不断深化实践教学改革，提高实践教学水平。政策制度建设重点抓好三方面问题：一是合理制定思想政治理论课实践教学规划，组织力量进行广泛深入研讨，收集整理各方意见建议，规范思想政治理论课实践教学，重点明确实践教学开展的指导思想、基本原则、主要任务和保障措施；二是合理制定思想政治理论课实践教学标准，充分发挥思政课专兼职教师的积极性，重点明确实践教学标准，完善实践教学标准落实的各项规定；三是合理制定思想政治理论课实践教学专项经费，梳理实践教学基本环节，分别确立优先、重点和一般保障环节，坚持节约成本、突出绩效原则，保证各环节经费支持。同时，也要加强对各环节经费使用的监督力度，确保专项经费合理高效使用。

三、方式转变的具体途径

1. 明确课程性质

明确课程性质是有效实施教育教学的基础。课程性质把握不好直接影响到教育理念的正确树立。而教育理念又是决定教学方式选择的根本。因此，明确课程性质对于选择教学方式起着关键作用。关于思想政治理论课的课程性质，《中共中央宣传部教育部关于进一步加强和改进高等学校思想政治理论课的意见》（教社政〔2005〕5 号）做出了明确界定，即思想政治理论课承担着对大学生进行系统的马克思主义理论教育的任务，是对大学生进行思想政治教育的主渠道。对思想政治理论课课程性质、地位和作用的追问反思，构成教育主体的教育理念，决定教育主体教育心理、教育行为的选择。思想政治理论课主要是马克思主义理论教育，坚定大学生对马克思主义的信仰、增强对改革开放和现代化建设的信心、对党和政府的信任。思想政治理论课具有个体功能、社会功能和政治功能。因此，思想政治理论课教育教学要遵循个体成长成才的规律、经济社会发展规律和思想政治教育教学规律。然而，在具体操作实践中，这些基本知识往往被忽视，在一定程度上造成了教学方式选择不合理和教学绩效不明显。尽管社政〔2005〕5 号文件强调了思想政治理论课所有课程都要加强实践教学，并明确了开展实践教学的条件保障和方式方法。但是，在实际执行中，各高职院校都或多或少地存在偏离文件主旨精神的情况，条件保障不到位、方式方法选择随意性大。通过认真学习和研究教育部相关文件，不断明确思想政治理论课的课程性质、作用和地位，围绕学生素质培养这个中心问题，创新实践教学方式，提高学生思想政治素质和观察分析社会现象的能力，深化思想政治理论课教育教学的效果。

2. 提高领导认识

目前，加强改进思想政治理论课教育教学已成为高职院校党委的一项重要工作。特别是教社政〔2005〕5 号文件颁布以后，各高职院校党委切实负起了政治责任，不断加强对思想政治理论课的领导，加大经费投入，营造良好条件，着力解决思想政治理论课建设与发展中遇到的新情况新问题，较好地推动了思想政治理论课教育教学改革。但是还存在一些问题：一是党委和行政交叉有序管理的机制尚不健全，二者之间错位、越位的现象较为普遍，党委把握政治方向，行政做好服务管理、部门践行改革创新的运作机制没有真正建立起来。推动实践教学方式转变，必须加强改进党委对思想政治理论课的领导，合理划分各职能部门权责，提高相互协调配合的水平。二是关心和支持思想政治理论课建设的氛围有待继续营造，需要不断加大思想政治理论课程的建设力度，出台针对实践教学改革的鼓励性政策措施。

3. 突出质量监控

突出实践教学方式转变的质量监控，就是解决目前思想政治理论课实践教学定位、质量理念、质量目标、质量管理和质量控制等方面问题，为高职院校思想政治理论课实践教学构建相对完善的质量管理体系。具体而言，首先要明确质量监控意义，把握质量监控原则，明确质量监控目标，重点对质量监控主体、对象、过程和体系等提出具体要求，也包括思想政治理论课实践教学的持续改进。其次要构建质量监控指标体系，合力开展思想政治理论课质量监控，确保思想政治理论课实践教学有效开展。再次要在职业教育质量理念的主导下，制定较为完整的思想政治理论课实践教学质量管理文件，并保证文件的贯彻执行。最后要构建思想政治理论课实践教学全方位质量服务机制、质量管理运作机制、满意度评价机制和反馈整改机制。思想政治理论课实践教学地位作用的日益增强，要求不断整合这四个层面机制之间的关系，形成有效合力，推动高职院校思想政治理论课实践教学的常态化发展。

4. 加强资源保障

从教育学理论来看，思想政治理论课实践教学是一项由教育主体按照教学规律完成特定教育目标的教学过程；从教育经济学理论来看，是一项需要教育成本投入的教育经济行为；从教育生态学理论来看，是一项由教育主体、目标、手段、内容和对象组成的具有特定结构关系并表现一定功能作用的有机系统。不论作为教学过程，还是教育经济行为和有机系统，思想政治理论课实践教学都必须基于一定的教学资源。实践教学方式转变同样需要教学资源。在高校思政工作日益强化的背景下，思想政治理论课实践教学资源应处于优先配置的地位。高职院校要从战略高度重视，将思想政治理论课建设列入学校发展规划，明确建设目标和内容。教学部门要认真落实实践教学工作计划，优先安排人、财、物资源，确保实践教学正常开展。尽管各高职院校在发展规划中都明确提出加强思想政治理论课建设，但没有落实配套经费，严重影响了思想政治理论课实践教学的有效开展。因此，在思政工作评估指标体系中，“思政理论课经费投入”被列为三级指标，有利于思想政治理论课实践教学工作的不断加强。同时，也要切实解决思想政治理论课实践教学无大纲、无体系和无标准的问题，不断促进实践教学方式转变。

第四节　提升型模式

当前，高职教育逐渐从规模发展开始迈向转型发展、质量提升的历史阶段，加强内涵建设成为多数高职院校提升教育质量的重要抓手。高职院校内涵建设涉及领域广、内容多，需要统筹考虑，整体推进，但最根本的切入点和落脚点是课堂教学改革，这是因为“课堂教学改革直接关系教育质量提升，应该置于整个教育改革的核心”(1)。作为高职院校课程体系的重要组成部分，思想政治理论课（以下简称“思政课”）同样需要课堂教学改革。由于课程性质、课程目标和课程内容的特殊性，思政课课堂教学改革的紧迫性显得更为突出。“翻转课堂”自 2007 年提出以来，经过可汗学院的努力、慕课的催化和国内外教育界的实践，得到了社会的广泛关注。翻转课堂改变了以教师讲授为中心的灌输式教学模式，倡导以学生自主学习为中心的建构式教学模式，极大地提高了课堂教学质量。对于思政课课堂教学改革，翻转课堂也具有一定的指导意义，并在具体的教学实践中得到了印证。本节以高职院校思政课翻转课堂教学模式探讨为重点，来分析高校思想政治

（1）钟启泉．课堂转型的挑战 [N]. 中国教育报，2015-03-16（8）.

教育水平提升型模式。(1)

一、高职院校思政课翻转课堂教学的主要意义

课堂教学模式的转型是课堂改革的根本。没有课堂教学模式的转型难以实现课堂改革的最终目标。高职院校思政课教学改革也应该抓住课堂教学模式转型这一关键环节，不断提高课堂教学质量。通过实践我们发现，推进思政课翻转课堂教学具有十分重要的意义。

1.有利于提高思政课吸引力

以教师讲授为中心的灌输式教学模式是当前高职院校思政课教学的主要模式。思政课教学内容体系包括很多的理论观点，有的是核心观点，有的是基本观点，有的观点学生通过自主学习可以理解内化，有的观点离不开教师的细致讲解。特别是理论性较强的观点，通常需要教师深入剖析，面对国内国际社会的错误思潮、认识，则更需要思政课教师认真辨析、积极回应和正确引导。必要的知识讲解传授虽然有助于学生内化理论知识，消除错误思潮困扰，树立正确认识。但这种作用范围具有一定的限度，学生更多期待的是思政课教学手段的创新，这一点通过我们近年来开展的思政课课堂教学满意度调查得到了充分印证。目前，思政课灌输式教学模式遭到学生、家长和社会的质疑甚至抵制，是导致目前思政课课堂吸引力不强、教学效果不好的主要原因。例如思政课堂学生玩手机、睡觉、做与课堂无关的事等现象，这些无声的抵制行为值得我们去反思。按照建构主义理论的观点，课堂上过多过度的知识讲解传授不利于学生知识内化，会影响学生知识体系的主动构建。随着思政课教学改革的不断深化和大学视频公开课资源的日渐丰富，我们应该清楚地认识到课堂教学中“教师‘一言堂’的时代过去了”(2)，课堂教学模式亟待转变。如何有效推进教育改革，尽可能地避免“失败”，改革的切入点、实施策略极为重要。(3)我们认为，改变和创新课堂教学结构可作为思政课教学改革的有效切入点，推进思政课翻转课堂教学值得进一步探索与实践。因为翻转课堂教学“能够赋予学生更多的

(1)王石磊.高职院校思想政治课实施翻转课堂教学的意义[J].产业与科技论坛，2017(7)：158-159.

(2)钟启泉.课堂转型的挑战[N].中国教育报，2015-03-16(8).

(3)徐友礼.坚持以问题导向搞改革[N].中国教育报，2015-06-15(5).

自由”，符合学生的认知规律和学习规律。课堂前置学习阶段的微视频更加生动活泼，学习资源更加丰富多样；课堂实施阶段的小组讨论、成果展示、学习交流利于贴近学生实际，有助于从根本上改变现有以教师讲授为主的课堂教学模式，激发调动学生的学习兴趣和积极性，增强思政课吸引力。

2. 有利于营造新型的师生关系

灌输式教学模式的主要特点就是教师在教学过程中占主导地位，课堂教学过程是教师与学生面对面的过程，课堂教学内容是既定的、客观的。教师的主要任务是把既定客观的内容通过讲授的方式传递给学生，学生的主要任务是最大化地获取教师讲授内容并通过完成课后作业进一步理解、巩固和内化，前一阶段是知识传授阶段，后一阶段是知识内化阶段，这两个阶段组成灌输式教学过程。翻转课堂颠覆了这种形式，知识传授依附于学习资源和学习任务在课前完成，课堂时间主要是知识内化的过程，即学生针对课前学习和任务完成过程中出现的问题，与同组或其他小组同学在老师的帮助指导下，展开分析讨论，共同分析解决问题。教师角色由原先的知识传授者变成学习的促进者和指导者；学生角色则由知识被动接受者转变为主动探究者。[1] 借助翻转课堂，学生可以在网络资源中获取知识，并利用技术支持开展个性化学习和知识的不断扩展与深度创造，而教师则需要根据学生自主学习实际，进行课堂教学资源开发、教学活动设计、教学环节把控和教学成效检验。可见，思政课翻转课堂中教师和学生的角色发生了变化，这种变化会催生出网络化、虚拟化的思政课学习社区。进入学习社区，学生根据自己的时间精力和理解能力，灵活选择学习任务，自我控制学习进度和学习内容。同时，也可与社区内其他成员展开交流研讨，参与问卷投票、头脑风暴和学习成效测验。随着学员之间相互学习、交流与协作的不断深入，学员之间、教师与学生之间又会形成学习共同体，以教师为课堂中心的传统师生关系开始向以学生为课堂中心的新型师生关系转变。

3. 有利于提升思政课课堂教学质量

现代教学观认为，课堂教学是师生在一定场景中借助一定的中介互动交流共享，以促进学生主动构建知识、发展能力、陶冶情操等的过程。它

（1） 张金磊，王颖，张宝辉 . 翻转课堂教学模式研究 [J]. 远程教育杂志，2012（4）：46-47.

是教师的“教”和学生的“学”相结合或相统一的活动。(1) 教学质量是知识传递和知识内化过程的质量，知识传递质量和知识内化质量组成教学质量内容，决定教学质量水平。前者主要反映知识传递者——教师“教”的水平，后者主要反映知识内化者——学生“学”的水平。“教”促进“学”，学印证教，教学互为前提，互相促进，共同提高。(2) 因此，可以从教师教学质量和学生学习质量两个维度来总体评价课堂教学质量。与专业课程不同，思政课的学习质量不易及时体现出来，有些知识需要经过学生长期的内化才能够真正转为相应的素质和能力，这种转化与学生成长成才相伴随。特别是学生思想道德、人格品质、行为养成的变化质量需要置于学生职业生涯、社会生涯的整个过程，这个过程显然很不容易去把控。对于许多思政教育工作者来说，这既是一个不可回避的现实困境，也是一个需要解决的难题。在思政课课堂教学中首先要树立教育公平的理念，认识到学生之间差异的客观存在，借助翻转课堂教学模式，思政课教师可以在有效把握学生认知方式、知识基础和生活体验，以及课堂上学生集体思维学习规律、特点和过程的基础上，依据学生差异来设计课堂教学目标、设置课堂教学内容、选择课堂教学方法和实施课堂教学评价。同时，翻转课堂教学强调学生学习的主体性和自主性，关注学生集体合作、探究学习，有助于满足学生成长成才的差异化需求。当然，推进思政课翻转课堂教学过程中也应该高度重视教师教学质量保障的问题，否则就会成为一种追求课堂教学形式上的改革，达不到翻转课堂教学改革的应有效果。

4. 有利于实现思政课育人目标

高职教育主要是面向地方经济社会发展培养生产、建设、管理和服务一线需要的高素质技术技能型专业人才。实现这一目标需要高职院校深入开展行业企业调研，了解地方行业企业的主要职业岗位及从业要求，组织召开实践专家研讨会，与行业企业专家、能工巧匠共同探讨专业结构、人才培养方案和课程体系等问题。在设计课程体系中，基于典型工作任务分析形成专业课，基于人才通用素质和能力分析形成公共课。思政课属于公共课范畴，尽管中共中央宣传部和教育部在《关于进一步加强和改进高等

(1) 洪贞音. 高职院校教学质量保证与评估研究 [M]. 北京：人民出版社，2008: 14.

(2) 洪贞音. 高职院校教学质量保证与评估研究 [M]. 北京：人民出版社，2008: 21.

学校思想政治理论课的意见》实施方案中对于高职院校思政课的课程设置、基本内容作了明确要求，但思政课教学也需要贴近专业人才培养实际，服务专业人才培养要求，满足适应专业人才成长需要。翻转课堂“课前传授+课上内化”的教学形式，不仅使学生在课外真正发生了深刻转变(1)，而且减少了思政课课堂上教师讲授的时间，增加了学生与教师之间的互动以及学生个性化学习时间。同时，也有助于学生高效利用课堂时间进行思政课学习经验的交流、思想观点的碰撞和知识体系的构建，增加“学生自身积极地尝试方略、保障学习，设置反思自己的理解过程的机会”(2)，增强学生作为自我学习设计者的能力，让学生在自我学习、合作学习和探究学习中不断成长。在此过程中，学生也会成为思政课学习资源的补充者和开发者，为思政课教学资源的深入研究和发展提供新动力。例如，学生在思政课翻转课堂上完成的优秀作业——微视频、微电影、情景剧、PPT 等，不仅会充实补充已形成的教学资源，也会对新生产生一种激励。可见，翻转教学模式下的思政课“课堂成为学生体验生命意义、实现自我超越的空间，从而为自我的可持续发展奠定基础”(3)。

二、高职院校思政课翻转课堂教学实施的制约条件

作为全球教育界关注的教学新模式，尽管翻转课堂教学模式已经“在我国刮起了一股教改风”(4)，但社会各界对于翻转课堂教学模式褒贬不一。有的学者质疑这种模式能否在我国成功移植，建议各方应该谨慎行事，而有的学者直面时下国内课堂教学改革的弊端，积极倡导推进翻转课堂教学模式。不论是质疑者还是倡导者，我们都应该清楚地认识到教学实践是检验翻转课堂教学成效的唯一标准。忽视实践操作层面的理论争鸣非但不利于翻转课堂教学模式在我国的推广应用，反而会影响教学改革者的实践步伐。只有在具体生动的教学实践过程中，才能发现翻转课堂教学规律，总结问题和不足，提出解决对策，提高翻转课堂教学改革成效。在思政课翻转课

（1）何克抗．从翻转课堂的本质，看翻转课堂在我国的未来发展 [J]. 电化教育研究，2014（7）：7.

（2）钟启泉．课堂转型的挑战 [N]. 中国教育报，2015-03-16（8）.

（3）何克抗．从翻转课堂的本质，看翻转课堂在我国的未来发展 [J]. 电化教育研究，2014（7）：8.

（4）黄鉴古．翻转课堂与南橘北枳 [N]. 中国教育报，2013-09-25（10）.

堂教学中，我们既要避免思维过于简单化的倾向，误认为实施翻转课堂教学就能全部解决思政课教学的各种问题，也要摒弃盲目排外、故步自封的封闭化思想，固守传统模式，课堂教学改革不作为。我们认为，推进翻转课堂教学，首先应该认真学习翻转课堂教学理论，只有全面掌握理论知识，才能准确识别影响翻转课堂教学实施的关键性因素，有效把握各关键性因素之间的关系，找出思政课翻转课堂教学的实施路径。

1. 高职院校信息化教学条件

翻转课堂之所以在国外盛行并快速成为席卷全球的教学模式，信息技术的充分应用发挥了积极的推动作用。从翻转课堂概念的提出到可汗学院的发展再到慕课的崛起及其与翻转课堂的融合，以及“翻转学习”的命名，都离不开信息技术在教育领域的应用支持。实际上，推动可汗学院发展的关键也在于它有效解决了翻转课堂初期制作教学视频困难的问题，包括慕课的崛起、学生学习社区的构建更离不开网络化教学环境的支持。这也是国内一些学校对翻转课堂存有疑虑的重要原因，甚至有的学校径直说明“我们学校没有条件实施翻转课堂”，这些学校所指的条件是指软硬件条件，即没有视频服务器和学习平台、机房不够用。(1) 特别是在教育欠发达地区，由于教育经费紧张，维持正常教学运作已经捉襟见肘，更遑论购置现代信息化的教学仪器和设备，在此背景下实现翻转课堂所依赖的网络微视频录制、学生在线自主学习交流讨论根本无从谈起，需要学校控制住推进翻转课堂教学的“冲动”，教育主管部门不搞“一刀切”式的“运动”。(2) 虽然不是依靠信息技术就能够推进翻转课堂教学，但不否认的是信息化教学环境在有效实施翻转课堂教学过程中切实具有一定作用。在我国高职教育领域，同样存在各地区高职教育发展水平不均衡的问题，经济发达地区的高职院校，信息化教学资源相对丰富，而经济发展水平不高或落后地区的高职院校，信息化教学资源则较为短缺。即便一些国家示范、骨干高职院校，信息化教学资源建设状况和利用水平也不容乐观。偏重于专业课信息化教学资源建设，忽视思政课信息化教学资源建设成为目前国内多数高职院校存在的突出问题，这也是影响高职院校思政课翻转课堂教学模式改革的现实困境。

（1）汪晓东．翻转课堂的实践困惑如何应对 [N]. 中国教育报，2014-04-24（6）.

（2）吴奇．莫把翻转课堂这部经念歪 [N]. 中国教育报，2014-04-24（6）.

2. 高职院校学生的心理特点

职业教育心理学认为：了解职业院校学生的心理发展规律与特征，是实施职业教育的前提与基础，也是职业教育取得实效性的根本保证。高职教育作为职业教育的最高层次，其学生心理特点一方面表现出同龄人、职业院校学生的共性特征；另一方面又具有高职院校学生这个特殊群体的个性特征。高职院校学生的心理特点包括认知特点、情感特点、意志特点、个性特点和自我意识特点五个方面，每个方面都具有丰富内涵和特定内容。较之同龄人和其他层次职业院校的学生，高职院校学生心理具有独立性强、自我效能感低、情感成熟度高、职业兴趣定向早等特征。一些研究表明，职业院校学生在学习心理、情感心理、人际交往心理和择业心理等方面也存在不容忽视的问题，例如学习心理上表现为学习目标不明确、学习动机不强烈、学习方法不对路、学习习惯不良、学习的认识能力水平低、学习普遍焦虑等；情感心理上表现为情绪不稳定、情感冷漠、情绪体验消极；人际心理上表现为社会交往范围萎缩、行为偏执、沉溺网络交往、敏感度高等；择业心理上表现为紧张焦虑、思维定势和依赖退缩等。[1]这些问题往往在课堂教学内容选择、活动组织中被忽视。实际上，对高职院校学生心理特点的充分了解是开展高职教育教学的基础和前提。特别是学生的学习心理，它是高职教育教学的逻辑起点，脱离学生学习心理特点、基础的高职教育教学改革收效必然不理想。在思政课翻转课堂教学中，同样要密切关注学生的学习心理特点，如果教学内容、教学活动不贴近学生学习心理实际，学生学习的积极性、自主性和自觉性则很难被调动起来。此外，情感心理和人际交往心理也会影响翻转课堂教学效果，我们既不能忽视，更不能无视。否则，就会成为思政课翻转课堂教学开展的限制性条件。

3. 思政课教师的能力水平

围绕思政课翻转课堂教学，教师应该具备一定的转变能力、适应能力、开发能力、创新能力和发展能力。转变能力是指教师基于翻转课堂教学实际，转变教学观念、转变角色定位的能力。转变能力越强越有利于翻转课堂教学的实施开展。翻转课堂教学模式下，“教师基本上不是传道和授业者，而是学生自主学习过程中的指导者，同时教师自己也是终身学习和素质发

（1）曾玲娟 . 职业教育心理学 [M]. 北京：北京师范大学出版社，2010：19.

展者”[1]，而教师形成这些新的观念往往需要经过较长的时间。教师快速转变教学观念成为影响思政课翻转课堂教学改革的首要因素。适应能力是指教师适应翻转课堂教学过程及要求的能力。有的教师虽然观念转变能力强，易于接受新思想新观点，但驾驭翻转课堂教学的实际能力弱。开发能力是指思政课教师围绕翻转课堂教学开发教学和学习资源、设计任务书的能力。特别是研制开发优质思政课教学资源，更能体现思政课教师开发能力的水平，由于教学资源开发和任务书设计需要耗费大量的时间精力，需要思政课教师潜心研究，“但在我国，目前还缺乏与‘可汗学院’类似的民间机构，因而在这方面仍然面临相当严峻的挑战”[2]。创新能力是指教师围绕思政课翻转课堂教学实际创新教学思想、教学内容、教学方法、教学手段和教学评价方式等方面的能力。会极大地影响思政课翻转课堂教学的持续深入开展。实现思政课翻转课堂教学的“常态化”，对于思政课教师创新能力的要求是非常大的。发展能力也可称为学习能力，是指思政课教师不断学习翻转课堂教学以及其他教学改革理论、思想和观念的能力。对于思政课翻转课堂教学而言，教师学习和发展自身的素质至关重要。具有一定的发展能力不仅是思政课教师在翻转课堂教学中有效指导学生的要求，也是思政课教师树立职业形象，培育职业品牌，提高榜样示范作用的关键。这五种能力互为补充，共同影响思政课翻转课堂教学的顺利有效开展。

4. 高职院校教育教学改革的环境氛围

翻转课堂教学是课堂教学结构的变革，它既不同于现代网络教学，也不同于教育技术创新，更多体现为教学观念、教学方式和人才培养过程的整体性变革。尽管对翻转课堂具体翻什么转什么守什么还存在学术争议和实践探索，但翻转课堂已经成为了新一轮课堂教学改革的有效切入点。灌输式教学模式虽然遭到各界人士质疑和批判，但它作为思政课传统教学理论的一种范式，依然具有较强的影响力。现实中，一些思政课教师对于灌输式教学模式深信不疑，认为思政课理论必须通过灌输的方式才能固化到

（1）杜悦．翻转课堂促使我们反思课堂改革——上海师范大学教育学教授丁念金访谈 [N]. 中国教育报，2014-04-16（6）.

（2）何克抗．从翻转课堂的本质，看翻转课堂在我国的未来发展 [J]. 电化教育研究，2014（7）：9.

学生的知识体系中。遵循传统的教学范式会导致一种极可能发生的情况，如果思政课教师对旧的教学范式非常熟悉并乐此不疲，“他是否对旧范式产生某种信赖，甚至信仰而非怀疑，因而不愿意或者说更加难以突破旧范式呢”(1)？如果这种情况确实存在，那么这些思政课教师就会成为旧的教学范式的忠诚者和维护者，成为阻碍新的教学范式构建应用的抵制者和阻碍者。如果将教师群体从思政课领域扩展到整个高职院校教师群体，那么新的教学范式将很难被推广，教学改革将面临巨大的阻力。根据北京大学卢晓东教授的范式陷阱观，我们认为翻转课堂是课堂教学理论中的一个新范式，假设所有的思政课教师都曾经是并依然是旧范式的坚守者，那么思政课教师就会囿于旧范式而不愿且不能摆脱它接受新范式，由此就会形成不利于思政课翻转课堂教学改革的环境氛围。难怪有学者认为，翻转课堂在开始阶段一定要由行政推动(2)，借助行政力量破除旧范式对思政课教师课堂教学改革的阻碍性影响，增强思政课翻转课堂教学改革的推动力。

三、高职院校思政课翻转课堂教学的结构设计(3)

回顾人类教育的发展史，人类社会已经历了三次教育革命，目前正经历第四次教育革命。第一次教育革命发生在原始社会向农业社会的过渡期，其标志是文字和学校的出现；第二次教育革命发生在农业社会，其标志是造纸术和印刷术的发明；第三次教育革命发生在农业社会向工业社会的过渡期，其标志是班级授课制的出现；第四次教育革命发生在工业社会向信息社会过渡的当下，其标志是信息技术引发教育系统的全面变革，微课、慕课、翻转课程和创课运动成为推动第四次教育革命的重要力量。(4)在第四次教育革命的背景下，积极探索翻转课堂教学模式对于推进高职院校思政课教学改革具有十分重要的现实意义。通过上述分析可见，思政课翻转课堂教学面临诸多制约条件，这些条件不同程度地影响思政课翻转课堂教学的有效

(1) 卢晓东．论教学量 [J]. 中国高教研究，2015（6）：38-48.

(2) 杜悦．翻转课堂：翻什么转什么坚守什么——有关翻转课堂的一线观察 [N]. 中国教育报，2014-04-09（6）.

(3) 王石磊，等．高职院校思想政治课实施翻转课堂教学结构研究 [J]. 产业与科技论坛，2017（6）：163-164.

(4) 宋述强．从微课、慕课、翻转课堂到创客运动——我们是否在见证一场新的教育革命？ [N]. 中国教育报，2015-06-02（8）.

开展。因此，需要综合利用各种条件，合理设计教学模式。借鉴典型的翻转课堂教学模型[1]，结合我们开展思政课翻转课堂教学实践的情况，可将高职院校思政课翻转课堂教学结构设计为课前设计和学习、课中讨论和内化、课后总结和提升三个阶段。

1.课前设计和学习阶段

课前设计和学习阶段是高职院校思政课开展翻转课堂教学的基础。课前设计质量直接影响高职院校思政课翻转课堂教学的有效开展。如何保证课前设计质量，设计标准、设计主体、设计内容、设计方法的合理选择至关重要。设计标准是思政课翻转课堂教学设计的主要依据，不同的教学内容需要不同的设计标准。同一教学内容针对不同的教学对象也要有不同的设计标准，这正是翻转课堂教学尊重学生差异的本质体现。设计标准的制定通常需要思政课教师长期的潜心研究和细致分析，同时也要广泛听取高职院校教务管理部门、教学督导部门、学生、家长和企业的意见建议。设计主体是完成思政课翻转课堂教学设计任务的执行者。设计主体主要为思政课教师，教师的设计能力在很大程度上影响其设计内容的质量。此外，也要广泛调动学生参与设计的积极性，发挥学生的主体能动性。同时，也要考虑学生的参与范围和参与深度，他也会对课前设计质量产生影响。

根据类型的不同，设计内容可分为学习资源、学习指导书（学习任务书）和练习题等三方面的设计。学习资源是适用于学生的资源，并非是教师的教学资源，通常需要思政课教师的加工改造。学习资源包含的内容比较广泛，仅就思政课翻转课堂教学而言，至少应该包括微课、阅读资料、教材和其他相关资源。微课编制杜绝“为微课而微课”的不良倾向，突出并坚持适用性原则。思政课教师可以借助自身的力量编制微课也可以借助国内公开课网站，选取或截取优秀思政课教师的教学视频。微课录制的时间尽量控制在5～10分钟左右。国内有的学者认为微课视频尽量不要出现教师的画面，避免分散学生学习的注意力，但我们认为思政课教师可以通过视频向学生展现个人魅力，教育引导感化学生，教师可根据实际需要灵活处理，没有必要紧抓这个细节。与编制微课一样，收集阅读资源、教材和其他相

（1）钟晓流，宋述强，焦丽珍.信息化环境中基于翻转课堂理念的教学设计研究[J].开放教育研究，2013（2）：61-63.

关资源会占据教师很多的时间精力，设计初期需要教师树立奉献敬业精神，从点滴积累做起，不断摸索，不断总结。学习指导书（学习任务书）是学生在观看微课、阅读学习资源的基础上，需要掌握的理论知识（或完成的学习任务）。学习指导书（学习任务书）设计是课前设计的关键环节，是体现学习目标的重要载体，是监测学生前置学习质量和状况的有效方式，离不开思政课教师的精心设计。特别是学习任务书中安排的系列任务或问题应该是分层次、渐递进的关系，避免任务或问题设计过多过少的情况。过多会使学生产生学习抵触心理，不能激发学生学习的积极性，过少又会影响学习目标的顺利达成，难以达到对学生学习情况的有效检测，因此就需要思政课教师合理把握任务量。

设计方法是指设计翻转课堂教学内容所采取的方式和手段。考虑到思政课程内容丰富多元的特点，我们建议教师在教学资源准备、学习指导书（学习任务书）设计过程中最好使用头脑风暴法。这种方法有助于增进思政课教师之间、教师与学生之间的沟通联系，集思广益，围绕某个问题达成共识，提高翻转课堂教学内容的设计质量。设计主体按照设计标准，采用一定的设计方法完成翻转课堂教学内容设计以后，思政课教师要将学习指导书（学习任务书）、教学资源等内容上传到网络空间，供学生课前阅读和学习。目前，比较流行的网络空间主要有蓝墨云班课、QQ 群、百度云空间等。实践表明，这些网络空间的使用都比较便捷安全，深受学生欢迎，特别是蓝墨云班课除了储存教学资源和信息之外，还具有在线测试、社区讨论、参与投票等复合功能，既有利于及时了解学生前置学习阶段的整体情况，发现问题或不足，也有利于师生之间的共同学习讨论，调动学生学习积极性。

2. 课中讨论和内化阶段

课中讨论与内化阶段的设计工作主要由思政课教师完成，教师根据课前收集学生学习存在问题的性质，来决定“组织以实践活动任务为主线的探究式课堂还是以问题研讨为主题的讨论式课堂”。因此，思政课教师首先要具备识别学生前置学习阶段存在问题性质的能力；其次要根据问题性质合理选择教学形式，探究式课堂以学生汇报、教师讲解为主，而谈论式课堂则以学生讨论、教师引导为主；最后要树立时间意识，合理安排每个阶段的时间，例如学生汇报时间和讨论时间、教师讲解时间和引导时间，都要提前设计好，确保课堂教学质量，切忌无时间规定和要求的汇报讨论、讲解引导，以免影响整个课堂教学目标的顺利实现。我们在实践中发现，有的思政课教师在翻转课堂教学中，将课堂全部时间或者多数时间主要用于学生汇报、讨论，没有教师引导、点评的环节，表面上看课堂学习氛围较浓，但学习流于形式，流于表面化和肤浅化，偏离了翻转课堂教学的本质。也有的思政课教师将很多时间用于引导、讲解上，没有学生汇报、小组讨论的时间和环节，这实际上又回归到以讲授为主的灌输式课堂教学模式。因此，思政课教师对于每个阶段的时间管控和把握就显得尤为重要，应该在每个阶段的时间上明确化、精细化。现实中，也有的思政课教师认为，规定每个阶段的时间会影响到汇报、讨论和引导效果，这种认识误区也要尽量纠正或消除，这是因为时间的长短并不能够完全说明和决定汇报、讨论和引导效果。从“范式陷阱”理论来讲，存在这种认识的老师实际上还受到灌输式课堂教学模式的范式影响，其显著特点就是讲授、汇报的时间越多越有利于知识信息的传递与构建。我们认为，在保证各环节设置完整的基础上，思政课教师应该合理统筹安排各环节的时间。不论是探究式课堂还是讨论式课堂，思政课教师都应该进行归纳总结，指出学生讨论中的问题不足，总结提升学生讨论的观点思想，引导学生进行深度思考探究，进而加深学生对相关理论或问题的理解。在课堂讨论过程中，对于一些问题尽管思政课教师已经做好预设和准备，但研讨过程也是新思想、新观点和新认识的探究发现过程，甚至会出现一些未曾想过、见过和听过的问题。这就需要思政课教师既具备扎实的理论知识，又要有广博的跨学科知识储备，还要有敏锐的思维能力和较强的课堂组织能力、协调能力和引导能力。对于多数思政课教师而言，这很显然是一项不小的挑战。(1) 多重挑战夹杂着实践困惑成为了思政课翻转课堂教学推进过程中不容忽视的阻力。

3. 课后总结和提升阶段

按照翻转课堂的一般理论，经过课前设计与学习、课中讨论与内化两个环节就基本完成了教学过程。然而，高职院校思政课翻转课堂教学还应该增加课后总结与提升阶段，其主体应该是思政课教师和学生两个方面。从

（1）卢强．翻转课堂的冷思考：实证与反思 [J]. 电化教育研究，2013（8）：93.

思政课教师层面来看，对于本次课堂教学应该有一个总结和反思，总结问题，反思不足，为今后翻转课堂教学积累经验。同时，也要对课中讨论与内化阶段出现的争议性问题、深层次思考并进行梳理、求证，也应该关注各环节时间的设置上是否合理，以便最优化安排课堂时间，保证课堂教学目标实现。从学生层面来看，课后的总结与提升有助于进一步内化课堂学习内容，促进课堂知识体系构建，提高分析解决问题的能力。相比较专业课程，思政课的理论性较强，从教材体系向教学体系再向学习体系转化一直是思政课教育教学改革的重点难点，实现转化的目标就是便于学生理解消化。特别是“毛泽东思想与中国特色社会主义理论体系概论”课程，包含的理论观点系统化、体系化特点较强，一些学生认为有的理论观点提出的时代背景较远且学习的实际应用价值不高，感到枯燥乏味，学习关注度和兴趣不高。学生层面存在的这些偏见，通过近年来我们组织的思政课课堂教学满意度调查能够得到证实。事实上，各观点之间一脉相承，相互统一，对于指导学生分析社会现象，解决实际问题具有较强的方法论指导意义，但仅仅依靠课前学习和课中讨论，学生很难认识和体会到理论观点的重要性，还必须借助课后生动具体的实践体验和细致深入的总结反思。学生对于思政课理论知识的学习不能仅仅停留在知道是什么、为什么，还要知道如何用、如何有效用，这就离不开课后的知识反思、知识迁移和知识应用。

第五节　优化型模式

20 世纪 60 年代以来，以阿什比、克雷明和埃格尔斯顿为代表的教育生态学理论形成并迅速广泛传播，比肩接踵的教育生态问题研究悄然兴起并很快成为教育理论家们的“兴奋灶”。特别是在微观教育生态领域，诸如学校生态、课程生态和课堂生态等，形成了经久不衰的研究热点。当学者们研究课堂生态基本理论问题时，发现课堂是一个具有类生物性的复杂有机系统，没有一组独一无二的环境因素可以完全决定和解释课堂教育教学活动过程，其更多体现的是一个组分多样、结构纷杂，涉及许多环境因素的生态系统的整体运行状态及结果。当前，课堂生态系统已经成为课堂生态理论研究的学术热点和前沿课题。纵观现阶段国内对于课堂生态系统的研究基本上尚处于定性分析阶段。同时，也由一些学者致力于这方面问题的定量研究，其贡献主要体现在对课堂生态系统的构成要素进行分类，并通过实证调查来探讨这些要素与学生价值观念、心理体验及学习成绩之间的关系。然而，对于课堂生态系统健康问题的研究明显滞后，相关研究成果颇为少见。

课堂生态系统健康理论的提出，为研究课堂生态提供了新的视角。研究者可以运用生态系统健康的思维和方法综合统筹地分析问题，形成一种根据生态系统健康特征去发现、探索、归纳、总结和优化课堂生态系统的指标体系，并依据系统健康的标准体系重新考察和评价课堂生态系统的教育绩效水平。在此基础上，将课堂生态系统的优化创新转化为系统构成要素的有效运作及相互之间的催化互动，进而经过准确判断与合理考评，形成课堂生态系统的生态化管理模式。以课堂系统的正常、有效运作为基础，可形成以健康为重要特征的课堂生态系统，并充分发挥课堂生态系统内部构成要素的潜在特质和影响效能，使课堂教育教学获得良好的教育绩效和持续的发展动力。从这个意义上讲，课堂生态系统优化的根基在于对内部构成要素健康活度的保持及相互之间健康沟通机制的合理构建，研究课堂生态系统健康是提高课堂教育教学竞争优势的有效战略。本节主要探讨高校思想政治理论课课堂生态系统健康的基本问题，旨在提高高校思想政治理论课课堂教学水平。

一、高校思想政治理论课课堂生态系统健康的基本概念界定

作为事物存在的普遍形式，系统是指由相互依赖、相互作用的要素所组成并具有特定结构和功能的有机整体。一定地域中生物与生物，生物与环境之间组成的功能单位便是一个生态系统。事实上，自然界正是各种性质迥异、结构有别的生态系统之间衔接融通、互动耦合的集合体。教育生态学理论认为，教育是由一系列影响人才培养过程的相互联系的因素构成的有机统一体，是以教师、学生、管理者等为主体要素，不断与外部环境进行着物质、能量和信息交换的动态、开放的生态系统。从结构上看，教育生态系统可分为宏观生态、中观生态和微观生态。(1) 宏观生态是从生物圈出发，以教育大系统为中心来研究生物圈范围内的各种环境系统的功能及其对教育发展的影响。中观生态是以学校为中心，集中分析学校内部构成

（1）吴林富．教育生态管理 [M]. 天津：天津教育出版社，2006：44.

要素之间的关系及其教育效果，着重解决学校层面的管理问题。微观生态是以教育生态系统的主体构成要素——受教育者为中心，整合各种教育资源，采取有效教育手段，调动学生的积极性和创造性，营造良好的教育环境，促进教育和谐发展。无论是以“教育系统”为要件的宏观教育生态，还是以“学校”为内核的中观教育生态，或是以“受教育者”为中心的微观教育生态，其主要的组织形式与活动场所都是课堂。

课堂是学校教育最基本的组成部分，是教育教学目标实现的核心单位，是师生关系互动发生的主要场所，也是现代教育改革的关键环节。在内部构成要素中，课堂包括教师、学生、教育教学设备与设施、教室、目标、课堂规范、知识信息以及特定的时间资源等[(1)]；在课堂外部环境中，存在许多与课堂紧密关联的环境因素，这些环境因素大致可分为两类：一类是政治因子、经济因子、文化因子、教育因子、社会制度与政策因子、国际政治因子、科学技术因子等社会生态因子；另一类是地域地缘因子、自然资源因子等自然生态因子。[(2)]其中每一个环境因素都不同程度地对课堂起着制约作用。然而，这些要素绝不是外在于教育者、受教育者以及课堂教学过程而存在，实际上已经与教育者、受教育者一起构成了以课堂教学过程为中心，具有特定的内部结构、功能机制和作用表现的高校思想政治理论课课堂生态系统。

高校思想政治理论课课堂生态系统是指一定时空条件下与课堂教育教学过程存在关联的构成要素之间，构成要素与教育生态环境之间相互联系、相互作用而形成的功能机制和复杂整体。高校思想政治理论课课堂生态系统涵盖的内容范围较为广泛，既包括主体因子（教育者和受教育者）、客体因子（教育信息、受教育者的知识结构和能力水平）、目标因子（教育教学目标及绩效）、内容因子（知识学习、技能学习和态度养成）、介体因子（教育教学手段、方式和途径）以及环境因子（政治环境、经济环境、文化环境、制度环境和学校环境等）等构成要素，也包括横向关系（教育教学目标、内容和介体关系链）和纵向关系（教育教学主体、客体和内容关系链）等

（1）戚业国．课堂管理与沟通 [M]. 北京：北京师范大学出版社，2005：2.

（2）梁嘉骅．企业生态与企业发展—企业竞争对策 [M]. 北京：科学出版社，2005：22.

关系形态。可以说，高校思想政治理论课课堂生态系统是一个由丰富的构成要素与复杂的结构关系形成的不同组分、关系纵横交错且错落有致的生态系统。实际上，营造各构成要素之间合理有序的沟通和互补关系，保证高校思想政治理论课课堂生态系统的和谐稳定与动态平衡是课堂教育教学的最基本内涵，也是教育管理者向往和追求的主要目标。而这既离不开对每一构成要素的功能地位和作用角色的准确定位，也离不开对推动构成要素高效运转的健康通道的合理构建。

若从生态系统健康角度，将高校思想政治理论课课堂生态系统视作一个内部结构关系稳定、物能流转正常的有机系统，而不是结构分散的独立体；将高校思想政治理论课课堂生态系统视作一个能够与外部环境相互依存、互动平衡、协调发展的复杂系统，而不只是外在于环境且直接相对的功能体，就会发现高校思想政治理论课课堂生态系统无论是在实现课堂教育教学目标要求的能力上，还是在保持系统正常运作、发展创新的能力上，都始终处于一个动态变化、持续调试的稳态范围。学者们将这一稳态称为"高校思想政治理论课课堂生态系统健康"。根据生态系统健康的内涵，结合课堂教育教学的特点，可以将高校思想政治理论课课堂生态系统健康描述性地定义为：高校思想政治理论课课堂生态系统在其运作和发展过程中，对内逐渐形成了合理的构成要素、稳定的结构关系和高效的功能机制，对外能够不断与外部环境实现物质流动、能量转换和信息传递，为社会提供优质高效的教育服务，培养知识丰富、技能过硬、素质综合的优秀人才。概括而言，高校思想政治理论课课堂生态系统健康的内涵可以从多方面得到阐释：

（1）系统内部构成要素的多元有序。高校思想政治理论课课堂生态系统健康并非是某个构成要素功能表现的结果外化，而是诸多构成要素内在本质力量均衡协调的结果体现。课堂系统构成要素之间性质类别、形态特征的多元化和异质性，不仅是形成高校思想政治理论课课堂生态系统内部结构的前提条件，也是保持高校思想政治理论课课堂生态系统健康稳定的重要基础。没有多元复杂的内部构成要素种类与有序稳定的内部构成要素关系，就不可能实现高校思想政治理论课课堂生态系统的健康。

（2）系统外部环境条件的优质丰富。在高校思想政治理论课课堂生态系统健康保持方面，虽然离不开高校思想政治理论课课堂生态系统的内部构成要素及相互间关系的有力支撑，但不同要素由于功能范围、作用水平的差异，其活动过程以及与其他要素的交往互动却又依附于一定的外部环境条件，有的构成要素的活动比较独立于环境的影响，而有的构成要素则需要得到更多数量或比例的与其活动、任务相关的环境条件。所以，健康的高校思想政治理论课课堂生态系统更需要全面深入地搜索优质的环境因子并寻求恰当合适的汲取、内化措施，进而不断推动健康态势的循环递进。

（3）系统功能机制的完整高效。在能够更好地适应环境变化的背景下，高校思想政治理论课课堂生态系统的运作机制是指优化内部构成要素结构、整合外部环境资源条件、协调系统与环境相互关系的动态过程和作用机理。在长期探索健康状态过程中，高校思想政治理论课课堂生态系统逐渐形成了动力机制、整合机制、创新机制、控制机制和保障机制等多层面机制。这些机制相互联系、相互影响，共同形成高校思想政治理论课课堂生态系统运作机制的整体功能效应。

（4）系统态势属性的有机结合。生物态势理论认为，从个体到生物圈，无论是自然还是社会中的生物单元都具有态和势两方面的属性。态是指生物单元的状态，是过去生长发育、学习、社会经济发展以及与环境相互作用积累的结果；势是指生物单元对环境的现实影响力或支配力。[(1)]高校思想政治理论课课堂生态系统健康主要体现在两个方面：一是课堂系统自身的新陈代谢即系统内部构成要素运行及相互协调的健康状态；二是课堂系统内外环境之间的物能流转的健康状态。前者可视为高校思想政治理论课课堂生态系统过去生态作用的积累结果的“态”属性的集中表现，后者可视为高校思想政治理论课课堂生态系统的现实作用和影响力的“势”属性的综合反映。

（5）系统能力表现层次的动态一致。健康的高校思想政治理论课课堂生态系统在面临环境的变化和不确定时能够表现出灵活性、适应性和开放性，其能力发挥具有明显层次性，可以在生存力、发展力和竞争力三个层面上观察到健康的高校思想政治理论课课堂生态系统的能力表现。生存力表现高校思想政治理论课课堂生态系统的“态”属性，反映高校思想政治

（1）朱春全．生态位态势理论与扩展假说 [J]. 生态学报，1997（3）：324-332.

理论课课堂生态系统内部构成要素的完整性以及各要素功能的协调性，是高校思想政治理论课课堂生态系统健康得以维持的动力源；发展力兼顾高校思想政治理论课课堂生态系统的“态”和“势”属性，是高校思想政治理论课课堂生态系统校内部各组分之间关系协调的外显屏；竞争力描述高校思想政治理论课课堂生态系统的“势”属性，是高校思想政治理论课课堂生态系统与外部环境进行物能流转的传输带。三者相互作用、互为因果，发展竞争为高校思想政治理论课课堂生态系统健康状态的构筑提供终极支撑，持续生存是高校思想政治理论课课堂生态系统发展本质的凸显，是高校思想政治理论课课堂生态系统竞争的历史积淀。

二、高校思想政治理论课课堂生态系统健康的生态本质分析

作为一个内容丰富、结构复杂、功能多样的有机体，高校思想政治理论课课堂生态系统的健康状态形成不仅为课堂构成要素之间的物能流转、信息沟通和功能互补创设了新的渠道、模式和平台，而且也会逐渐打破传统课堂教育教学的固有弊端，在课堂活动范围内产生强大的遗传力和辐射力，表现为内控自制的知识信息能动场，深深地作用和影响课堂教育教学活动，造成不同程度的教育效应、社会效应。高校思想政治理论课课堂生态系统健康既是课堂构成要素以特定方式联结在一起的关系网络的静态结构体现，同时又是众多构成要素之间及其与外部环境相互交错影响的动态过程反映。高校思想政治理论课课堂生态系统健康状态的形成、发展和演化，必然伴随着课堂构成要素之间关系的整合与重构。从这个意义上讲，高校思想政治理论课课堂生态系统健康是构成要素协同共生并依赖其实现教育教学目标的一种教育活动空间。高校思想政治理论课课堂生态系统健康状态的存在和运行，不仅意味着课堂教学适应外部环境的能动化与主动化，更为重要的是，在其运作过程中不断催生出丰富的课堂教育教学生态内涵。高校思想政治理论课课堂生态系统健康的本质可以从多方面得到阐释。

从系统的性质特征上看，健康的高校思想政治理论课课堂生态系统是课堂构成要素在交互影响过程中依赖以生态链为支点的生态网所形成的特定内在结构和外在关系，体现生态关联、生态适应、生态共生和生态平衡并不断遗传、变异和演化的复杂自组织系统。作为教育生态化趋势影响下的教育教学活动，高校思想政治理论课课堂生态系统健康是课堂构成要素以

彼此的共通性和互补性相联结的一种共生现象，为教育者与受教育者间的思想交流、知识互动和技能传播提供了条件。课堂构成要素之所以能形成联结共生态势，除了教育教学运作需要外，更在于这种共生态势能够产生多元复合、排列合理、组合有序的生态关系。由于课堂构成要素之间的协同适应性，教育教学内容就要比传统课堂活动有更加有利地传递互动、流通循环的生态环境。不仅如此，健康的高校思想政治理论课课堂生态系统还通过内部要素的有机协同与外部环境的适应互动，产生课堂构成要素简单叠加所不具有的新的功能，即系统整体性。在课堂构成要素、内部结构和外部环境共同作用下自组织产生的对内和对外的共生效应，正是健康的高校思想政治理论课课堂生态系统本质的集中表现。高校思想政治理论课课堂生态系统健康蕴含着诸多的教育生态理念与教学价值精神，课堂构成要素间关系的协同共生、有机统一、多元开放等都是高校思想政治理论课课堂生态系统健康的特征体现。

从系统的形态表现上看，健康的高校思想政治理论课课堂生态系统是由要素形态、结构形态、功能形态、价值形态和组织形态等多种表现形态构成的有机系统。在要素形态层面，健康的高校思想政治理论课课堂生态系统由具有意识性的主体要素、丰富性的客体要素、多样性的目标要素、现实性的内容要素、能动性的介体要素以及客观性的环境要素所组成，这些要素借助于功能流而形成复杂的关系网络。在结构形态层面，健康的高校思想政治理论课课堂生态系统主要由内部构成要素之间、要素与外部环境之间的有机联系共同决定。在功能形态层面，健康的高校思想政治理论课课堂生态系统的实质是不同要素间的物能流转和信息流动，即教育教学内容在教育者与受教育者之间的流动转化。与自然生态系统中物能、信息“由上游向下游”流动方式不同，健康的高校思想政治理论课课堂生态系统中的物能、信息流动主要是教育者与受教育者之间的双向可逆互动。在价值形态层面，健康的高校思想政治理论课课堂生态系统由外部价值形态和内部价值形态集合而成。高校思想政治理论课课堂生态系统做出外向化行为需要综合考虑自身行为对环境变化的影响，以及环境变化对课堂内部结构、运作机制、教育绩效的影响，催生了高校思想政治理论课课堂生态系统健康的外部价值；高校思想政治理论课课堂生态系统对内部构成要素之间的比例关系、位置排列和功能组合进行合理搭配，即有效设置内部结构，促成了高校思想政治理论课课堂生态系统健康的内部价值。在组织形态层面，健康的高校思想政治理论课课堂生态系统是内部构成要素彼此影响、交流协作与互动沟通形成的组织。

从系统的沟通方式上看，健康的高校思想政治理论课课堂生态系统是系统内部与外部之间实现教育教学知识和信息沟通、反馈以及共享的网络化课堂系统。高校思想政治理论课课堂生态系统通过准确定位要素功能，有效整合要素关系，合理设置内部结构，及时调整资源取向，有力构筑发展空间以及动态构建外部环境关系等方式，来达到知识信息内外相渗透、纵横相交错、动静相结合的健康互动效应。较之传统课堂教育教学管理，健康的高校思想政治理论课课堂生态系统在沟通方式上实现了系统内外知识信息共享的网络化。随着经济发展、政治重组、科技进步和文化变迁，课堂越来越受到诸多社会因素的影响，课堂外部环境更多的是自然因素和社会因素交织共生，物质因素和精神因素融通叠加的复杂态势。课堂外部生态环境不仅影响课堂教育教学内容设置和过程开展，而且也影响课堂教育教学管理幅度和管理绩效。高校思想政治理论课课堂生态系统可根据外部生态环境状态，构建内外高效互动渠道与平台，从而避免传统课堂背景下教育教学知识信息流转沟通的时空局限。健康的高校思想政治理论课课堂生态系统以促进学生发展为旨归，围绕学生开展教育教学活动，关注教育者知识技能水平培养始终是其本质内涵。教育者和受教育者不仅可通过彼此间沟通生态链实现知识信息的输出输入、筛除整理、吸收内化以及反馈流动，还可通过系统与外部环境沟通生态链实现知识信息的内容更新、体系完善，不断获取和补充系统内部需要的知识信息。

从系统的整合机理上看，健康的高校思想政治理论课课堂生态系统是通过内部物能整合、信息整合、结构整合以及功能整合等方式，实现结构与功能的最大协调化的有机整体。健康的高校思想政治理论课课堂生态系统具有自组织性，内部构成要素之间是一种双向的、多重的、非线性的复杂关系。虽然构成要素之间的容错性、自组织性，以及教育制度、学校规章、课堂守则、师生心理契约所形成的和谐交互机制能够有效整合高校思想政治理论课课堂生态系统。但由于课堂系统的动态自组织性和不可重复性，课堂系统的结构和功能都会随着要素关系的重新组合而不断变化，准确判断课堂系统的最优功能和最优结构就显得非常困难。为此，高校思想政治理论课课堂生态系统必须具有较强的整合机制来有效规范和协调每一个构成要素的行为，维持课堂教育教学秩序，促进课堂教育教学发展，提高课堂教育教学管理，增强课堂系统的凝聚力。健康的高校思想政治理论课课堂生态系统的整合机制具有双向性，整合程度不足会诱发课堂要素间关系不协调，降低课堂教育教学绩效水平；整合程度过高则会压制教师和学生的积极性、创造性，很难达到预期的教育教学目标。所以，健康的高校思想政治理论课课堂生态系统整合机制需要在协同共生目标的指引下，通过切实有效的整合手段，合理规范系统要素之间的关系，保障教学活动优质、高效地进行，促进教师和学生共同发展。

三、高校思想政治理论课课堂生态系统健康的评价体系建构

作为复杂有序、多变平衡的有机系统，高校思想政治理论课课堂生态系统在其发展演化过程中呈现出诸多与自然生态系统相符的基本特征，但高校思想政治理论课课堂生态系统是包含若干个人的有机整体，具有更强的意识能力、选择能力和主动能力，因而它表现出有异于自然生态系统的复杂性特征。高校思想政治理论课课堂生态系统健康的评价是对健康状态下的高校思想政治理论课课堂生态系统的构成要素、内部结构、功能机制和作用表现加以科学判断、合理归类和有效评估的过程。客观地讲，高校思想政治理论课课堂生态系统健康的评价是一项复杂的系统工程。尽管根据高校思想政治理论课课堂生态系统的概念、内涵和本质，可以有效把握高校思想政治理论课课堂生态系统健康的基本特征。然而，学校间、系别间、专业间、科目间不仅高校思想政治理论课课堂生态系统的内部结构差异很大，外部环境条件差异也比较明显，环境因子的性质、类别、丰度和走向等具有明显的独特性，因而促进高校思想政治理论课课堂生态系统健康的原因也不尽相同。同一科目、单元和章节的高校思想政治理论课课堂生态系统在不同环境条件下形成健康状态的原因也具有明显差异性。

生态学耐受性定律揭示，任何一个生态因子（对生物的生长发育具有直接或间接影响的外界环境要素）在数量或质量上的不足或过多，都会使

该生物衰退或不能生存。[1] 同样，当某一种或几种生态因子接近或达到高校思想政治理论课课堂生态系统的耐受限度时，就会引起高校思想政治理论课课堂生态系统内部结构和功能机制的紊乱，导致高校思想政治理论课课堂生态系统产生“亚健康”状态。从这个意义上讲，健康的高校思想政治理论课课堂生态系统必须能够吸收、内化和重组有效的生态环境因子，及时弱化、化解和消除环境中具有缺陷、危害的生态因子。高校思想政治理论课课堂生态系统内部构成要素的多元有序、功能机制的完整高效、态势属性的有机统一以及能力表现的动态一致是形成高校思想政治理论课课堂生态系统健康的内在根源，而外部环境的有力支撑则是促成高校思想政治理论课课堂生态系统健康的必要条件。为此，评价高校思想政治理论课课堂生态系统健康与否，不仅要重视高校思想政治理论课课堂生态系统内部结构和功能机制的效能状态，还需要考虑外部环境的催化影响。在建构相应的评价指标体系时，就需要以高校思想政治理论课课堂生态系统健康的生态本质为立足点，统筹考虑各种内外环境因素的影响。

高校思想政治理论课课堂生态系统健康的评价指标体系中，一级指标共 4 项，包括内部构成要素指标、外部环境条件指标、功能机制指标和态势属性指标。

1. 内部构成要素指标

反映健康的高校思想政治理论课课堂生态系统对内部构成要素的要求。其二级指标有内部构成要素多样性、内部构成要素匹配性、构成要素间关系稳定性。

（1）内部构成要素多样性。高校思想政治理论课课堂生态系统内部的整体关联性表明，作为一个稳定、健康的高校思想政治理论课课堂生态系统必然是多种构成要素的统一体，必定表现为内部构成要素的多样性，也表明构成要素相互依存的必然性。在健康的高校思想政治理论课课堂生态系统内部，每一种构成要素都与其他要素存在着彼此适应、相互制约的关系，并且每一种构成要素的活动都必须依附于某一相对的要素关系之中，不能随便脱离其他要素而独立运作，否则不仅导致要素正常功能被破坏，内部

（1）梁嘉骅．企业生态与企业发展——企业竞争对策 [M]. 北京：科学出版社，2005：17.

构成要素关系的不和谐，甚至使高校思想政治理论课课堂生态系统健康难以逆转或不可逆转。

（2）内部构成要素匹配性。一般而言，在多样性和异质性适当的条件下，课堂内部构成要素之间的匹配性越高，高校思想政治理论课课堂生态系统就越稳定、越健康。课堂内部构成要素之间的匹配性对于发挥每一个课堂构成要素的功能具有重要的意义，不仅可以使课堂构成要素更好地适应内外环境变化发展的需求，而且可以使课堂构成要素更加灵活有效地利用周围要素资源，提高自身活动的教育绩效和水平。

（3）构成要素关系稳定性。健康的高校思想政治理论课课堂生态系统作为一个相对独立的有机整体，包含着构成这一机体的多种要素关系，各种要素关系之间的排列、组合和结合方式，具有多层面性和多结构性。要素间关系是否稳定，是否与已经形成的课堂内部结构相适应，是制约高校思想政治理论课课堂生态系统朝向健康状态发展的重要因素。构成要素之间关系的稳定直接决定着高校思想政治理论课课堂生态系统的物能流转和信息流动的正常运行，进而影响高校思想政治理论课课堂生态系统的功能机制的有效发挥。管理者根据构成要素之间关系的内在关联性和发展趋势，主动调整要素之间关系的类型和层次，能够有效地促进要素关系的稳定调整和变化，达到稳定要素间关系的目的。

2. 外部环境条件指标

反映健康的高校思想政治理论课课堂生态系统对外部环境条件的要求。其二级指标有政治环境、经济形势、科技水平、社会文化氛围。

（1）政治环境。高校思想政治理论课课堂生态系统与社会政治环境存在相互作用的关系。政治环境对高校思想政治理论课课堂生态系统健康的影响作用主要体现在两个方面：一是国家宏观政策的变化总是对高校思想政治理论课课堂生态系统产生深远影响，并制约课堂教育教学内容、手段和方法的有效选择；二是教育相关法规和制度的制定也会引导高校思想政治理论课课堂生态系统内部构成要素行为方式的演变发展。

（2）经济形势。经济是高校思想政治理论课课堂生态系统存在、发展的基础。高校思想政治理论课课堂生态系统要服务于社会经济发展。经济对于高校思想政治理论课课堂生态系统健康的基础性作用体现为：首先，经济发展为高校思想政治理论课课堂生态系统健康状态的形成、保持提供财力和物力支撑；其次，健康的高校思想政治理论课课堂生态系统发展的速度、规模和范围取决于经济对健康的高校思想政治理论课课堂生态系统的要求；最后，良好的课堂教育教学经费投入有利于提高高校思想政治理论课课堂生态系统的健康状态，它是高校思想政治理论课课堂生态系统健康发展的关键因素。

（3）科技水平。科技水平的提高总会带来教育方式的优化更新，改变课堂教育教学内容的布置，相关配套教学设备的选用，教学模式及流程的设计，进而影响高校思想政治理论课课堂生态系统结构、功能的有序稳定。只有全面了解科技水平的发展趋向，系统掌握科技变革的内容实质，及时提高课堂教育技术水平和能力，才能从根本上保持高校思想政治理论课课堂生态系统的健康状态。

（4）社会文化。社会文化是指存在于高校思想政治理论课课堂生态系统周围并影响高校思想政治理论课课堂生态系统活动的各种精神文化条件状态的总和。(1) 高校思想政治理论课课堂生态系统与社会文化彼此依存、相互影响，社会文化越进步、越繁荣，健康的高校思想政治理论课课堂生态系统就越容易形成和保持；高校思想政治理论课课堂生态系统越健康，就越有利于社会文化发展。与其他环境要素相比，社会文化与高校思想政治理论课课堂生态系统健康具有潜在的、更深层次的本质联系，社会文化为高校思想政治理论课课堂生态系统健康提供了良好的文化环境，而健康的高校思想政治理论课课堂生态系统的发展又会促进社会文化的繁荣进步。

3. 功能机制指标

反映健康的高校思想政治理论课课堂生态系统对课堂系统功能机制的要求。其二级指标有动力机制、整合机制、创新机制、控制机制和保障机制。

（1）动力机制。高校思想政治理论课课堂生态系统的动力机制是教师的拉动力和学生的自动力，共同作用、交互影响和均衡发展而形成合力的过程机理。教师职能的有效发挥是高校思想政治理论课课堂生态系统健康发展的重要拉动力。针对当前课堂教育教学出现的新情况、新问题，面临的新机遇、新挑战，教师应积极采取有效措施，为高校思想政治理论课课

（1）贺祖斌. 高等教育生态论 [M]. 南宁：广西师范大学出版社，2005：53.

堂生态系统发展提供新动力，提高高校思想政治理论课课堂生态系统健康效应的影响范围，促进高校思想政治理论课课堂生态系统健康的生态化发展。在健康的高校思想政治理论课课堂生态系统发展演化过程中，学生能动性和积极性的发挥，也会影响高校思想政治理论课课堂生态系统的教育教学绩效水平。

（2）整合机制。大量对高校思想政治理论课课堂生态系统运作及其效果产生影响的内外部要素形成的复杂关系，使得高校思想政治理论课课堂生态系统必须具有较强的整合能力来有效规范和控制其中每个构成要素的变化，以提高高校思想政治理论课课堂生态系统的整体凝聚力。所以，高校思想政治理论课课堂生态系统的整合机制必然成为维持课堂教育教学活动有效开展，抑制内外部要素不良发展倾向产生的能动平台。高校思想政治理论课课堂生态系统的整合机制需要在协同共生目标的指引下，通过有效的整合手段，合理规范系统内外部要素之间的关系，促进高校思想政治理论课课堂生态系统的主导价值一元化、教育形态多元化、发展目标差异化、角色扮演互补化以及地位功能层次化。

（3）创新机制。创新机制是高校思想政治理论课课堂生态系统以持续发展为导向，以外部环境为依托，建立一种新的内部结构关系与资源整合模式，以实现竞争优势提高的能力机制。高校思想政治理论课课堂生态系统健康更强调的是一种涉及教育理念、发展模式、培养方式、教育手段、管理途径等方面的协同创新和系统创新。创新不断为高校思想政治理论课课堂生态系统提供不竭的发展动力，成为衡量高校思想政治理论课课堂生态系统健康状态和教育绩效水平的重要标准。

（4）控制机制。在发展演化的过程中，由于内部要素与外部环境作用力的程度差异，不同健康状态下的高校思想政治理论课课堂生态系统通常会表现出不同的生理特征和进化表现。同时，高校思想政治理论课课堂生态系统内部构成要素在协同运行中可能会因为内容、文化、制度和流程等方面的差异而引起协调成本过高的情况。为此，高校思想政治理论课课堂生态系统需要启动控制机制，科学设置控制目标，有效确定控制主体，准确锁定控制对象，不断强化控制基础，有针对性地采取控制方式和控制手段，对系统和要素的行为活动进行导向指导和适当制约，确保课堂教育绩效的正常发挥。

（5）保障机制。系统内部构成要素活动的基本条件的获得离不开高校思想政治理论课课堂生态系统保障机制效能的发挥。保障机制是高校思想政治理论课课堂生态系统根据内部结构的发育程度和外部环境的变化态势，遵循内部构成要素成长规律、系统演化规律以及环境演化规律，逐步建立健全能够有效促进系统内部要素正常生存和持续发展，推进系统平稳有序演化的机制体系。

4. 态势属性指标

反映健康的高校思想政治理论课课堂生态系统对高校思想政治理论课课堂生态系统能力表现层次的要求。其二级指标有生产力、发展力和竞争力。

（1）生产力。高校思想政治理论课课堂生态系统的有效运作需要一定量的资源投入，资源投入与绩效产出之间的比例关系深刻体现着高校思想政治理论课课堂生态系统的绩效水平。健康的高校思想政治理论课课堂生态系统消耗较低的资源数量来获得较高的教育教学效果。

（2）发展力。外部环境是高校思想政治理论课课堂生态系统实现运作的必要条件。健康的高校思想政治理论课课堂生态系统不只是被动地受制于各种社会环境因子的影响，它能够根据课堂教育教学的目标要求及时调整内部结构，充分发挥内部构成要素的潜在功能，主动适应外部环境变化，保持高校思想政治理论课课堂生态系统与社会环境的动态稳定，从而推动高校思想政治理论课课堂生态系统的持续发展。

（3）竞争力。高校思想政治理论课课堂生态系统作为思想交流、知识学习、技能传授的主要场所，其运作过程实质上就是对各种教育资源的积累过程。由于一定时期优质教育资源稀缺，不同层次、水平的课堂教育教学之间为了积累更多的教育资源必然展开激烈竞争。特别在全球化趋势愈发明显的今天，高校思想政治理论课课堂生态系统的竞争范围也从国内转向了国际，竞争焦点也由单纯的资源争夺转变为竞争力比拼。健康的高校思想政治理论课课堂生态系统能够合理构筑高校思想政治理论课课堂生态系统竞争力，有效确立高校思想政治理论课课堂生态系统竞争优势，积极促进高校思想政治理论课课堂生态系统持续发展。客观而言，不同环境背景和发生条件下的高校思想政治理论课课堂生态系统健康状态的具体情况和表现特征是有差异的。生存环境变化、资源格局改变，以及内部结构动变，使得高校思想政治理论课课堂生态系统健康评价指标呈现出一种不断变化的动态格局。在此关联下，将高校思想政治理论课课堂生态系统健康评价指标体系设置在固定不变维度上的可能性极小，需要对其适时进行规范化的体系设置和局部性的指标调整。

第六章　高校思想政治教育生态评价

当前，加强和改进高校思想政治教育工作已成为一种教育常态，特别是教育部、中央宣传部等七部委联合下发《关于进一步加强高校实践育人工作的若干意见》(教思政〔2012〕1号文)，更加引起各高校对大学生思想政治教育工作的重视。高职教育作为高等教育的一种类型，同样肩负着做好高职思想政治教育工作的历史任务，甚至比普通高等教育的任务还要艰巨和繁杂。为了巩固成绩、总结经验、弥补不足、改进工作，促进高职思想政治教育工作实现持续健康运作，需要适时对高职思想政治教育工作进行绩效评价。那么，什么是高职思想政治教育工作绩效评价、高职思想政治教育工作绩效评价具有哪些特征、高职思想政治教育工作绩效评价体系包括哪些内容？这正是本节所要解决的主要问题。

第一节　现状调查

为了更好地推进高校思想政治教育工作，提高高校思想政治教育工作水平，本书作者曾经对秦皇岛、河北部分高职院校学生进行了思想状况调查，总结高校学生思想状况特点，查找学生思想问题。(1)调查以问卷的形式开展，全部为客观选择题，问卷涉及政治觉悟、道德观念、人生观价值观、上大学的目标和期望、对所在学校的了解和满意度、生活态度和习惯等6大项54个小项。调查对象涉及7所学校的在校生，共发放问卷1580份，收回有效问卷1504份，有效率为95.2%。

(1) 赵建军，魏联华，胡铂，陈艳芳.高职院校学生思想状况调查分析及教育对策[J].中国科教创新导刊，2011(32)：8-9.

1. 人生观、价值观方面

调查表明，当前学生的人生价值取向，总体是健康的、积极向上的，也有部分同学人生观、价值观还存在一些问题。对于大学生应具备的价值观，55.7% 的同学认为国家、集体、他人的利益应高于个人的利益，26% 的同学认为利益的大小直接影响他们做事的态度，15% 的同学认为应以自己的利益为中心；对于希望自己成为什么样的人，93.3% 的同学都表示愿意成为一名遵纪守法、热爱祖国的社会主义建设者；对于自身价值如何体现，同学们的回答不一，这也体现出当代大学生价值观的多元化趋势。由此可以看出，有些同学可能受社会上一些不良现象的影响，还没有树立起正确的价值观，这就需要我们在开展思想政治教育工作时要侧重价值观教育。

2. 对所在学校的了解和满意度

（1）对学校的了解。从问卷调查来看 57.7% 的同学能够适应所在学校的环境，有 17.7% 的同学刚来学校时出现过一些身体不适；对于丰富多彩的大学校园生活，同学们也表示有一些压力的困扰，他们的压力源主要为人际关系（39.4%）、学习（28.3%）、家庭（16.8%）和情感（15.6%）；对于大学生活，有 59.4% 的同学表示大学是一个新的开始，自己将不断努力做个优秀、充实的人；并且 63.4% 的同学都认真学习并了解所在学校的各项规章制度。从调查结果来看，大部分学生比较适应大学生活，并对大学有深刻的认识，订立了自己的奋斗目标，然而仍有小部分同学不适应大学这种新的生活和学习模式。

（2）对学校的满意度。调查表明 45.1% 的同学认为所在学校教学条件、师资阵容强大，校园人文环境和谐，15.7% 的同学反映课程安排偏多偏难；对所学专业的满意度达到 70.5%；对辅导员工作的认可度高达 85.3%；54.2% 的同学认为身边大学生的素质普遍较高。我们有理由认为，学生对大学生活充满期待和信心。

3. 上大学的目标和期望

（1）上大学的目标和对未来的考虑。考入大学是人生中的一个重要转折，面对如此变化，有些同学可能一时难以适应，问卷调查结果显示，有 20.6% 的同学对前途不甚乐观；有 39.4% 的同学觉得本专业的前景乐观，就业形势大好，31.1% 的同学因为所学专业是冷门比较担忧未来的就业情况；

24.1% 的同学想继续读本科；对于未来工作的要求 28.5% 的同学希望接受有挑战的工作，充分发挥才能，41.4% 的同学希望收入高、福利好，30.1% 的同学希望自己的工作对社会贡献大；在生活中只有 59.4% 的同学能体验到自我价值的实现。

（2）上大学希望得到的收获和期望。调查表明学生上大学后最迫切的愿望是获得更多的专业知识（52%）、丰富多彩的文娱生活（39.2%），目标不明确的只占 8.8%；有 48.3% 的同学认为学习是为了找个工作，35% 的同学是为了实现自身价值，9% 的同学是为报答父母，7.7% 的同学为了回报社会。

4. 道德观念

调查结果表明，同学们对于道德修养是很重视的，多数同学认为这是一项自己必须具备的素质，这显然是积极向上、有助于他们的成长成才的。从调查中不难看出绝大多数同学注重道德修养，对自己在这方面的提高也有着一定的要求，大部分同学的想法都是积极向上的；不过值得担心的是极个别同学对于这方面还不太注重，这就需要周围环境不断熏陶和感染以及教育工作者的努力。

5. 政治觉悟

调查显示，学生都有着较强的国家意识和很高的爱国热情，在维护国家主权独立及国家统一方面表现出很高的认同度。78% 的同学关心国家大事，99% 的同学坚决反对台独;对于加入中国共产党，70% 的同学表示希望。调查结果表明当前高职学生的总体政治觉悟是比较高的，对国家大事比较关心。

6. 个人生活态度和习惯

（1）处理、解决问题的态度和方式。调查表明大学学习勤奋程度，43.75% 的同学认为比高中有所提高，37.8% 的同学觉得跟高中一样勤奋，18.5% 的同学认为有所下降；当遇到困难时，41.5% 的同学会求助于家人。

（2）大学业余生活的安排。调查表明有 13.7% 的同学在课余时间打工，67.9% 的同学认为参加学生组织有收获。课余时间安排在上网的 21.7%、安排在学习上的 20.3%、安排在体育锻炼上的 19.7%、安排在文化娱乐上的 17.1%、安排在时事政治上的 11%、安排在其他上的 10.2%。由此可见，学生课余时间的安排是丰富多彩的。

第二节 面临问题

通过现状调查，梳理存在问题，能够为高校思想政治教育实施生态评价提供重要的参考和依据。概括而言，目前，高校思想政治教育生态评价面临如下四方面问题[1]：

1. 一些高校对大学生思想政治教育重要性的认识还不够高，加强大学生思想政治教育的措施不能适应新形势的要求

由于受到传统教育教学体制的影响，一些高校只是片面地强调对学生科学文化知识和专业技能的教育，而对大学生思想政治教育的重视程度不高、对策措施不强，忽略了对大学生进行思想政治方面的教育，对大学生思想政治教育的针对性不强。在对大学生的教育培养过程中，校方没有对学生的思想政治方面进行足够的引导和教育。同时，在当前大学生思想政治教育措施方面，校方的教育方式比较传统单一，不能够适应大学生需求差异性、多样化的发展要求，从而导致了高校思想政治教育的时效性不强，不利于高校大学生思想政治教育工作的进行。

2. 当代社会的发展变化和信息传播更新速度，使部分大学生的道德观念和价值观念方面出现“发育不良”现象

改革开放 40 年来，我国的社会状况发生了翻天覆地的变化，伴随着社会主义市场经济的快速发展和国际国内形势发生的深刻的变化，加之大学生正处在对自我和社会认知的“成熟期”，许多新理念、新思想对高校大学生的思维方式和价值观念产生了深刻的影响。一些学生受社会上不良风气和错误价值观影响，过分强调自我价值，不能树立正确的人生观和价值观，价值取向出现错误念头，过分强调眼前利益，而忽视了对道德理想的追求；另一方面，由于大学阶段仍然处在世界观、人生观、价值观的“成熟期”，大学生的社会辨析能力不强、自我控制能力不足、不能完全正确区分善与恶、美与丑，从而出现了道德观念淡薄的现象。

（1）陈艳芳，郑传超．关于当前大学生思想政治教育的问题及对策初探[J]. 才智，2012（9）：249-250.

3. 随着网络时代给现实社会造成的虚拟化影响，作为大学生思想政治教育主导者的高校对此尚缺乏准确合理的把握

计算机和网络技术的发展在给人们获取知识和信息提供便捷的同时，也对自制力不强的大学生造成了一定的诱惑，对大学生学习、生活、娱乐甚至思维方式、语言习惯都产生了非常深刻的影响，同时也包括相当一部分的负面影响。网络虚拟社会张扬和放纵，对于在现实生活中不能发泄的大学生来说，极有可能对其个人性格和习惯的养成造成非常严重的影响。因此，必须有的放矢地引导和帮助大学生对网络信息进行辨析，增强他们抵制网络不良诱惑的能力。

4. 高校大学生思想政治教育队伍建设有待提高，教育工作的方式方法滞后，不能针对学生个体差异进行有效的教育

由于思想政治教育学科具有“强烈的阶级性、实践性、科学性、综合性”的特点，这对教育者的素质提出了很高的要求。教育者不仅要具备精深的专业素质，还要具备良好的政治素质、思想素质、道德素质和能力素质。然而，大学生思想政治教育队伍却是一只由专兼职教师组成的队伍，思想政治教育者素质参差不齐。同时，当代大学生多数是独生子女，由于部分学生家长和社会的教育关注点片面地在学业成绩上，而忽略了对学生健康心理素质和健康人格的培养，校方对此类现象往往“束手无策”。

第三节　指标体系

正视高校思想政治教育生态评价的现状和存在问题，应该采取有效举措，特别是突出绩效评价，不断提高高校思想政治教育工作水平。本节主要介绍高校思想政治教育工作绩效评价的作用、特点和指标。

一、绩效评价的作用

绩效评价是管理学领域的专门术语，通常被理解为组织对其成员的工作绩效进行识别、测评和开发。绩效评价被视为管理控制环节的重要部分，是一个动态复杂的有机过程。绩效评价实际上包含两个层面的含义：一是绩效，即组织成员完成工作任务的结果表现；二是评价，即组织对成员完成工作结果的考核。绩效具有形成因素的多维性和形成过程的动态性两个

显著特点，前者表现为组织成员完成结果受到多方面因素的影响，例如员工能力、工作环境、领导艺术等；后者表现为组织成员完成工作需要一定的时间，且一些结果会随着工作任务的推进发生变化。作为教育管理的典型活动，高校思想政治教育具有特定的价值目标，其目标实现需要人、财、物资源的投入和耗费。价值目标是否实现及实现程度、人、财、物资源投入产生效果及效果高低，都需要对其进行科学合理的评价。这与企业管理活动具有相似性，也正是这种相似性使得我们能够借用企业绩效评价理论开展高校思想政治教育工作。根据绩效评价的基本内涵，结合高校思想政治教育工作的实际特点，可以将高校思想政治教育工作绩效评价描述性定义为高校院校对高校思想政治教育过程及产生效果进行价值评价。

高校思想政治教育工作绩效评价具有多层面作用：首先，能够为高校思想政治教育工作实施提供基础支持。高校思想政治教育工作是一项系统工程，各时期目标和任务的实现需要统筹高校院校各方力量，形成合力才能落实工作目标、完成工作任务。开展绩效评价可以整合各方的目标，使之统一到整体目标上，并与整体目标有机结合，进而推进高校思想政治教育工作目标落实和任务完成。其次，能够为高校思想政治教育工作管理决策提供重要依据。绩效评价是高校思想政治教育工作开展的依据。各时期各阶段思想政治教育工作的开展都必须借助于特定主体才能完成，而选人用人的依据就是从事思想政治教育工作者的素质和能力，以及所具备的素质能力与相应工作岗位要求的匹配性。只有通过绩效评价才能考量出从事思想政治教育工作者素质和能力的高低，进而为思想政治工作人事安排和管理决策提供参考和依据。再次，能够为高校思想政治教育工作发展提供价值信息。实施绩效评价能够发现某一个阶段高校思想政治教育工作存在的不足、问题及其原因，找出不足、发现问题并加以合理改进，能够为下一阶段高校思想政治教育工作开展提供有针对性的参考信息，进而提高高校思想政治教育工作的整体水平。最后，能够为高校思想政治教育工作机制构建提供合理参考。绩效评价不仅是对思想政治教育工作过程及效果进行评价，也是对现有思想政治教育工作机制、方法、思路进行评价。评价结果的好坏在很大程度上影响高校思想政治教育工作的未来走向，要提高高校思想政治教育工作水平，需要合理构建工作机制。通过评价来肯定成绩、发现问题、找出不足、探求出路，为合理构建工作机制提供依据。

二、绩效评价的特点

高校思想政治教育工作绩效评价具有目的性、客观性、公正性、科学性、时间性等特征，这些特征存在于整个评价过程。

（1）目的性。高校思想政治教育工作绩效评价的主要目标就是发现已有工作的成绩、不足和问题，为下一阶段思想政治教育工作提供优化方案或解决对策。每一项思想政治教育工作由于目标定位、方法选择、人员配置等方面的不同，使其客观上存在多种工作方案，这些工作方案之间必然存在优劣之别，特别是实施效果之间的差异。进行绩效评价的目的就是发现效益较好或最好的工作方案，进而提升高校思想政治教育工作水平。

（2）客观性。高校思想政治教育工作绩效评价尽管具有一定的目的性，但其有效实施并不以人的意志为转移，评价主体要基于一定的评价原则，从高校思想政治教育工作开展所依附的环境条件、教育主体和客体的实际情况出发，客观评价高校思想政治教育工作成效。忽视客观性，高校思想政治教育绩效评价的科学性与合理性必然受到影响。

（3）公正性。高校思想政治教育工作绩效评价的公正性要求评价主体在具体评价过程中必须要尊重客观事实，既不能主观臆断，也不能受他方影响，更不能屈从权威。要准确发现思想政治教育工作中存在的问题，就需要评价主体基于公正的评价立场，摒弃价值偏见和主观臆断，合理有序地开展思想政治教育工作绩效评价。具体而言，就是广泛调查，深入查找高校思想政治教育工作第一线的资料信息，合理利用评价方法对高校思想政治教育工作进行分析评价。同时，也要克服偏见，能够基于工作水平有效指出高校思想政治教育工作中存在的问题和不足。

（4）科学性。高校思想政治教育工作绩效评价不是没有原则、方法随意进行的，它具有一定的方法和模式，这些符合思想政治教育工作实际的方法、模式，能够使评价结果和思想政治教育工作实际相一致。社会科学领域中相关学科的理论方法为高校思想政治教育工作绩效评价提供了系统的评价方法。随着高校思想政治教育工作实践的不断发展和相关学科理论方法的广泛渗透，一些新的评价方法逐渐替代原有的评价方法，不断推进高校思想政治教育工作绩效评价工作的开展。

（5）时间性。高校思想政治教育工作随着高校内外形势的变化不断发生变化，能否在最有效的时间内发现高校思想政治教育工作中存在的问题，从根本上提高高校思想政治教育工作水平，是每个评价主体在进行高校思想政治教育工作绩效评价关注的核心问题。所以，高校思想政治教育工作绩效评价必须突出强调时间性。上述高校思想政治教育工作绩效评价的基本特征也可视为绩效评价的基本原则，这些原则能够有效指导高校思想政治教育工作绩效评价。

三、绩效评价的体系

仅有原则的指导没有体系的构建很难推进高校思想政治教育工作绩效评价的顺利实施。评价体系应该表现和反映高校思想政治教育工作绩效评价过程，对于评价体系的构建也应该紧紧围绕高校思想政治教育工作绩效评价过程的主要环节，这些环节大致可分为高校思想政治教育工作投入、过程和产出，所以绩效评价体系的主要指标也主要是思想政治教育工作投入、过程和产出三个方面。

（1）高校思想政治教育工作投入维度。主要包括组织领导、机构建设、学科建设、师资队伍建设四个方面。组织领导是高校思想政治教育工作的领导体系，通常由高校院校党委书记任领导小组组长，在组长的正确带领下，组宣部、学生处、团委和二级系部各司其职、各尽其能，形成合力共同推动高校思想政治教育各项工作的顺利实施。组织领导还负责高校院校思想政治教育发展规划的制定、政策举措的出台和运作过程的监管。特别是发展规划和政策举措的制定出台必须要与国家发展规划尤其是教育发展规划相一致，不能脱离或偏离国家方针政策来推进思想政治教育工作。机构建设是高校思想政治教育工作领导体系的下属机构，这些机构是否完善、彼此之间是否能够协调配合，形成常态化的互动协作机制，是制约高校思想政治教育工作有效开展的重要因素。学科建设是高校思想政治教育工作不可或缺的重要部分，对于高校院校而言，学科建设主要指“毛泽东思想与中国特色社会主义理论体系概论”“思想道德修养与法律基础”“形势与政策”三门课程的建设，根据中宣部和教育部的相关规定，这三门课程是高校院校学生的必修课程，三门课程建设的水平直接决定和影响高校思想政治教育工作的有效开展及绩效取得。师资队伍建设是高校思想政治教育工作推进和取得实效的关键，必须要构建一支素质过硬、能力突出、专兼结合、充满活力的教师队伍，否则取得思想政治教育工作实效只能成为一句空话。师资队伍建设应该围绕学历结构、年龄结构、职称结构、专业结构展开建设。

（2）高校思想政治教育工作过程维度。主要包括学生培养、活动实施、适时监管三个方面。学生培养是高校思想政治教育工作过程的重要内容，其主要任务是培养和提高高校学生的思想道德品质，为高素质技能型专业人才培养提供基础和保证。学生思想道德品质培养主要借助于“毛泽东思想与中国特色社会主义理论体系概论”“思想道德修养与法律基础”“形势与政策”三门课程的理论学习。通过理论课程的系统学习，来培养和提高学生思想道德品质和素质。对于学生培养效果的评价可以通过学生理论课程的考试成绩、团员和党员发展数量、校市省三级优秀学生人数等方面来体现。活动实施主要是除规定的课程理论学习之外，高校院校开展的第二课堂，主要包括专题讲座、社团活动、社会调查、辩论演讲等活动，这些活动既是政治理论学习的有益补充，也是培养和提高高校学生思想政治素质的有效途径和方式。只有将第一课堂理论学习和第二课堂实践学习有机结合起来，才能真正“培养德智体美全面发展的社会主义建设者和接班人，办好人民满意的教育”。适时监管是对高校思想政治教育工作过程进行全方位监控和全过程管理。完成监控和管理不仅需要树立正确的理念和观点，也需要构建相应的监管机制，组成监管领导小组、成立监管办公室、配备专人进行监管。同时，定期发布高校思想政治教育工作监管报告，接受社会各方监督和意见建议。

（3）高校思想政治教育工作产出维度。高校思想政治教育工作是社会主义精神文明建设的重要组成部分，这充分体现出高校思想政治教育工作具有明显的社会性特征。高校思想政治教育工作开展不好就会产生不良的社会效应，因此要对高校思想政治教育工作产出或效应进行合理评价。高校思想政治教育工作产出主要包括社会实践效果、校园文化建设效果、网络思想政治教育建设效果、参加三支一扶和支援西部建设的学生比例。社会实践效果主要是组织开展高校学生参加社会实践活动、这些实践活动的丰富性和创新性情况。校园文化建设效果主要是通过校园文化建设，来增强校园文化的育人功能，这也是高校思想政治教育工作产出的重要表现和特色内容。网络思想政治教育是目前高校思想政治教育工作不可或缺的组成部分，创建网络思想政治教育平台，加强网络信息管理力度，主动掌握高校学生网络思想动态，对于增强网络道德教育水平，提高高校学生思想政治素质具有十分重要的意义和作用。参加三支一扶和支援西部建设体现了高校学生的思想境界和政治觉悟，高校学生能够积极响应中央号召，服从国家安排，放弃优越工作环境，主动到艰苦偏远地方服务，这是高校思想政治教育工作的结果体现，充分体现了高校学生的社会责任感和历史使命感。

第七章　高校思想政治教育生态实践

高校思想政治教育生态实践是生态论思想在高校思想政治教育实践中应用的具体体现，提高高校思想政治教育水平，除了构建生态机制、选择生态模式等，还应该积极推进生态实践。通过有效举措来不断提高高校思想政治教育水平。本章主要将高校思想政治教育生态实践概括为构建课堂生态链、保证教学有效性、提升工作合力度三个方面。除了这三个方面，高校思想政治教育生态实践还可以包括其他方面内容。不同的高校，其思想政治教育生态实践应该具有差异性，体现高校思想政治教育特色和学生实际。

第一节　构建课堂生态链

课堂生态作为教育生态学研究的微观范畴，有着十分重要的理论意义和实践价值。与社会系统有效运作目标的实现离不开生态思维、理念和原则的指导相类似，现代课堂教学的发展也需要有生态学理论的关切。近年来，随着课堂生态危机的相继发生，人们的课堂生态意识逐渐觉醒，有关课堂生态的研究成果和管理实践开始出现并趋于丰富。然而，学术界至今尚未构建起完整的课堂生态理论体系，仍需要全面深入地展开研究并在课堂生态化发展趋势日渐明显的背景下得到完善和应用。课堂生态链是课堂生态理论的一个核心内容。从作用效能上看，课堂生态链既是支撑课堂生态系统结构框架的必要条件，也是促进课堂生态系统物能流转的功能纽带。已有研究成果多数强调课堂生态系统构成要素的性质、类别和特征，在构成要素结合的具体方式上，以及结合方式的动态变化方面略显不足，没有充分揭示出从要素到要素关系再到要素关系转变的实现环节——课堂生态链。事实上，课堂生态系统构成要素结合关系的构建、运作和优化整个过程，这些都离不开课堂生态链的存在及其功效发挥，忽视课堂生态链的地位和作用，就很有可能诱发课堂生态系统秩序紊乱，进而弱化课堂生态系统的绩效水平。本节主要以课堂生态系统为分析构架，对高校思想政治理论课课堂生态链内涵、特征、结构、功能和类型等进行探讨。

一、高校思想政治理论课课堂生态链的概念内涵

传统生物学理论将自然界视为一个有机整体，其所包含的生物物种、种群、群落和生态环境都具有相对独立性，相互间关系较为简单，运动规律也容易把握，通过充分发挥人的思维意识和聪明才智，合理利用设备仪器，科学选择研究方法，可以实现对自然界及各构成层面的了解控制。随着现代生态学研究的不断深入，越来越多的学者发现，自然界是一个由特定构成要素组成的具有特定结构关系并表现一定功能形态的生态系统，忽视或者割裂自然界内部要素、层面之间的关联性，非但无益于人类社会实践活动的有效开展，反而会造成对自然本质规律认识的误区和偏差。当认识到生物物种与外部环境之间关系的互动性、多样性和复杂性时，自然界更多地被置于生态系统的结构模式和运作框架内加以审视。自然生态系统内部各构成要素、层面之间的联系广泛而紧密，呈现网络化、链状化的分布特点，通常用生态网和生态链来描述。生态网是生物与生物、非生物之间相互联系、相互影响、相互作用形成的网络关系和网络结构，不同种群、群落的生态网具有差异性，这种差异性一方面保证了生态环境的有序稳定，另一方面为种群之间、群落之间的交流互动提供了可能。生态链是生物与生物、非生物之间基于物质循环、能量流动和信息传递形成的彼此依存、催化互动、协同演化的链条式关系。不同的生态链相互结合形成生态网，不同种群、群落的生态网有机组合形成生态环境结构，促成区域自然生态系统。

与自然界生物相类似，课堂也是一个具有稳定的结构关系和功能形态的组织单元。从教育生态学角度看，若将课堂视为有机的系统整体，而不是功能分散的独立体，将课堂看成与外部环境存在互动平衡、协调发展、协同共生的多元关系，而不是外在、独立于外部环境的功能整体，就会发现课堂无论是在构成要素、内部结构和功能形态上，还是在外部联结、互动和结合上，都具有泛生态系统的特征，可以称为“课堂生态系统”。由此，

可以将课堂生态系统理解为一定时空条件下与课堂教育教学实践存在关联的要素之间、要素与外部环境之间相互联系、相互作用形成的功能整体和复杂系统。其中，要素之间相互依存、相互支撑产生的链状结构，形成高校思想政治理论课课堂生态链，要素与外部环境之间相互作用、相互促进的关系网络，形成课堂生态网。高校思想政治理论课课堂生态链是课堂生态网实现物能流转和信息流动的重要通道。不同类型、性质、规模和内容的课堂生态系统，具有不同的高校思想政治理论课课堂生态链，即便是同一课堂生态系统在不同的教育教学目标下的高校思想政治理论课课堂生态链也会表现出差异性。

高校思想政治理论课课堂生态链不仅是课堂生态系统构成要素之间关系的链状结构，也是课堂生态系统发展演化的必要条件。高校思想政治理论课课堂生态链的建构过程意味着构成要素趋于链状依存式结合，超越原有单个构成要素的效能局限，进而创造出多要素排列组合的整体功效，并且不断实现外部环境的变化要求。从静态层面上看，高校思想政治理论课课堂生态链是指课堂生态系统的构成要素基于一定的教育教学目标和任务相互结合形成的链状关系；从动态层面上看，高校思想政治理论课课堂生态链是指课堂生态系统的构成要素基于一定的教育教学目标和任务形成链状关系的结合过程。由于不同课堂生态系统的教育教学内容具有差异性，高校思想政治理论课课堂生态链的构建方式、程度和水平就会发生变化，但高校思想政治理论课课堂生态链的效应通常不会发生较大改变。高校思想政治理论课课堂生态链效应主要表现在六个方面：一是可以充分集中和有效利用优质的课堂教育教学资源，实现教育教学资源利用的最优化；二是相关构成要素相互结合形成稳定的链状结构，有利于课堂教育教学过程的有序开展；三是可以提高课堂教育生态系统的运作绩效，提高课堂教育教学水平；四是各类优质资源的链接聚合，有助于增强课堂生态系统的稳定系数；五是资源的互动链接可以催生新的教育教学功效，有助于课堂教育教学的组织和管理，实现资源效能利用的最优化；六是教育主体之间可以借助高校思想政治理论课课堂生态链实现有机互动与多元沟通，进一步促进课堂教育教学目标和任务的顺利实现。这六个方面的效应会随着课堂生态系统的发展变化而不断积累增强。

二、高校思想政治理论课课堂生态链的本质特征

高校思想政治理论课课堂生态链是以课堂生态系统的正常运作和持续发展为旨归，是直贴课堂生命形态的一种内在关切，实现课堂生态系统构成要素之间的有机结合与催化互动，完成特定教育教学目标和任务，培养适应社会需求的高素质人才始终是其基本内涵。高校思想政治理论课课堂生态链具有以下特征：

1. 系统性

系统性是高校思想政治理论课课堂生态链的最基本特征。高校思想政治理论课课堂生态链是由与课堂教育教学密切相关的构成要素相互联系、相互作用形成的具有特定结构并表现一定功能的链状形态，其运作会涉及诸多环境要素，这些环境要素既有来自课堂外部的社会环境要素、经济环境要素和自然环境要素，也有来自课堂内部的教育主体要素、客体要素、目标要素、手段要素和内容要素等，内外环境要素之间关联结合、有机互动，共同决定和影响高校思想政治理论课课堂生态链的整体运作和发展。系统性要求高校思想政治理论课课堂生态链一方面要注意协调课堂生态系统内部构成要素之间的相互关系；另一方面要注意保持与外部社会环境的沟通联系。只有实现内外环境之间的有机协调和互动，高校思想政治理论课课堂生态链才能够建立起物质循环、能量流动和信息传递的有效平台，不断满足和适应课堂生态系统的发展要求，促进课堂教育教学目标的顺利实现。

2. 人本性

与生物生态链相类似，高校思想政治理论课课堂生态链也具有稳定的结构关系和功能形态，也处于由诸多环境要素、因子组成的复杂生态环境中。但是，高校思想政治理论课课堂生态链的建构者和管理者是具有意识能动性和主体性的人，所以更能突显出思维性、社会性和选择能力，不仅能够主动适应环境，而且也能够利用环境和改变环境，使其朝着更有利于课堂生态系统运作的方向发展变化。可见，人是高校思想政治理论课课堂生态链的核心要素。高校思想政治理论课课堂生态链的基本功能是保证课堂教育教学目标实现，提高人才的素质和能力，进而满足社会各领域的人才需求。为此，高校思想政治理论课课堂生态链在进行构成要素调整、结构整合和功能优化时，需要以满足人才培养和发展要求为根本，以适应社会环境变

化为依据。除了体现在使受教育者德智体得到全面发展的层面外，高校思想政治理论课课堂生态链的人本性还表现在促进教育主体——教育者的全面成长。所以，人本性是高校思想政治理论课课堂生态链存在的价值基础，任何形态的课堂价值链都具有人本性。如果高校思想政治理论课课堂生态链的人本性不明显，就不能够很好地满足和适应教育者、受教育者的发展需求，同时高校思想政治理论课课堂生态链的教育绩效也就相对较低，容易形成不利于课堂生态系统运作的负向影响。

3. 适应性

在生物生态学理论中，适应通常被理解为生物在生存斗争中适合环境条件而形成一定形状的现象。生物适应既可表现为一个动态过程，也可表现为一个静态结果。作为一个动态过程，生物适应既是生物体改变环境的过程，也是生物体与周围环境相互制约、相互影响的过程；作为一个静态结果，生物适应既是生物体形态、结构、机能和生活习性发生改变的结果，也是生物体外部环境空间、因子和层次出现变化的结果。[1] 同样，高校思想政治理论课课堂生态链也具有多层面的适应性，包括高校思想政治理论课课堂生态链对所依存课堂生态环境的适应、组成高校思想政治理论课课堂生态链的构成要素对课堂生态环境的适应，以及高校思想政治理论课课堂生态链的主体——教育主体对课堂生态环境的适应。作为高校思想政治理论课课堂生态链的一种重要属性，适应性是高校思想政治理论课课堂生态链在长期与课堂内外环境互动作用过程中形成的。正是具有了适应外部环境变化和要求的能力，高校思想政治理论课课堂生态链才能够合理应对外部环境影响从而保证课堂生态系统的有序运转。从这个意义上讲，适应性是高校思想政治理论课课堂生态链作为一个有机功能体，在不断解决自身与内外环境之间“平衡—不平衡—新的平衡”关系的过程中体现出的生态特征和结果体现。

4. 稳定性

高校思想政治理论课课堂生态链是由课堂生态系统构成要素相互作用、相互影响，形成的具有特定结构并产生结合能量、表现功能形态的链状关系。

（1）冯德雄．企业适应性成长研究 [M]. 武汉：武汉理工大学出版社，2008：26.

要素之间的功能互补性越强，要素之间的结合能量越大，链状结构越稳定。稳定性是高校思想政治理论课课堂生态链的一个重要特征，也是高校思想政治理论课课堂生态链存在的基本保障。高校思想政治理论课课堂生态链的稳定性具有时空条件性，它会随着课堂生态环境的变化而变化，当课堂生态系统构成要素的数量、质量、丰度、效度发生变化时，高校思想政治理论课课堂生态链也会趋于变化，原先稳定的高校思想政治理论课课堂生态链结构就会向着新的关系结构发生变化，其结果可以是通过对原有高校思想政治理论课课堂生态链结构的逐步改变，使得新的高校思想政治理论课课堂生态链不断取代原有高校思想政治理论课课堂生态链；也可以在原有高校思想政治理论课课堂生态链的基础上，经过要素的重新组合、排列来构建新的高校思想政治理论课课堂生态链。可见，高校思想政治理论课课堂生态链的稳定性是相对的，但是由于课堂教育教学具有最基本的理念、要素和环节，所以不同课堂生态系统内部的生态链仍然具有相同的结构关系，即高校思想政治理论课课堂生态链的最基本形式。高校思想政治理论课课堂生态链的基本形式会随着课堂教育教学实践的不断发展而发展，当课堂教育教学实践经过长期发展达到一定水平时，高校思想政治理论课课堂生态链的结构也会发生相应的变化，其稳定性通常会得到提高和增强。

三、高校思想政治理论课课堂生态链的基本类型

由于高校思想政治理论课课堂生态链既是课堂生态系统构成要素相互联系、相互结合的过程体现，也是课堂生态系统构成要素结构匹配、功能互补的结果表征，因而在高校思想政治理论课课堂生态链的运作中，不断发展变化的课堂生态系统环境与相对稳定的课堂生态系统构成要素就构成高校思想政治理论课课堂生态链运作过程的基本矛盾。课堂生态系统的有效运作要求课堂教育教学管理者必须做出适应性选择，根据课堂生态环境来合理构建与选择高校思想政治理论课课堂生态链。从课堂教育理念上看，高校思想政治理论课课堂生态链可分为管理型高校思想政治理论课课堂生态链和经营型高校思想政治理论课课堂生态链；从课堂活动范围来看，高校思想政治理论课课堂生态链可分为封闭型高校思想政治理论课课堂生态链和开放型高校思想政治理论课课堂生态链；从课堂教育目标上看，高校思想政治理论课课堂生态链可分为任务型高校思想政治理论课课堂生态链

和绩效型高校思想政治理论课课堂生态链。

1. 管理型高校思想政治理论课课堂生态链和经营型高校思想政治理论课课堂生态链

管理和经营是课堂生态系统运作模式的两个层次。管理是为了实现课堂教育教学目标，课堂主体对教育教学活动进行计划、组织、实施和控制的过程。经营是为了实现课堂教育教学目标的最大化，课堂主体对教育教学资源进行合理配置的过程。前者注重课堂管理过程以实现教育教学目的为终极目标，后者注重资源的有效利用以达到教育教学目标的最大化。[1] 管理型高校思想政治理论课课堂生态链是指为了实现课堂教育教学目标而形成的高校思想政治理论课课堂生态链；经营型高校思想政治理论课课堂生态链是指为了实现教育教学资源利用最优化和教育教学目标最大化而形成的高校思想政治理论课课堂生态链。管理型高校思想政治理论课课堂生态链是课堂生态系统实现正常有序运转的基本生态链，经营型高校思想政治理论课课堂生态链是在管理型高校思想政治理论课课堂生态链基础上形成的更高层次的生态链。经营型高校思想政治理论课课堂生态链是管理型高校思想政治理论课课堂生态链发展演化的高级形态。当课堂生态系统仅仅作为实现教育教学目标的功能体时，它需要管理型高校思想政治理论课课堂生态链的支撑，而当课堂生态系统作为推动教育生态系统发展的有机体时，其内部就要管理型和经营型两种高校思想政治理论课课堂生态链的合力支撑。

2. 封闭型高校思想政治理论课课堂生态链和开放型高校思想政治理论课课堂生态链

高校思想政治理论课课堂生态链作为一个相对独立的整体，包含着构成这一整体的各个要素，这些要素包括内部要素和外部要素，内外要素之间的排列、组合和结合方式具有多层面性。如果组成高校思想政治理论课课堂生态链的要素大多为课堂生态系统的内部要素，诸如主体要素、客体要素、内容要素和手段要素等，且与系统外部环境之间的物质循环、能量流动和信息传递的范围较少，就可以将其理解为封闭型高校思想政治理论课课堂生态链。与之相反，开放型高校思想政治理论课课堂生态链主要是指组成

（1）周游．我国高等学校市场化经营：特征、障碍及路径分析 [J]. 辽宁教育研究，2003（1）：20.

高校思想政治理论课课堂生态链的要素既有内部环境要素，也有外部环境要素，且内外环境要素之间的链状关系的运转必须依附于一定的外部环境力量。现实中，多数课堂生态系统偏重于封闭型高校思想政治理论课课堂生态链的构建优化，忽视了开放型高校思想政治理论课课堂生态链的利用，非但不能及时、充分地利用外部环境因子，反而阻碍了课堂生态系统运作绩效和竞争优势的提高。通过合理建构和适度利用开放型高校思想政治理论课课堂生态链，有助于解决课堂生态系统资源短缺问题，推动课堂生态系统持续高效发展。所以，在课堂生态系统的运作过程中，既要注重封闭型高校思想政治理论课课堂生态链的有效运作，也要注重开放型高校思想政治理论课课堂生态链的合理利用。

3. 任务型高校思想政治理论课课堂生态链和绩效型高校思想政治理论课课堂生态链

按照构建目标的不同，可以将高校思想政治理论课课堂生态链分为任务型和绩效型两种。任务型高校思想政治理论课课堂生态链是基于解决课堂教育教学任务构建的高校思想政治理论课课堂生态链，其运作主要以教育教学任务为推动力。不同的教育教学任务相互依存、不可分割，通过任务问题的“设置—解决—再设置—再解决”，来不断实现高校思想政治理论课课堂生态链的构建与重组。任务问题的变化通常意味着高校思想政治理论课课堂生态链的变化，不同任务型高校思想政治理论课课堂生态链的变换和衔接是维系与推动课堂生态系统运动的力量。绩效型高校思想政治理论课课堂生态链是基于提升课堂教育教学水平构建的高校思想政治理论课课堂生态链。绩效型高校思想政治理论课课堂生态链形成以后，会在课堂生态系统内部产生一个能动效应场，通过这个效应场，课堂主体能够明确教育教学绩效目标，调整教育教学绩效行为，不断完成教育教学绩效任务。可以说，任务型高校思想政治理论课课堂生态链是保证课堂生态系统运作活动的正常功能和管理行为的正常有序，使课堂生态系统处于可引导和控制的状态。绩效型高校思想政治理论课课堂生态链是站在课堂生态系统实现可持续发展的高度进行要素组合的，其要素选择既可以来自内部环境也可以来自外部环境，这种内外环境要素的互动结合使得课堂生态系统具有复杂性的特点。加之，其价值指向是教育教学水平提升，要求高校思想政治理论课课堂生态链各构成部分必须保持高度的匹配性和一致性，这样就可以最大限度地形成合力，弱化因要素及生态链在运行中偏离绩效主题出现异常状态的负向影响，进而保持课堂生态系统的有序稳定发展。

第二节　保证教学有效性

随着高校思政课教学改革的不断深入，有效开展实践教学成为高校思政课教学改革过程中必须冷静面对和切实解决的重要问题。提高实践教学有效性不仅是高校思政课教育教学的内在要求，也是高校推进思政课实践教学的必然选择。长期以来，高校思政课教学受到学科式德育课程思想的影响，过分强调理论教学的主体地位，实践教学被忽视甚至边缘化，教学效果也常常受到理论界和实践界的多重质疑。2012 年 2 月，教育部等部门联合出台了《关于进一步加强高校实践育人工作的若干意见》，明确提出了高校思政课所有课程都要加强实践教学环节，这为高校开展思政课实践教学提供了强有力的政策支持和依据。秦皇岛职业技术学院思政部成立以来，在学院党委正确领导下，积极推进思政课程建设、推进思政课教学改革。在此过程中，我们逐渐认识到思政课教育教学中不仅要高度重视思政课实践教学的育人作用，也要有效保证思政课实践教学的规范开展，进而从根本上提高思政课实践教学的有效性。本节主要对高校思政课实践教学有效性的研究意义、影响要素和提升策略等展开研讨。

一、高校思政课实践教学有效性的研究意义

高校思政课实践教学活动的开展与深入，是以其对高职人才综合素质和能力培养所发挥的客观作用为前提的。忽视作用和效度考量的教学活动，既无法保证教学目标的顺利实现，也难以做到教学资源的合理利用。基于教学活动绩效的认识，人们开始思考思政课实践教学有效性问题，集中表现为对有效性过程、有效性制约条件和有效性结果的关注，进而探索有效性制约条件之间相互影响、相互作用的内在机理和本质规律，由此也就构成了高校思政课实践教学有效性的研究过程。(1) 由于专业背景、研究专长和分析视角的差异，不同的学者对于高校思政课实践教学有效性的认识存在

(1) 沈海壮 . 思想政治教育有效性研究 [M]. 武汉：武汉大学出版社，2008：2-3.

不同。尽管彼此之间的观点认识存有差异，但多数学者普遍认为，新形势下研究高校思政课实践教学的有效性具有十分重要的现实意义。

1. 有助于提高思政课教学有效性

“教学有效性”由“Teaching Effectiveness”翻译而来，它发端于20世纪上半叶西方的教学科学化运动，美国实用主义哲学和行为主义心理学倡导影响下的教学效能核定运动掀起了教学有效性问题的研究热潮。(1) 在很多学者看来，教学有效性主要指教学活动取得的预期成果，这种成果具有可检测性和发展性，集中体现在促进学生成长成才方面。可以说，任何一门课程教学都必须面对和解决教学有效性问题，并基于教学有效性来分析、讨论和实施教学改革。从这个意义上来讲，忽视或者弱化教学有效性的教学改革和课程建设都毫无意义，最主要的是违背教育的根本宗旨。作为高校课程类型的一种表现，思政课同样要关注教学有效性问题——不仅要强调课堂教学的有效性，还要强调实践教学的有效性，这是因为二者都是组成高校思政课教学体系的重要方面，彼此之间相互依赖、不可分割。课堂教学主要承担思政课理论教育的任务，而实践教学则为课堂教学提供了体验与运用平台。(2) 增强高校思政课吸引力必须以提高有效性为基础，不仅要深化课堂教学改革，提高课堂教学有效性，也要规范改进实践教学，确保实践教学有效开展。可见，分析研究思政课实践教学有效性是提高思政课教学有效性的内在要求。

2. 有助于理解掌握马克思主义理论精髓

实践性是马克思主义理论的最明显特征。马克思主义理论的形成发展过程本质上就是其理论观点不断得到实践验证、总结和提高的过程。理解和应用马克思主义理论既需要树立正确的实践观，也需要依附具体的实践活动。参与内容丰富、形式多样的实践活动，有助于深刻领会与系统掌握马克思主义理论的基本观点。作为在继承马克思主义理论基础上形成的理论形态，中国特色社会主义理论也是中国共产党积极践行革命、建设和发

（1）邱家洪．试析高校思想政治理论课实践教学有效性及影响因素[J]．学术界，2013（S1）：220.

（2）宁克强，王维国．提高思想政治理论课实践教学有效性分析[J]．学校党建与思想教育，2011（12中）：50.

展实践的结果体现。因此，实践性是马克思主义理论和中国特色社会主义理论的共同属性。这两个理论始终指导并贯穿于高校思政课的内容体系中，不仅要求思政课理论体系、教材体系构建须突出实践性，也要求教学体系的转化实施突出实践性。尤其是从教材体系向教学体系转化过程中，如何既保持理论原有的实践性又能结合社会实际和学生实际有效组织开展教学，是高校思政课教育教学的永恒课题。在国际国内形势错综复杂、各种思想潮流涌现多变的形势下，合理解决这一课题须把握好实践教学环节，提高实践教学的有效性。这是因为实践教学“正是要通过揭示课程体系所反映和提炼的马克思主义理论与实践的关系，深入挖掘课程内容所阐述和概括的马克思主义理论中蕴含的实践精神，阐发马克思主义理论体系在指导中国特色社会主义建设过程中发挥的作用”(1)进而引导学生树立正确的实践观，增进学生对马克思主义理论、中国特色社会主义理论和党的路线方针政策的理解认同，提高学生分析解决现实问题的能力。

3. 有助于提高思政课教学质量

高等教育的快速发展不断引起人们对高等教育质量的关注，保证和提高教学质量已成为高校实现持续发展的根本途径。教学质量既是一个具有丰富内涵的概念，也是一个动态有序的体系，包括组织机构质量、程序文件质量、过程系列质量和资源组合质量四个方面。组织结构是指组织实施、管理监督教学活动的各级责任机构；程序文件是指用以规范和保证教学活动顺利开展的规章制度和职责标准等；过程系列是指教学活动中的各种行为合乎逻辑；资源组合是指教学活动得以开展的物质和各种要素。(2)高校教学质量的保证必须以每门课程教学质量的保证为基础，没有各门课程教学质量的提高，高校教学质量很难实现整体提高。按照教学质量的概念内涵，思政课教学质量应该也是一个由与思政课教学活动、教学过程密切相关的因素，有机结合、动态组合形成的体系。根据过程系列质量的要求，高校思政课教学活动中的课堂教学和实践教学必须合乎基本的教学逻辑。目前，高校虽然在课堂教学质量方面的关注较多，但大部分思政课课堂教学采取

(1) 汪馨兰，戴钢书．高校思想政治理论课实践教学有效性探究[J]. 思想教育研究，2011(11)：54.

(2) 洪贞银.高职院校教学质量保证与评估研究[M].北京：人民出版社，2008：9.

合班上课、系统讲授的模式[1]。通过调研走访，我们发现目前高校思政课实践教学中还存在组织不规范、内容不系统、形式不多样、手段不灵活和操作不广泛等问题，课堂教学与实践教学之间难以形成有效合力共同保证思政课教学质量。因此，研究实践教学有效性有利于从根本上保证与提高思政课教学质量。

4. 有助于促进大学生健康成长成才

关于高校思政课开展实践教学的目的，学术界长期存在着争论，主要有两种观点：一是认为实践教学是理论教学的补充，其目的是更好地开展理论教学，帮助学生了解掌握理论知识。二是认为实践教学和理论教学都是思政课教学的组成部分，对于培养大学生思想政治素质、品德素质和法律素质都发挥作用。[2] 早在 2006 年，教育部就要求各高校全面实施思政课新课程方案，新课程改革的主要动因就是面对新世纪和新阶段的新变化、新情况，思政课要进一步加强针对性和实效性。[3] 2012 年，教育部相继下发了《关于进一步加强高校实践育人工作的若干意见》《关于全面提高高等教育质量的若干意见》等文件，都强调了实践育人的重要性，提出了高校强化实践育人的努力方向。2014 年 12 月，教育部发布了《关于深化职业教育教学改革全面提高人才培养质量的若干意见》（征求意见稿），更加明确提出要广泛开展实践性教学，且对于思政课强化实践性教学也提出了学时要求。这些文件实际上都在围绕如何实现立德树人这个根本来不断细化实践育人的具体措施。思政课实践教学的主要目的是服务于高素质技术技能型专业人才培养，立足于学生健康成长成才。通过有效开展思政课实践教学，推进全员育人、全过程育人和全方位育人，引导学生自我教育、自我管理和自我服务，提高学生的思想政治素质、道德法律素质和综合能力。

二、高校思政课实践教学有效性的影响要素

实践教学是高校思政课教学的重要环节，其运作过程受到诸多要素的

（1）周宇宏 . 关于思政课实践教学有效性的探讨 [J]. 江苏高教，2010（4）：68.

（2）刘志峰 . 高职院校思政课实践教学方式基本内涵探析 [J]. 中小企业管理与科技，2015（1）：230.

（3）程群 . 思想政治理论课实践教学方法有效性研究 [J]. 华东理工大学学报（社会科学版），2008（4）：103.

影响，主要包括实践教学主体、对象、目标、内容、方法和评价等。不同的要素具有不同的功能，承担不同的角色，表现不同的有效性。各种要素之间相互影响、相互作用、彼此支持、形成合力，共同影响思政课实践教学有效性的实现。每种要素的有效性不等于思政课实践教学的有效性，但却是思政课实践教学有效性取得的基本前提。(1) 通过3年来的探索总结，我们发现制约和影响思政课实践教学有效性的因素错综复杂，且这些因素往往交织并存、形成合力，概括而言这些因素主要包括以下几个方面：

1. 思政课实践教学主体

按照思想政治教育学理论的经典解释(2)，主体是指高校思政课实践教学过程中的主动行为者，是具有主动教育功能的组织或个人。在实践教学过程中，高校党政干部和共青团干部、思政课教师、哲学社会科学课教师、辅导员和班主任都是主动行为者(3)，具有主动教育功能。实践教学活动规模的大小不同，决定主体范围的大小不同。主体可以是思政课某个教师或教师群体，也可以是思政课教师与其他主动行为者的组合。主体构成的类型越多，越有利于思政课实践教学过程的开展，但同时也越需要主体之间的相互沟通、配合与支持。在思政课实践教学过程中，主体具有且发挥主导性作用，是整个实践教学活动的组织者、实施者、协调者和控制者。实践教学活动对主体的组织能力、实施能力、协调能力和控制能力等方面的要求，形成了对主体相应能力的要求，这些要求实际上就是实践教学主体的有效性要求。除了上述能力素质之外，主体的思想政治素质、道德品质、理论修养、教学经验等也是构成主体有效性的重要方面，同样会对实践教学有效性的实现产生影响。例如，主体对于思政课实践教学地位、作用和意义认识上的偏差，必然影响和制约着实践教学的有效性。(4) 同样，教学经验积累不足也会影响实践教学有效性的实现。

（1）沈海壮．思想政治教育有效性研究 [M]. 武汉：武汉大学出版社，2008：60.

（2）陈秉公．思想政治教育学原理 [M]. 沈阳：辽宁人民出版社，2001：111.

（3）中共中央国务院关于进一步加强和改进大学生思想政治教育的意见（中发〔2004〕16号），2004.8.26.

（4）程群．思想政治理论课实践教学方法有效性研究 [J]. 华东理工大学学报（社会科学版），2008（4）：104.

2. 思政课实践教学对象

与主体相对应，教学对象也是研究思政课实践教学有效性的基本范畴，主要指思政课实践教学过程中主体行为的接受者。其中，主体行为具有有意识性特征，其实施也是在特定教学目标、原则的指导下进行。根据主体与客体关系理论[1]，在思政课实践教学过程中，实践教学对象具有主客体统一性特点。相对于主体实施的实践教学活动，思政课实践教学对象是接受者，是主体观察、认识的客体，是主体意欲通过一定的活动予以改变的对象。在参与接受实践教学活动过程中，实践教学对象则由客体向主体转变，尽管处于客体地位，但却是一个积极的客体，对于主体实施的实践教学活动的意图、内容和要求，能够自觉领悟、积极选择、合理消化。同时，也能通过自身的实际活动来实践思政课实践教学所具有的行为指令意义。[2]不仅如此，实践教学对象也会根据自身的认识理解，来主动思考和灵活选择思政课实践教学过程中的各种要素，促进思政课实践教学的有效开展。思政课实践教学有效性的实现，要求主体与对象必须是双主体的，即二者都应该成为积极主体，都要在实践教学中发挥主体性作用。否则，会影响思政课实践教学过程中各种要素之间的有效关系、有效结构和有效合力的形成，进而造成思政课实践教学过程无序、资源浪费和效能下降等问题的出现。因此，实践教学对象的观念意识、知识条件和理解沟通能力，就成为构成其有效性内容的主要方面。这些方面的状态水平决定思政课实践教学对象有效性的状态水平。

3. 思政课实践教学内容

合理选择内容是思政课实践教学有效性实现的前提。做到合理选择内容必须基于正确的目标，即思政课实践教学目标。所谓的“实践教学目标”就是思政课实践教学活动所要达到的结果，主要包括培养学生思想品德和理想人格，引导学生积极行为养成，提高学生对理论知识的理解、消化和应用能力。目标是思政课实践教学内容合理选择、活动有效开展的基本依据，也是评价思政课实践教学有效性的主要参考。有效目标的确定需要坚持目

（1）陈秉公 . 思想政治教育学原理 [M]. 沈阳：辽宁人民出版社，2001：112.

（2）沈海壮 . 思想政治教育有效性研究 [M]. 武汉：武汉大学出版社，2008：2-3，60，71.

的性、正确性、现实性、整体性和可实现性等原则。目的性是指思政课实践教学目标要符合和体现既定目的和方向；正确性是指思政课实践教学目标要符合思政课教育规律和学生成才成长规律；现实性是指思政课实践教学目标要贴近社会实际、学生实际和思政课教学实际；整体性是指思政课实践教学目标应该全面覆盖学生思想、情感、能力和行为等多个方面；可实现性是指思政课实践教学目标应该符合主体和对象的能力实际，具有可以实现的可能。对于思政课实践教学而言，有效目标的确定是有效内容选择的根本；有效内容的选择又是实现有效目标的保证。有效内容的选择首先要依据和贴近思政课实践教学目标和教学对象的实际；其次要合理涵盖世界观、人生观、价值观、道德观、法制观、实践观、沟通交流以及心理健康等方面的教育内容；最后也要坚持实践教学目标确定的一些原则，例如目的性、整体性、层次性等。

4. 思政课实践教学过程

除了主体、对象和目标之外，思政课实践教学还包括方法、情景等要素。方法要素是思政课实践教学主体实施教学内容、实现教学目标所采用的方法，它是构建教学主体与对象之间教育关系的重要手段。合理恰当的方法有助于和谐教学关系构建、教学过程开展和教学有效性实现。因此，有效方法的选择要适合思政课实践教学主体实际、对象实际和目标实际。情景要素主要指思政课实践教学开展所依附的环境条件，既包括实践教学主体和对象层面的条件状态，也包括开展实践教学需要的场地、设施、道具和工具等。情景要素的合理有效选择也在很大程度上影响思政课实践教学有效性的实现。这些要素之间相互联系、相互影响、相互作用，形成特定的关系结构，并决定思政课实践教学过程开展。思政课实践教学过程首先遵循思想政治教育过程的一般理论，即这个过程由思政课实践教学的本质、基本矛盾、基本结构和基本规律组成。本质是思政课实践教学具有的育人宗旨和为社会发展服务的职能；基本矛盾是思政课实践教学对象素质能力的应然状态与实然状态之间的矛盾；基本结构是思政课实践教学涉及要素之间形成的关系方式；基本规律是思政课实践教学解决基本矛盾过程中形成的要素之间的本质联系，包括社会适应规律、要素协同规律、过程充足规律和人格成长规律。[1] 同时也体现其特殊性，即教学活动更丰富、形式更灵活、过程更开放、教学主体与对象之间互动更频繁、教学体验更直接、教学效果更广泛等，这正是课堂教学所不能比拟的优势所在。过程有效是实现思政课实践教学有效性的关键，因此要确保相关要素的有效性，增强要素之间关系的有效性，提高教学主体、对象的有效性，特别是教学主体、对象的主观能动性发挥，从根本上决定思政课实践教学过程的有效开展。

5. 思政课实践教学成效

成效是指思政课实践教学过程最终达到的结果，这种结果建立在一定的价值判断和事实判断基础上。价值判断既包括实践教学主体的价值判断，也包括实践教学对象的价值判断。前者判断的内容主要是思政课实践教学目标的实现状态和过程的实施情况；后者判断的内容主要是思政课实践教学内容对于提高自身意识、理念、知识、能力和心理成长的效度。事实判断主要指思政课实践教学过程中各要素及要素之间关系的有效性表现的判断。可见，实践教学成效不仅是一个结果体现，更是一个对结果效度的评价。这样，思政课实践教学就形成了从主体、对象、内容到过程、结果再到评价的动态循环有机体。从定义上看，实践教学评价是指按照一定的原则和标准对思政课实践教学过程及结果进行客观分析和定性定量评价。评价能够综合反映思政课实践教学有效性的实现程度，对于提高下一阶段思政课实践教学有效性具有十分显著的推动作用。实践教学评价原则主要包括目标性、客观性、动态性、系统性和层次性等。评价对象可以是实践教学过程的某个要素、某个环节，也可以是实践教学的整个过程。评价标准主要是指评价指标，包括目标完成情况、主体和对象表现情况、方式利用情况、内容完成情况和过程开展情况等。选择指标要做到科学合理、可行有效和精细具化。与其它要素一样，实践教学结果及其有效评价也是思政课实践教学有效性实现过程中不容忽视的重要方面。

三、高校思政课实践教学有效性的提升策略

当前，高校思政课实践教学有效性不足已成为不争的事实。尽管各个高校都高度重视思政课实践教学，但还存在一些不尽如人意的表现，主要有管理不到位、环境不理想、主体作用发挥不充分、教材建设不规范、评

（1）陈秉公．思想政治教育学原理 [M]. 沈阳：辽宁人民出版社，2001：166.

估体系不健全、师资力量不均衡、校企合作实效不明显、就业导向不突出等。[1]只有正视问题，分析原因，选取对策，才能全面保障与提升思政课实践教学有效性。

1. 增强思政课实践教学理念

思政课实践教学不仅是组成思政课教学体系的重要部分，也是提高思政课教学质量的重要途径。能否通过提高实践教学有效性，增强思政课教学吸引力和教学水平，关键在于高校思政课教学主体是否具有正确的实践教学理念。正确的理念来自正确的认知和有效的辨明。对于思政课实践教学内涵的理解把握水平在很大程度上决定着教学主体的认知水平；而对于实践教学与课堂教学之间关系，以及实践教学形式、内容等方面问题的辨明则有助于增强教育主体的理念。有学者提出，思政课实践教学形式可以灵活多样，不能仅仅局限于课堂，也可以走出课堂，面向社会，在广阔的实践生活中选取教学素材；在内容上要发挥实践教学直观生动、拓展深化、易于理解、便于掌握的特点，与课堂教学形成优势互补，共同完成思政课教育教学目的，提高思政课教学有效性。经过 3 年多的实践探索，我们发现在高校实践育人工作深刻背景下，应当组织力量适当研究思政课实践教学理论，着重围绕实践教学特点、指导思想、基本原则、标准等问题展开讨论，提高高校思想政治教育工作队伍的认识水平，增强队伍力量的思政课实践教学理念，扩大思政课实践教学主体的理念共识，最大限度地增加思政课实践教学主体力量。目前，秦皇岛职业技术学院思政部绝大多数教师已经认识到开展思政课实践教学的重要作用。通过增强实践教学理念，可以增进实践教学主体与对象之间的关系，从而为思政课实践教学有效性实现提供必要的基础，创造一个相对稳定和谐有序的实践教学过程。因此，增强实践教学理念能够使得实践教学过程中各要素之间的协调互动关系更趋于合理化，能够更好地促进教学过程各要素的合理流动、配置，实现思政课实践教学有效性。

2. 规范思政课实践教学内容

实践教学内容的规范性越强，越有利于实践教学活动的有效开展。然而，如果内容规范性过强，则实践教学活动的灵活性就会受到制约，在某种意义

（1）王小萍．高职实践教学有效性缺失论析 [J]. 教育与职业，2011（17 中）：163.

上利于实际操作，但不利于实践教学目标的实现，容易弱化实践教学的有效性。造成实践教学内容规范性过强的原因，主要有三种：一是教育行政权力的过度干预；二是思政课实践教学主体权威的负面效应；三是教学标准缺少广泛深入的分析研讨。在高校中，具有教授职称的教师多数由中专院校教师转型而来，尽管这些教师群体的理论功底较为扎实，但习惯于课堂教学，擅长于理论讲授，对于思政课实践教学或多或少地存在偏见。在当前以翻转课堂教学模式为代表的一些前瞻性教学方法盛行的背景下，虽然这些教师也开展一定的实践教学项目，但具有明显的选择性、随意性和趋利性，而这种随意选择极易转变为阻碍青年教师推行实践教学的因素，那些被选择的实践教学项目也就具有了“权威性”。在此背景下，青年教师往往会墨守成规、缺乏创新，进而出现实践教学有效性弱化的问题。同时，高校思政课教学部门教研室活动的独立开展，也不利于实践教学内容的规范，容易造成“各门课程的实践教学缺乏统筹安排，系统性、层次性不足”(1)。解决这一问题的出路无疑要规范实践教学内容，编撰实践教学标准，避免条块分割。秦皇岛职业技术学院思政部将实践教学分别列入“思想道德修养与法律基础”“毛泽东思想与中国特色社会主义理论体系概论”两门课程的课程标准，并且分别制定了两门课程开展实践教学指导意见。同时，我们也认为最有效的途径是构建高校思政育人大平台机制，整合学校思政育人各部门的职权，使得各方的实践教学活动能够统一在育人这一主题下。只有从高校党委层面统筹构建思政育人大平台机制，才能实现相关职能部门和教学系部之间的联动配合，从根本上打破条块分割，规范思政课实践教学内容，让学生能够在内容丰富、题材多样的实践教学活动中得到锻炼，收获成长。

3. 创新思政课实践教学方法

通过增强理念、规范内容来保证与提高思政课实践教学有效性的同时，还应该注重方法创新，确保思政课实践教学内容的合理组织与资源的有效配置。现实中，由于缺少思政课实践教学方式方法选择的分析研究，使得实践教学内容实施偏离教学目标，达不到提高教育对象素质和能力的预期目标，造成思政课实践教学有效性的弱化与不足。因此，高校应利用现代

（1）宁克强，王维国. 提高思想政治理论课实践教学有效性分析 [J]. 学校党建与思想教育，2011（12 中）：51.

信息技术手段，在保持原有有效方法的基础上，创新实践教学方法，提高学生参与思政课实践教学的积极性。当前，高校学生的信息化意识和利用信息化工具的能力较强，依据学生对信息技术手段的兴趣创新思政课实践教学方法，应该是今后思政课实践教学方法改革创新的基本趋势和努力方向，也是教育信息化背景下思政课实践教学开展最基本的有效方法。只有不断创新教学方法，才能够不断改变方法单一陈旧的现状，激发学生参与思政课实践教学的热情，提高思政课实践教学吸引力、实效性和针对性，让思政课实践教学成为学生喜爱的教学活动。结合3年多的实践探索，我们发现创新思政课实践教学方法，还应该做好三方面的工作：第一，深入调研，集思广益。组织召开不同层面的座谈会或研讨会，收集整理教学主体、对象公认的实践教学方法，构建实践教学方法体系，为教学主体开展相应的实践教学活动提供选择参考。第二，典型示范，积极推广。遴选经验丰富、实践教学效果优秀的思政课教师，组织实践教学观摩会，及时推广收效明显的实践教学方法。第三，走出校园，融入社会。在利用好校内实践教学方法的基础上，大力开展思政课校外实践教学活动，使得学生能够在贴近生活、工作实际的社区、企业中，不断体验社会，体察国情民意，实现成长成才，为实现思政课实践教学有效性提高提供方法支持。

4. 加强思政课实践教学保障

教育部一直倡导并要求各高校务必为思政课建设提供制度、政策和机制保障，仅就高校而言，这方面的工作还有待于继续加强。严格意义上讲，思政课实践教学属于思政课建设的重要范畴，应该在思政课课程标准中予以明确，并列表具体说明实践项目、项目要求、预期目标、内容设计、学时建议、教学载体、教学方法手段与资源利用、教学环境、考核评价等方面内容。思政课实践教学原本就是作为与课堂教学平行的且非常必要的标准内容，但实际上很多高校并没有很好地修订与执行。首先，没有将实践教学标准纳入到思政课课程标准中，削弱了实践教学在思政课教育教学中的地位作用，有碍于实践教学与课堂教学的有效对接，不利于思政课程目标和教学目标的实现，弱化了思政课教学有效性。其次，在一定程度上加剧了思政课实践教学条块分割、游离主题问题的存在，既不利于实践教学内容的规范，又不利于实践教学方法的创新。同时，影响与制约了思政课教学有效性的整体提升。除了缺失标准之外，思政课实践教学保障在组织保障、领导保障、人员保障、资金保障等方面也存在不足。一些高校不注重思政课，认为专业课在高素质技术技能型专业人才培养中发挥关键作用，忽视思政课的立德树人作用，即便有的院校成立思政课教学指导委员会，其重点还是在指导课堂教学方面，思政课实践教学多数流于形式。组织保障的缺失必然影响领导保障作用的发挥，以及相应人员的配置、培训和资金支持。可以说，缺少相应的人、财、物保障已成为制约思政课实践教学开展的桎梏，亟待加强和改善，做到各方资源优势互补，有效联动，形成合力，充分满足思政课实践教学的实际需要。

5. 实施思政课实践教学评价

目前，高校存在思政课实践教学有效性不足的现实问题，这既有实践教学理念和内容方面的原因，也有实践教学方法和保障方面的原因，而实践教学激励和评价机制的缺失也应该是不容忽视的原因。面对高校教师职称晋级和推优评先激烈竞争的局面，多数思政课教师将精力集中在课堂教学，难免忽视实践教学，同时也认为思政课教学就是课堂教学，实践教学只是课堂教学的一种补充，是理论教学的延伸与拓展，这种认识误区不仅影响思政课教师教学水平的快速提升，而且进一步加剧了思政课实践教学有效性弱化的问题。国内一些高校虽然一般都设有教学督导处，但教学督导实际上绝大多数关注教师课堂教学的问题，疏于实践教学的督导检查，且教学比赛过多关注教师的课堂教学能力和水平，致使实践教学缺少必要的质量监控和评价。专业课实践教学尚且如此，更遑论思政课实践教学。缺少思政课实践教学评价意识是不足，缺少思政课实践教学评价机制是不足，不能根据思政课实践教学实际合理有效地开展评价则是最大的不足。为了解决思政课实践教学评价不足的问题，秦皇岛职业技术学院思政部着重解决两个方面问题：第一，构建思政课教师开展实践教学的激励和评价机制，将思政课教师是否开展实践教学作为教师评价指标，对于思政课实践教学开展成效明显的教师进行奖励，并在评优晋级、职称评审方面予以倾斜。第二，加强学生参与思政课实践教学的考核力度，重点围绕学生的参与态度、参与表现和参与成效展开考核，适当将实践教学考核成绩纳入到思政课考核成绩中，并赋予一定的权重。通过科学合理的成效评价来推进思政课实践教学过程的开展，保证思政课实践教学目标实现，提高思政课实践教学有效性。

第三节　提升工作合力度

党的十八大以来，我国高校思想政治工作取得了积极进展，组织领导不断加强，方法手段不断创新，内容举措不断丰富，实际成效不断提升。同时，也面临亲和力和针对性不足、时代感和吸引力不强等问题。如果不采取措施予以有效解决，必然会影响到高校思想政治工作的持续健康开展。前不久，习近平总书记在全国高校思想政治工作会议上发表了重要讲话，深刻回答了事关高等教育事业发展和高校思想政治工作的一系列重大问题，具有很强的政治性、思想性和针对性，是指导高校做好新形势下思想政治工作的纲领性文献。因此，要以学习贯彻落实习近平总书记重要讲话精神为契机，坚持问题导向，强化思想引领，创新工作机制，全面提高思想政治工作水平。

一、突出党委领导，确保高校思想政治工作长效运作

习近平总书记强调，党委要保证高校正确办学方向，掌握高校思想政治工作主动权。构建党委统一领导，各部门各方面齐抓共管的工作机制是高校思想政治工作长效运作的必然要求。目前，强化高校党委在推进高校思想政治工作中的主体责任仍然是一项紧迫的战略任务。例如，高校思想政治工作及其有效开展所依附的领导机制，要求高校党委必须始终强化领导指导，掌握主导权，保证正确方向。然而，有的高校党委将注意力过多集中在创新办学机制、扩大办学规模、深化人才培养模式改革、加强师资队伍建设等工作方面。特别是一些新建高校，面对繁重紧迫的办学压力和内涵建设任务，党委或多或少地出现了对思想政治工作领导统筹不够、把关定向不严，甚至是缺位错位的现象，由此产生了高校组织、宣传和教育等职能部门协同力、配合度不强的问题，进而影响高校思想政治工作长效开展。因此，高校党委必须要将思想政治工作摆在重要位置，实行全方位、全过程领导，不断创新工作方式，有效增强工作能力，积极培育工作优势，切实提升思想政治工作水平。

二、突出创新发展，确保高校思想政治工作持续运作

习近平总书记指出，做好高校思想政治工作，要因事而化、因时而进、

因势而新。实施有效创新，不断适应环境变化是高校思想政治工作的永恒主题，也是高校思想政治工作发展的根本要求，要求我们必须全面准确地把握高校思想政治工作创新的本质要领和基本方法。作为一项系统工程，高校思想政治工作创新涉及理念创新、制度创新、内容创新、方法创新和文化创新等多方面内容。这些内容之间紧密联系，不能孤立，要同向同行，形成协同效应。任何一项内容的缺失或不足，都会影响到其他方面工作的有序开展乃至整个思想政治工作创新的持续推进。同时，每个方面的创新都离不开遵循思想政治工作规律，离不开遵循教书育人规律，离不开遵循学生成长规律，离不开遵循教育创新规律。因此，构建必要的创新机制就显得尤为重要。依托创新机制，充分调动思想政治工作主体的积极性，统筹推进思想政治工作创新各方面内容，合理破解思想政治工作短板，进而增强思想政治工作的时效性和针对性。

三、突出多方沟通，确保高校思想政治工作有序运作

习近平总书记指出，思想政治工作从根本上说是做人的工作，必须围绕学生、关照学生、服务学生。实践表明，学生的成长成才离不开学校教育、社会教育、家庭教育和学生自我教育。作为关系高校培养什么样的人、如何培养人以及为谁培养人这个根本问题的重要方面，思想政治工作的有序运作也应该而且必须要与学校教育、社会教育、家庭教育和学生自我教育统筹结合起来。从教育生态学理论的角度来看，就是围绕立德树人这个中心环节，树立教育生态观思想，依托沟通协调机制，细致研究思想政治工作系统的生态环境、生态承载力、生态质量控制和生态可持续发展等问题，不断实现高校思想政治工作与学校环境、社会环境和家庭环境等的良性互动，形成有效合力，使得高校思想政治工作不断赢得社会各方支持，增强思想政治工作的时代使命，厚植思想政治工作的环境基础。

四、突出全面保障，确保高校思想政治工作合理运作

习近平总书记强调，要把思想政治工作贯穿于教育教学全过程。这个过程大致可分为教育教学设计阶段和执行阶段，设计阶段是前提，执行阶段是关键。设计阶段就是强调高校党委对思想政治工作方案制订落实的领导统筹，重视构建全方位、全领域、全要素的哲学社会科学体系，推出更多高水平教材，完善教材体系建设。执行阶段主要是发挥好课堂教学的主

渠道作用，不断加强改进思想政治理论课，提高思想政治工作队伍能力和水平，丰富校园文化活动，开展社会实践。除了重视教育教学设计和执行，还应该关切教育教学保障。没有健全的保障机制和充分的保障手段，再科学的教育教学设计也难以真正得到执行和落实。根据高校思想政治工作实际，保障机制主要包括队伍保障和技术保障两方面内容。队伍保障要求整体推进高校党政干部和共青团干部、思想政治理论课教师和哲学社会科学课教师、辅导员班主任和心理咨询教师等队伍建设。技术保障主要是通过合理运用新媒体新技术使得思想政治工作活起来，实现思想政治工作传统优势的转化升级，增强思想政治工作时代感和吸引力。

五、突出绩效评价，确保高校思想政治工作高效运作

遵循规律办事是高校思想政治教育工作有效开展的最好捷径。在实现中华民族伟大复兴的征程中，高等教育的地位作用越是突出，高校思想政治工作的责任使命越是重大，越要始终从实际出发，坚持突破与提升相统一，在推进具体工作中谋求突破，在实现学生成长成才中提高成效，真正把思想政治工作更好地回归落实到立德树人这个根本问题上，确保思想政治工作目标、内容、水平和成效的有机统一。加强高校党委对思想政治工作的领导必须体现到实绩实效上，具体而言就是党委在把方向、管大局、作决策、保落实方面的实绩实效。此外，院（系）党组织和基层党支部在落实推进思想政治工作上也负有不同职责，承担不同任务，同样要突出实绩实效的评价考核。因此，构建高校党委、院（系）党组织和基层党支部三级联动评价机制，将有助于高校思想政治工作的责任逐级延伸、任务层层落实。抓住评价机制的绩效导向作用，高校思想政治工作就能不断提高能力和水平，以实际成效接受党和人民的检验。

六、突出及时优化，确保高校思想政治工作健康运作

为实现“两个一百年”奋斗目标、实现中华民族伟大复兴中国梦，培养德智体美全面发展的社会主义事业合格建设者和可靠接班人，是新形势下高等教育和高校思想政治工作的时代使命。努力完成时代赋予的光荣使命是高校思想政治工作应有的责任担当。一些传统的高校思想政治工作方式日益暴露弊端，不仅影响到思想政治工作目标的顺利实现，也影响到思想政治工作水平的稳步提升。破除弊端，改进方式，提高水平显得尤为重要，

必须增强创新意识，树立优化观念，着力构建思想政治工作优化机制，积极在优化主体、内容、手段和策略上寻求突破，切实培育思想政治工作新载体，增强思想政治工作新优势。构建优化机制要聚焦立德树人中心环节，紧扣思想政治工作主要目标和任务，找准亟待优化的重点领域和关键环节，精心谋划安排，务求实效；要立足高校办学和教育教学实际，结合高校管理模式、教师队伍结构和学生特点，提升思想政治工作优化的针对性和实效性，确保高校思想政治工作健康持续运作。

第八章　高校思想政治教育生态文化

高校思想政治教育生态机制、生态模式、生态系统在运作过程中会逐渐形成特定的精神状态和文化氛围，可以将其概括为高校思想政治教育生态文化。从广义上来理解，社会文化和校园文化都是影响高校思想政治教育生态机制、模式、系统和策略等运作实施的文化形态。特别是校园文化直接影响高校思想政治教育有效开展。从组成上来看，高校校园文化包括精神层文化、物质层文化、制度层文化和行为层文化。这四种文化广泛体现在专业文化、班级文化和宿舍文化上。本章主要围绕校园文化、专业文化、班级文化和宿舍文化展开研讨。

第一节　校园文化

一、校园文化的基本概念

作为伴随高校发展而形成的文化形态，高校校园文化是以高校环境和教育教学设施为基础，以高校师生的思想观念、心理素质、价值取向和思维方式为核心，以具有高校特色的人际关系、行为方式和文化活动为表征的精神状态和文化氛围。[1] 高校校园文化包括有形形态和无形形态，有形形态是高校主体在教育教学活动中逐渐形成的长期稳定的校园文化，这种形态的文化主要是通过具体的文化活动、现实的文化载体和客观的校园建筑物表现出来;无形形态主要是基于高校的校纪校规、行为准则和道德规范等，以及高校师生的世界观、价值观和审美情趣形成的理性文化，这种文化能够更深入有效地影响高校的生存发展。在长期的发展演化过程中，高校校园

（1）陈于仲，李正华，钟黎川 . 论大学校园文化建设 [J]. 理论与改革，2007（6）：101-103.

文化逐渐形成一个能动效应场，特别是其中的文化传统有着较强的辐射力，通过影响高校师生的思想和行为来对高等教育教学和高校发展产生影响。

现实中，高校校园文化总是与高校精神相融合，是高校精神的底蕴性存在和深层次表征。高校的发展过程是高校精神的培育过程，也是高校精神效能的释放过程。可以说，正是高校精神激发了高校师生的拼搏意识和进取心理，推动了高校的持续发展和不断演化。审视发展速度和绩效明显的高校可以发现：具有积极向上的高校精神是这些高校实现快速发展的重要条件，高校精神能够带动高校发展，实现高校师生思想和行为的高度协调和统一。高校师生思想和行为的有机协调以及在此基础上形成的高校校园文化是高校迅速崛起的根本原因之一。同时，大学文化的不断成长和社会文化的日渐丰富也在高校校园文化形成发展中起到了重要作用。高校的发展过程是高校内部结构不断完善的过程，也是高校功能机制逐渐优化的过程，更是高校精神凝聚化、理性化的文化转变过程，通常表现为在一定高校校园文化精神指引和导控下，由高校发展目标决定的各构成主体之间相互适应、相互促进和相互融合的动态过程。与现代化演变相类似，高校的发展演化也是一个理性化的过程，其本质就是在高校精神指导下依靠高校师生主体性、能动性和创造性，不断实现结构完善、功能优化、优势增强和绩效突出的过程。理性化的过程是高校思维方式、生存方式和发展方式合理化，并且渗透到高校校园文化和高校内部系统各构成层面的动态过程。

由于高校校园文化是校园文化、大学文化相互结合、融合形成的特殊文化，因而高校校园文化存在一定的文化传统，但又有别于这些文化，与这些文化之间具有内在的差异性。其中，大学文化对高校校园文化的影响最为广泛和深刻。在高校校园文化的发展演化过程中，大学文化始终处于主导地位，这一方面有助于高校校园文化从大学文化中汲取合理成分和营养因子，实现快速发展，但另一方面也使得高校校园文化难以摆脱大学文化结构、模式和建构的影响。一些高校在建设校园文化过程中缺乏对高职文化本质的系统性认识，缺乏对高校校园文化建设要求的深层次透视。在以“大学人”为主体的大学文化体系中，对知识传承、整理、交流和创新始终是其最基本功能，旨在实现大学精神文化、制度文化、物质文化和行为文化的完善发展。然而，高等教育是以培养高技能人才为目标，以培养和提高学生的实践操作能力为旨归，所以高校校园文化建设就应该服务和服从于高技能人才培养，而不应该脱离高等教育的价值目标和取向。然而，现实中高校校园文化并没有很好地体现高等教育的功能价值，长期游离于高等教育核心价值的边缘，没有形成与高等教育实际相适应、相匹配的文化特色。继承文化传统固然重要，但是忽视高等教育实际，不注重高等教育与大学教育、职业教育差异性分析，高校校园文化便会失去生存力、发展力和竞争力。

当前，很多高校的校园文化深受大学文化的制约影响，与大学文化之间的差异不大，特色不明显、个性不鲜明。多数高校认为只有保持与大学文化相一致、相统一是实现高校校园文化持续发展的重要保障，是高校校园文化转化为现实作用力的核心条件，而高等教育实际和要求则往往被忽视，校园文化建设的整个过程都置于大学文化建设的框架内加以进行。加之高等教育与职业教育存在千丝万缕的联系，大学文化的一些特点和建设要求又非常适合于高校校园文化的建设实际，更使得多数人将高校校园文化直接等同于大学文化，不论在理念、认识层面还是在实践操作层面都难以突破大学文化的制约，这种制约在很大程度上影响着高校校园文化的健康生存和持续发展。尽管一些高校的校园文化建设取得了明显成绩，但其辐射力和影响力缺乏持久性，难以有效适应高等教育快速发展和变化的要求，集中表现为当高校发展规模和实力得到迅速提升时，学校师生的思想和行为却得不到快速转变，迫使高校不得不付出较高的成本投入进行思想素质教育，以提高师生的思想认识和行为习惯，这种方式非但收不到很好的教育绩效，反而会无益于高校校园文化的培育发展。

在此背景下，有学者就指出高校校园文化建设一定要在充分考虑高等教育和高校实际，有针对性地对大学文化进行合理吸收的基础上进行。实际性和继承性对于高校校园文化发展都具有重要意义。不同形态的文化之间都具有一个共同特征，即重视文化背景和文化传统的有机统一，如果只注重文化传统而忽视文化背景的高校校园文化的建设和发展，在某种情况下有利于节约成本投入，但不利于形成与高等教育、高校发展实际需要相适应的高校校园文化结构和功能，不利于实现高校校园文化的长期发展和演化。可见，高校校园文化是基于大学文化、校园文化、社会文化等形成的特殊文化形态，不论在内容、层次、特征和性质上，还是在形成机理和运作机制上都具有特殊性。所以，在进行高校校园文化建设时，既需要充分汲取大学文化、校园文化、社会文化的合理成分，也需要对已有的高校校园文化的基因结构进行系统研究，对于基因结构中的缺陷和不足要有针对性地采取措施加以改造和补充，唯有此才能实现高校校园文化的健康发展。现在，校企合作的办学模式已经成为高校普遍遵循的基本模式，并在未来很长时间内主导高等教育的发展方向。作为支撑和推动校企合作办学模式的重要条件，高校校园文化必须要适应校企合作的实际，并依据校企合作的具体要求进行内部结构和功能的优化整合。

二、校园文化的发展趋势

作为一个动态复杂的有机过程，校企合作的形成和运行都需要基于一定的环境条件，这些环境条件表现为有形条件与无形条件的互动组合。任何形式的校企合作实际上都渗透和表现一定的高校校园文化特性，其有效运作也离不开高校校园文化的支撑。高校校园文化从本质上来讲是一种精神状态和文化氛围，这种精神状态和文化氛围能够对高校师生的思想和行为产生多层面影响，成为高校师生思想观念、价值取向和行为选择的路径依赖。这种影响将随着高校校园文化的发展而日渐突出和明显。高校师生在进行思想和行为选择的时候，就需要体现高校文化符号和标示的特色，保证自己思想和行为的正确合理，避免因脱离与高校校园文化保持高度的协同性，致使自己思无定律、行无定规、学无定法而造成经验无法有效积累，造成思想和行为的偏颇。可见，高校校园文化能够使高校师生的思想和行为相对持久地固化在某个范围和层面上。然而，当这种固化积累到一定程度便有可能产生足够的“刚性”，进而影响高校师生的环境选择和环境适应能力的提高。

校企合作作为高校实现持续发展的战略选择，其形成机制和运作机理的特殊性使得高校教师必须要突破传统高等教育办学模式的羁绊，充分尊重校企合作办学模式的内在规律。相对于已有的高等教育办学模式，校企合作是一种高效的、贴切目前高等教育发展实际和要求的新模式，其实施和运作必须依附新的路径依赖，即从原有的路径跳跃到新的路径上，也就是说，校企合作需要一定的路径转轨。这种路径转轨不仅需要高等教育理念、认知的转变，也需要高等教育方法、机制的转化，更需要高校校园文化的整合与重构。如果校企合作仍然禁锢于高校原有的校园文化之中，必然受到一定程度的制约。校企合作具有多样化的类型和模式，各种类型和模式之间相互依存、相互促进，任何类型和模式的选择运作都要充分考虑其他类型、模式的文化特点，忽视或忽略其他类型和模式运作的校园文化背景和条件，就会影响到整个校企合作绩效水平的发挥与提高。校企合作的发展过程是校企合作模式不断从松散到紧密、无序到有序的过程，也是高校校园文化不断从单一到多样、简单到复杂的过程。

作为高校外延式发展的重要途径，校企合作的有效开展本身就需要一定制度和规则的约束。按照 Mike W. Peng 的理解，这些制度可分为正式制度和非正式制度，正式制度是规则制度，包括规章、规则和措施；非正式制度包括规范、文化和伦理。(1) 前者主要保证校企合作过程的有效开展；后者主要是影响校企合作主体的思想、意识、行为、道德和习惯等文化氛围。目前，在以校企合作为内核的示范性高校的评价体系中，校园文化是一项非常重要的评价指标，可见，校园文化在校企合作过程中的作用已经引起重视。没有与之相适应的高校校园文化，校企合作的顺利、有效开展就会受到影响。从校企合作的构成主体上看，企业和高校分别具有不同的文化特性，两个主体的思想交流和行为选择内含着彼此文化因素的交流和判断。校企合作的递进过程就是企业文化与高校校园文化相互融合、相互渗透的动态过程，融合渗透以后的企业文化与高校校园文化彼此都内涵对方的文化因素和文化成分。从整体上推进校企合作，需要将高校校园文化置于校企合作战略的高度加以建设，并通过校企合作的互动平台丰富高校校园文化的内容体系。

校企合作本质上具有高校校园文化重构整合的意蕴，可以将高校校园文化分为“重构整合以前的校园文化”和“重构整合以后的校园文化”，前者形成于高校的发展过程，与高校发展相伴随；后者形成于高校实施校企合作过程，与校企合作过程相伴随。特定的高校校园文化培养高校师生的思想行为，造就校企合作主体之间的心理契约，进而保证校企合作过程的顺利开展和绩效取得。反过来，校企合作过程形成的文化因子又会作用于高校校园文化，进而巩固高校校园文化的传统特色，增强高校校园文化的

（1）孙卫，唐树岚，管晓岩.基于制度的战略观：战略理论的新发展[J].科研管理，2008（2）：15.

竞争优势。不论是高校校园文化传统，还是校企合作催生出的新的校园文化层面，都会对校企合作产生重要影响。由于重构整合以后的高校校园文化既有属于企业文化的范畴，也有属于高校校园文化的范畴，因此有助于校企合作主体的相互融合和校企合作过程的顺利开展。近年来，一些新列入国家示范性高校的学校非常重视校园文化的建设，将校园文化建设视为一项战略工程来加以管理，将构建适应校企合作模式要求和特点的校园文化作为校园文化建设的重要内容。所以，高校校园文化是推动校企合作的重要保障，也是促进校企深度合作的决定条件。

三、校园文化的建设原则

随着高等教育教学改革的深入发展和高等教育竞争态势的日渐激烈，校企合作的办学模式成为高等教育发展的必由之路。在此背景下，我们应该首先清楚高校校园文化与校企合作之间的内在关系，重视校企合作对于丰富高校校园文化内涵的意义，以及高校校园文化对于促进校企合作顺利开展的作用；系统分析校企合作所需要的文化基础、文化条件和文化背景，并对这些文化基础、条件和背景进行细化；认真研究高校校园文化的结构体系、功能机制和运作机理，对高校校园文化系统进行深层次的盘点。尽管目前的高校校园文化建设已经取得了明显成绩，但是我们应该清楚地看到由于受大学文化的制约影响，加上对高等教育和高校特殊性研究的缺失，使得高校校园文化并没有在高等教育、高校发展的基础上生成发展，大学文化的部分特征仍然在高校校园文化上有所体现。对此，如果不进行深入研究和分析就不能形成适应校企合作的高校校园文化，甚至会影响校企合作过程的顺利开展和有序进行，而这又有赖于高校校园文化建设基本原则的合理把握。基于校企合作的高校校园文化建设基本原则主要包括人本性、系统性、动态性、绩效性和成本性等。

1. 人本性原则

人本性是基于校企合作的高校校园文化的首要特征和内在要求。忽视了人本性，高校校园文化就无从谈起，促进校企合作有效开展也只能成为一句空话。高校校园文化从精神方面关注高职学生的成长无疑非常重要，但忽视高职学生的人本价值，必然会导致高校校园文化建设陷入困境。因此，高校校园文化首先应该融入人本精神和人本关怀，提高自身的人本价值。

20世纪60年代的教育文化强调人的工具性和社会性，改革开放以后的应试教育文化强调的是人的功利性和目标性，今天的素质教育文化则强调的是人的发展性和全面性。(1) 人本性的核心就是充分尊重人的综合素质和能力，突出人的价值和尊严，重视对人的发展的无限关怀，全面发挥人在社会发展过程中的主体地位。实施校企合作办学模式的立足点就是通过学校与企业之间的互动合作，着力提高高职人才的综合素质和实践能力，增强高职人才的专业技能和竞争优势，旨在实现高等教育的持续发展，其本身蕴涵着对学生生存发展价值的关切。基于校企合作的高校校园文化应该突出人本性，并将塑造和构建学生的价值世界作为终极目标旨归。在进行高校校园文化建设过程中，首先要突出人本理念，应用人本价值来协调与整合高校校园文化各层面之间的关系；其次要深入挖掘能够提高学生综合素质和能力的文化素材，并将企业文化中的人本性贯穿于高校校园文化建设的整个过程，实现企业文化与高校校园文化的深度融合，提升高校校园文化的人本价值内涵；最后要以人本性价值尺度来评价高校校园文化建设状态，对建设过程中发现的问题要采取有效措施加以解决，从整体上提高高校校园文化的人本价值水平。

2. 系统性原则

系统是指由两个或者两个以上的要素相互联系、相互作用形成具有稳定结构并体现特定功能的有机体。作为事物存在的普遍方式，系统在要素层面、结构层面和功能层面都具有要求性，任何层面的缺失都不可能形成系统整体。(2) 基于校企合作的高校校园文化是一个典型的系统整体，其建设涉及诸多的环境要素，各种环境要素之间相互联系、相互依赖、相互制约和相互作用，形成高校校园文化建设过程。对基于校企合作的高校校园文化进行系统性原则把握时应该着重从三个方面进行考虑：一是由于高校校园文化系统是由若干个彼此存在相互联系、相互影响的生态要素组成的有机体，因而要强调高校校园文化系统内部各个构成要素之间的关联互补性和功能统一性；二是高校校园文化系统作为一个有机功能体，具有一定的时空界限性，需要清楚高校校园文化系统与外部环境之间的互动关系，在

（1）马金虎 . 简论提高大学生的文化素质 [J]. 中国成人教育，2002（3）：32.
（2）贺祖斌 . 高等教育生态论 [M]. 桂林：广西师范大学出版社，2006：35.

保持二者关系相对稳定的基础上，不断实现高校校园文化系统与外部环境的物质循环、能量流动和信息传递；三是高校校园文化系统是由彼此存有关联性的要素组成，这些要素形成一定的结构关系并体现特定的功能属性，既需要合理把握高校校园文化系统各构成要素的生态活度，也需要系统研究系统内外构成要素之间的生态关系，还需要分析高校校园文化系统与构成要素、结构关系与功能机制、系统整体与内外环境等基本范畴。此外，也要树立系统思维模式来正确处理基于校企合作的高校校园文化建设过程中出现的问题，并构建相应的评价体系来合理评价高校校园文化建设，在保证建设成本最小化、收益最大化的基础上，实现高校校园文化绩效的最优化。

3. 动态性原则

实现内部结构和功能层面之间的平衡稳定既是基于校企合作的高校校园文化建设的基本目标，也是基于校企合作的高校校园文化建设的重要保障。这种平衡稳定主要体现在结构平衡、功能平衡和物能输入输出平衡三个方面。平衡稳定是动态的平衡稳定而非绝对静止的平衡稳定，是具有时空界限的平衡稳定而非毫无边际的平衡稳定。这一目标的实现既离不开高校校园文化内部环境的平衡稳定，也离不开高校校园文化外部环境的平衡稳定，更离不开高校校园文化内外环境之间的平衡稳定。只有实现这三个层面的平衡稳定才能保证高校校园文化系统的平衡稳定。外部环境是基于校企合作的高校校园文化建设的重要基础和存在条件，从构成上看，高校校园文化的外部环境可以划分为社会环境、经济环境和自然环境[(1)]，各个环境维度都对高校校园文化建设产生重要作用。外部环境条件的动态性决定了基于校企合作的高校校园文化的动态适应性。高校校园文化的动态适应既可以通过完善文化系统内部的结构体系和功能机制来主动适应环境，也可以通过适当改变外部环境使得外部环境朝向有利于自身生存发展的层面发展。在基于校企合作的高校校园文化系统中，由于构成主体的多元性决定它对外部环境动态适应的多层面，包括高校校园文化对所依存环境的适应，作为高校校园文化构成要素对外部环境的适应，以及高校校园文化主体——人对外部环境的多层面适应。因此，基于校企合作的高校校园文化的建设：

（1）梁嘉骅．企业生态与企业发展——企业竞争对策 [M]. 北京：科学出版社，2002：77.

要动态适应校企合作办学模式的根本要求，其价值取向一定要满足和适应校企合作的内在要求，特别要适应校企合作不同时期和阶段背景的文化要求；要根据校企合作要求的变化性特征合理构建高校校园文化的结构体系和功能机制，不断赋予高校校园文化新的内涵。

4. 绩效性原则

管理和经营是基于校企合作的高校校园文化建设的两个层次。管理主要是为了实现高校校园文化建设目标，主体对建设过程进行计划、组织、领导和控制的动态过程；经营是为了实现高校校园文化建设目标的最优化，主体对建设资源进行合理配置的动态过程。管理侧重于高校校园文化的建设过程以及基本目标的实现；经营侧重于高校校园文化建设资源的充分利用以及绩效目标的最优化。(1) 现实中，多数高校的校园文化建设仅仅停留在管理层面，而非经营层面，建设资源配置主要以计划方式为主，市场配置方法的应用略显不足，市场机制在高校校园文化建设中的基础性作用得不到充分发挥，进而影响高校校园文化建设的绩效水平。事实上，基于校企合作的高校校园文化建设是一项需要人、财、物资源投入的系统工程，这些资源投入构成了建设成本。与其他经济活动相类似，高校校园文化建设过程是一个成本收益的比较过程。绩效性原则要求高校校园文化建设主体应该树立成本意识和经营理念，能够对高校校园文化建设成本投入和收益进行绩效评价。通过绩效评价发现高校校园文化建设过程中存在的问题和不足，形成切合实际的评价结论，为高校校园文化建设提供参考，进一步提高高校校园文化建设的绩效水平，明确基于校企合作的高校校园文化建设的方向。绩效评价得到的信息可以分为“判断导向”和“发展导向”两种(2)，判断导向的评价信息主要反映已经发生的绩效，为判断哪些方面应该纠正和如何有效衡量已实施的发展计划提供基础；而发展导向的评价更加关注的是改进未来的绩效，确保绩效预期清晰明确，识别通过相关评价基本方法，修正和调整发展内容，提高高校校园文化建设的绩效水平。

---

(1)周游.我国高等学校市场化经营：特征、障碍及路径分析[J].辽宁教育研究，2003（1）：20.

(2)约翰M伊万切维奇，等.组织行为与管理[M].邵冲，等译.北京：机械工业出版社，2006：168.

5. 规范性原则

基于校企合作的高校校园文化建设是一项系统工程，需要统筹考虑各个要素、层面的实际特点，认真研究各要素、层面之间的相互关系，并按照重要程度和作用大小进行合理排序，对于建设重点要给予人、财、物资源的倾斜投入，对于一般的建设要素和层面则必须要保证正常的资源供给。然而，合理排序并不是随意进行，不仅要求建设主体充分发挥聪明才智和积极能动性，也要求建设主体有效把握基于校企合作的高校校园文化建设的内在本质、规律和要求，即高校校园文化建设必须要遵循规范性原则。忽视或者忽略高校校园文化建设的规范性原则，极有可能影响高校校园文化建设过程的顺利开展，导致高校校园文化建设水平的不足，弱化高校校园文化建设的绩效，进而无益于校企合作的深入进行。遵循规范性原则，需要提高对基于校企合作的高校校园文化建设过程及其规律的认识，灵活掌握建设过程各时期、各环节的要求和特点，系统把握各时期、各环节之间相互联系、相互作用的内在机理；需要增强对基于校企合作的高校校园文化建设过程的控制和把握，对于建设过程中出现的各种问题能够进行合理解决，并将解决情况和结果及时公布于众，增强高校校园文化建设的效度和信度；需要加大对基于校企合作的高校校园文化建设过程的监督和管理，可以成立专门的监督和管理专家组，依据规范性原则对建设过程进行监督和管理，提高高校校园文化建设的水平。

四、校园文化的建设策略

高等教育正在不断探索和总结的过程中实现快速发展。未来高等教育的发展走向必将以培养高素质人才为中心，在注重内涵建设的基础上，着力推进外延发展，实现内涵建设与外延发展的有机协调。校企合作作为高等教育内涵建设与外延发展相结合的重要形式和集中体现，其运作必然要构建与之相适应的多元化、系统化的高校校园文化体系。高等教育发展的开放性特征也决定了高校校园文化建设必须要适应高等教育发展和社会发展的实际要求。面向校企合作的高校校园文化无疑是以突显校企合作特点，满足校企合作要求，推进校企合作开展为主导，以是否有益于校企合作发展为评价标准的新型校园文化。从目前高等教育发展的实际来看，高等教育正处于定位逐渐合理化、科学化和现实化的过程中，由于高等教育既属于高等教育的类型范畴，也属于职业教育的最高层次，如何准确定位高等教育的功能地位和作用角色就显得较为复杂，尤其是与高等教育相伴随的高校校园文化的培育更是不容易把握。高校校园文化建设应该突出体现和深刻反映高等教育发展的现状和要求，其过程不仅是高校校园文化重构内容体系和结构层面的过程，更是高校校园文化释放功能作用和绩效水平的过程，对于适应和满足目前校企合作的实现具有更深层和更核心的作用。面对目前高校校园文化建设长期禁锢于大学文化模式的现状，以及校企合作深入发展的要求，高校校园文化转型就成为校企合作办学模式推进的迫切需求。

1. 充分认识高校校园文化的重要作用

校企合作是目前高等教育的主要办学模式和实现高等教育快速发展的有效途径，也是高等教育深化改革的集中体现。校企合作既需要物能层面的保障，也需要文化层面的支撑。只有实现物能层面和文化层面的协调统一，才能切实保证校企合作过程的顺利开展。在物能层面保障充足的前提下，文化层面的作用将随着校企合作过程的深入递进越来越趋于明显，尤其是当校企合作处于发展和成熟阶段，文化层面的作用更加突出。高校校园文化的渗透力和辐射力能够较强地作用于校企合作过程的各个环节，特别是对于校企合作主体的思想、行为起着较强的导控作用，能够综合协调这些主体之间的关系。校企合作能否获得进展并取得明显绩效，在某种程度上主要取决于高校校园文化。高校校园文化建设是实现高等教育持续发展的内在要求，是促进校企合作稳步推进的有效动力，也是加快高等教育与社会协同发展和演化的高阶内核。实施校企合作的根本目的在于促进高等教育的持续发展，高校校园文化建设的价值旨归也是实现高等教育的健康发展，二者在目标上是相互统一的。高校校园文化作为一种亚文化形态，对于塑造高校竞争优势，培养高技能型人才，培育优秀高等教育教学管理者有着十分重要的作用和意义。高等教育之所以成为职业教育体系中的最高层次，并占据着高等教育的半壁江山，不仅在于其实体的存在，更在于其独有文化的存在。从文化角度看，校企合作是高校校园文化创新发展的重要载体，其实施过程就是高校校园文化的继承传播过程。通过高校校园文化的影响，提高校企合作的绩效水平。高校校园文化不仅影响校企合作的实施过程，也影响高校和企业的发展。在内部层面，高校校园文化增强了校企合作主体之间的凝聚力、团结力，形成工作合力和共同的价值观体系；在外部层面，高校校园文化提高了校企合作的社会地位和价值认同，有助于学校和企业形象的树立。高校校园文化是校企合作意义的体现、校企合作价值的表征、校企合作特色的反映和校企合作优势的折射，从这个意义上讲，基于校企合作的高校校园文化发展就是校企合作办学模式的发展，基于校企合作的高校校园文化的创新就是校企合作办学模式的创新。校企合作的绩效水平充分体现它的价值作用，但校企合作的辐射力和影响力的根源还在于其催生的高校校园文化的特色。

2. 准确把握高校校园文化的基本特征

高等教育具有的无可替代的地位角色就在于其所拥有的文化力，所以作为高等教育办学模式的校企合作要想确立自身的特色优势关键在于培育与之相适应的校园文化。校企合作如果缺乏必要的校园文化的支撑，就不可能实现持续发展。不论是新成立的高校还是具有历史传统的高校，其实施校企合作办学模式都需要构建体现校企合作特色的校园文化，并经过长期的实践发展和多层面的辐射传播，不断得到凝练和提升。校企合作作为高等教育新的办学模式，能够充分发挥企业的社会资本和高校的教育资源，有利于实现企业价值、高校价值、社会价值和人本价值的有机统一。不同层次和水平的校企合作具有不同的内容和主题，其需要高校校园文化的支撑力也不相同，越是层次和水平高的校企合作，越需要充分尊重企业和高校的利益，越需要充分调动合作主体的主观能动性，越需要有效发挥合作主体的聪明才智，越需要协调统一校企合作各要素、层面之间的关系，而这些又有赖于高校校园文化的辐射和影响。系统分析校企合作的实践要求，结合高校校园文化的实际特点，可以将基于校企合作的高校校园文化的基本特征概括为“实、新、活”三个方面[(1)]:“实”就是形成切实反映校企合作实际的文化成果。无论是学校和企业之间合作互动的文化活动，还是学校和企业之间普遍遵循的思想意识、价值信念和道德准则，还是相关的学术论文、专著和研究成果，都属于校企合作的文化成果；“新”就是形成利于校企合

（1）郭贵春.创新和丰富大学文化提高核心竞争力[J].中国高等教育，2005（8）：25-27.

作创新发展的文化氛围。校企合作主体大多数知识文化水平较高，创新意识和能力较强，能够围绕校企合作主题展开创新活动，为此要营造有利于校企合作创新的文化氛围，为校企合作主体提供创新机会；“活”就是形成利于校企合作深入开展的开放文化。校企合作在本质上就是一个多元开放的动态过程，正是这种动态开放性使得校企合作能够不断从环境中汲取资源因子，获得持续发展的动力，这就需要在与外部社会文化融合的过程中不断发展高校校园文化。

3. 着力培育高校校园文化的特色品位

基于校企合作的高校校园文化是高校校园文化发展的新形态和新方向，它具有多层面的功能作用，在宏观层面有助于社会文化的繁荣发展，在中观层面有助于高校和企业的协同发展，以及高校校园文化和企业文化的进步，在微观层面有助于增强校企合作主体的凝聚力，调动校企合作主体的积极能动性，促进校企合作办学模式的深入实践。基于校企合作的高校校园文化既是管窥校企合作实践过程及其绩效水平的切入点，也是高校校园文化创新发展的着力点。从理论上看，高校校园文化是一个具有多层次结构的文化整体，在不断发展过程中逐渐形成了精神层文化、物质层文化、制度层文化和行为层文化，这些文化层面尽管也是其他文化形态的构成层面，但是具体内容和本质特征却有着明显差异，这种差异主要是由高等教育生存发展实践及其价值目标的特殊性所决定。从现实来看，现有的高校校园文化并不能够很好地适应和满足校企合作的实践要求，这就需要在继承高校校园文化已有优良传统的基础上，从校企合作及其深度开展的内在要求出发，不断构建突出校企合作特征的高校校园文化。基于校企合作的高校校园文化要发挥出宏、中、微观层面的先导作用，就需要积极培育特色品位：一是校企合作模式下培养的高职人才要具有较强的实践操作能力，能够灵活应用所掌握的技能合理处理工作实践中遇到的各种问题；二是校企合作模式下形成的研究成果要集中体现和反映目前高等教育教学的前沿和热点问题，能够辐射和带动高等教育教学研究的发展；三是校企合作模式下催生的技术、工艺和流程具有明显的社会效益、经济效益、教育效益、人本效益和生态效益，能够广泛应用到企业生产管理实践和高校实践教学中；四是校企合作模式下形成的高校校园文化要体现企业文化、高等教育文化和高校文化的典型特征，能够起到积极的辐射和带动作用。只有协调好这四个层面之间的关系，才能培育出基于校企合作的高校校园文化的特色品位和竞争优势。塑造强化基于校企合作的高校校园文化特色，利于在校企合作取得绩效，实现持续发展。

4. 全面构建高校校园文化的管理机制

基于校企合作的高校校园文化的建设既关系着校企合作的顺利开展，也关系着高校的生存发展。突出基于校企合作的高校校园文化建设是高校办学模式谋发展、求实效、重特色的有效举措。任何一个实施校企合作办学模式的高校都应该将校园文化置于战略高度来加以重视，通过校园文化的建设来丰富校企合作办学模式的内涵，增强校企合作办学模式的特色优势，提升校企合作办学模式的整体水平。这一目标的实现都需要依附特有的管理机制——计划系统、组织系统、领导系统和控制系统。

（1）计划系统。与其他实践活动相类似，基于校企合作的高校校园文化的建设需要详细的计划和周密的部署，唯有制订出合理的计划，才能明确高校校园文化建设的总体目标和思路，清楚高校校园文化建设基本步骤和环节，掌握高校校园文化建设的主要方法和途径，增强高校校园文化建设的主动性。

（2）组织系统。组织系统是基于校企合作的高校校园文化建设的基础机制，它能够从整体上规整出高校校园文化建设的资源和要素，但这些资源和要素只有处于高速运转状态才能发挥出应有的功能效应，这就需要合理设计校园文化建设的组织系统，一是静态层面的组织系统，主要以建设主体、对象、内容、手段和方法等为内容；一是动态层面的组织系统，主要以协调和整合建设过程各要素、层面和环节为内容。

（3）领导系统。领导系统是一种具有制定约束和规则控制的系统，主要由领导者、领导活动和领导环境组成。其中，领导者是主体要素和核心要素，是领导环境塑造和领导活动开展的主体性条件；领导活动是领导者按照基于校企合作的高校校园文化建设的目标要求进行的相关活动的总称；领导环境是影响领导者生存发展及其活动开展的环境条件。这三个要素相互联系、相互影响、相互依存，共同组成领导系统。

（4）控制系统。基于校企合作的高校校园文化的建设是一个长期的复杂过程，内外环境的动变使得建设过程不断面临着各种风险，进而影响高校校园文化建设绩效的取得。同时，高校校园文化建设过程涉及的要素、层面之间的功能妨害也会造成建设过程的偏差。需要构建控制系统，设置控制目标，确定控制对象，选择控制方法，强化控制基础，对高校校园文化建设过程全面控制，保证高校校园文化建设绩效合理取得。

第二节 专业文化

在高校思想政治教育生态文化体系中，专业文化是重要的组成部分，并且在高校思想政治教育过程中日益发挥着重要作用。关于专业文化，近年来有许多学者开始关注并且撰写出大量的理论成果。发挥专业文化作用，不能仅仅停留在概念内涵层面的探讨，还应该注重专业文化建设方面的内容。本小节主要介绍专业文化建设的基本原则和具体策略。(1)

一、专业文化的研究现状

1988 年，Lieberman 教授在《Building a Professional Culture in Schools》一书中，首次提出在高校建立专业文化，引导教师的职业发展。之后国外学者从不同层面和视角对此展开了研究。在学生学习方面，Aranietal(2010)强调一个共享的专业文化能够提高学生的学习潜力，丰富课堂活动，进而改变学校的整体学习环境；Watling（2013）则通过音乐、医学和教师培训三个专业的比较研究，发现了专业文化在学生能力培养过程中的重要作用。在教师发展方面，Doris（1996）认为专业文化建设能促使教师团体建立“学习者的社区”，促进相互学习与成长。Kirkpatrick（2009）强调了专业文化在激励或者抑制教师工作态度方面起着重要的作用。在学校建设方面，Owens（2010）认为专业文化是学校文化的精髓，通过专业文化的移植可以实现学校的重建。在组织文化建设方面，Geof Freyetal（1994）提出了组织环境下的专业文化框架，分析了专业文化对组织文化的作用，强调了专业文化是构成组织文化的重要组成部分。在研究领域方面，现有研究大多聚焦于幼儿教育、医疗保健（Pippa，2005；Browning，2014）

（1）上官敬芝，王冬冬，王启万．高校专业文化建设的原则与路径探析 [J]. 教育探索，2016（11）：80-83.

等特殊专业。

我国虽然对专业文化的研究较晚，但也取得了大量研究成果。一是进一步明确了专业文化建设的价值所在。专业文化对于人才培养、专业自身发展、大学文化建设等具有重要意义，它像“一只看不见的手”，成为专业素养形成的深层推动力，是专业价值和个性特征的体现，具有强大的教育功能，甚至决定着专业建设的成败。二是进一步明确了专业文化建设的路径和内容。高校专业文化可以通过价值观提炼、行为准则规范、教学过程设计、专业环境建设、教师素养提升、社团建设、校企共建以及“校、企、行”文化融合等多种途径和模式进行建设与推进，并且要对建设效果进行评估。三是进一步明确了专业文化建设的层次体系。借助组织文化理论，专业文化主要包含物质层面、制度层面和精神层面三个方面的内容。参照企业文化的分类，专业文化是由物质文化、精神文化、制度文化和行为文化组成的统一整体。有学者根据“洋葱”理论认为高职院校专业文化由核心向外可依次划分大学精神、典型人物性格、礼仪和物质文化层。四是进一步拓宽了研究领域和视角。每个专业都具有自身的文化内涵，其专业建设都离不开文化建设。国内学者主要侧重对职业院校专业文化的研究，个别学者对本科院校的专业文化进行了研究，并对专业文化与行业文化、大学文化、学科文化、院系文化之间的关系进行了分析。综上，国内外研究成果主要展示了专业文化的内涵、功能和作用，界定了专业文化构成的基本框架，解决了“是什么”和“怎么样”等问题，为高校专业文化建设奠定了基础，同时也为进一步探讨专业文化建设的原则和路径提供了重要依据。

二、专业文化的建设原则

探讨专业文化建设原则有助于回归专业文化的本源，系统推进专业文化建设工作。

1. 彰显专业特质

专业是高等学校和中等专业学校根据国家需要和科学发展状况而设置的学业门类。在高等学校，专业既是一个学科单元，也是组织教学活动、培养人才的最基本单位，更是学生最直接的成长环境。不同专业往往对应着社会上不同的行业领域和产业需求，对学生的要求也自然不同。为了实现特定的培养目标，每个专业都要制订自己独立的教学计划。但各专业除了对专业知识和能力的要求不同外，对学生的个性、思维方式乃至行为方式等的期望也有所不同，这正是专业文化建设的使命所在。G.霍夫斯塔德（Geert Hofstede）曾经说过，“文化是一个群体中的成员区别于其他群体成员的集体性的精神规划”。由此可见，专业文化应该是专业具有的独特个性，是一个专业区别于另一个专业的最鲜明标志。专业文化建设就是要立足专业特质来营造专业氛围，通过文化“润物细无声”的熏陶作用来潜移默化地影响学生，从而助推专业培养目标的实现。因此，专业特质是专业文化建设的核心和立足点，彰显专业特质是专业文化建设的归宿，没有以专业特质为核心的专业文化建设无异于空中楼阁。

2. 对接校园

高校的教学管理组织结构是由学校、二级学院（系）和专业教研室构成，这就决定了校园文化依次由大学文化、院系文化和专业文化组成。校园文化可以用大圆、中圆和小圆表示构成。大圆代表大学文化，是大学精神、制度及物质层面的一种过程和氛围，是大学里思想启蒙、人格唤醒和心灵震撼等因素的结合体，是院系文化和专业文化建设的生态环境和约束。中圆代表院系文化，是大学文化中的一个文化圈，是院系在长期教学管理实践过程中独创、发现、发展而来的一种独特的组织文化形态，它以院系全体师生员工为主体，以知识及其专业（学术）为基础，具有被院系师生员工普遍接受、认同并遵循的基本行为准则、思维方式、学术精神、职业道德观念和价值观念，以及院系在建设发展中形成的物质、人文环境及其教育教学管理制度，是高校院系精神文化、制度文化、物质文化和行为文化的总和。小圆代表专业文化，专业文化是师生历年所创造、积淀并共享的物理环境、价值观念、行为习惯和标准的总和，它代表了师生的专业认知和情感归属，是大学文化的精髓部分。虽然校园文化的三个层次相互依赖，彼此渗透，但他们的主体范围各不相同。大学文化的主体是学校范围内所有的组织和师生员工；院系文化是大学文化中的一个文化圈，其主体是院系范围内所有的学科、专业和师生员工；专业文化又是院系文化中的一个文化圈，其主体是专业范围内的师生员工。所以，专业文化是大学文化和院系文化的亚文化，专业文化的建设必须在大学文化和院系文化构筑的两个文化环境圈中进行，要与校园文化、院系文化协调和统一，在体现共性要求的同时凸现个性，在普遍性的基础上体现特殊性。

3. 融入行业文化

大学是契合发展需求、对接行业标准的高层次人才“生产基地”，不仅承担着学生步入职业生涯前专业知识储备、专业技能生成的重大责任，更肩负着学生专业精神塑造、良好职业道德和行为习惯养成的重要使命。前者是实现学生从学业向就业转换的“专业硬实力”，在工作中尚需与时俱进，不断学习、更新和提高；后者则是一种让学生受益终身的“专业软实力”，是一种能够自我丰富精神世界、自主塑造优秀职业品质、自动修复不良职业行为的“精神调节器”。专业软实力实际上就是具有独特专业性格的专业文化。为充分发挥专业文化对专业建设的引领功效，专业文化建设必须与相对应的行业文化紧密结合，把行业的价值标准、行为标准等融入专业文化的建设过程中，实现专业文化与行业价值导向的统一。

4. 分层次构建

专业文化主要包含物质文化、制度文化和精神文化三方面内容。这三个方面形成一个明显的“圈层”结构。其中精神文化构成专业文化的灵魂和核心，贯穿于专业文化的制度层和物质层之中，指导和规范着二者的建设方向;物质文化是专业文化的外在表现，受精神文化和制度文化的影响和制约，同时又是精神文化和制度文化的载体，有效推动着它们的发展；制度文化处于二者之间，是联系二者的纽带，也是精神文化和物质文化发挥正常作用的保证。专业文化的这三个层次构成一个统一的整体，在专业文化中既互相联系，又有各自不同的内涵和作用。因而，专业文化建设既要总体设计，保证一体性，也需要分层构建，体现三个层次的独特性。

5. 系统推进

专业文化是一项较为复杂的系统工程，需要高度重视，全员参与，明确路径，系统推进。学校领导是专业文化建设的组织者和推动者，应将专业文化建设纳入学校整体工作进行通盘考虑，纳入年度计划进行检查督办，纳入专业建设进行考核评价。院系是专业文化建设的具体实施者，应制订详细的建设计划，明确建设目标、经费来源、工作步骤和具体措施。广大师生既是专业文化的影响者也是专业文化的创造者。专业文化建设必须以广大师生为主体，以他们的全员参与为保障。

三、专业文化的建设策略

1. 凝练专业精神，明确专业文化建设的方向指引

专业精神文化包括专业建设的目标定位、专业的发展理念、师生共同的理想信念、价值追求、成才期望、职业认知等内容。其精髓通常是以专业文化的核心要义来表现的，往往运用简洁而富有哲理的语言加以提炼和概括。专业精神是专业文化的核心，是该专业人士共同认可并愿意遵循的价值取向。凝练专业精神是专业文化建设的首要任务，也是一个对专业价值取向再认识、再定位、再明确的必要过程。专业精神的凝练通常有以下几个途径：一是对于办学时间较长的高校（或专业）而言，可根据本专业厚重的历史和优秀的文化，结合时代特征凝练专业精神，使专业长期形成的优良传统和作风得以传承与发展。二是对于没有历史文化积淀、办学时间较短的高校（或专业）而言，专业建设一定要在“新”字上下功夫，走出一条不赴老牌学校后尘的特色发展道路。为此，必须理念先行，即学院（或系）领导要认真领会上级的相关文件精神和学校办学定位，深入调查分析区域经济发展对本专业人才的中长期需求，做好专业建设的顶层设计，提炼出符合专业建设特色的理念。三是对于有行业背景的高校（或专业）而言，可借鉴与本专业对口的代表性企业生产的理念，结合学校的办学定位和本专业的人才培养目标，形成自己独特的专业精神。无论哪种方式，专业精神都需要师生的全体参与，反复讨论，这既是一个达成共识的过程，同时也是宣传普及的过程。

2. 形成制度体系，保障专业文化建设的有效推进

专业文化建设初期离不开制度文化的保证。根据态度的形成理论可知，刚性的专业制度约束，可使专业成员在执行制度时，逐渐实现从“被动服从”到“主动认同”，再到将制度规定的东西“内化”转变为自己的内心意识，完成由“外化制度”向“内在认知”的转变过程，最后形成一个专业的价值标准、专业师生共同认可的精神力量和追求。专业制度文化建设的内容非常丰富，涵盖了规范师生日常行为的管理要求、学习要求、纪律要求和活动要求等。主要包括：人才培养方案、教学实施计划和教学大纲、学分制及选课办法等教学文件；教学质量标准、教师工作规范和岗位职责、学生管理制度、实训实验流程和操作规范、师生交往规范等行为标准；教学

事故处理规定、学生考试作弊等违纪处理规定和教师、学生评先评优办法等激励制度。完善的制度体系是有效推进专业文化建设的重要保障。

3. 设计表现形式，营造专业文化建设的物质环境

建设优秀的专业物质文化就是要创造条件，综合展现专业物质文化和非物质文化，让专业文化气息弥漫在专业所辖的每个物理空间（教室、实践场所、走廊、宿舍、数字化传播系统等），让专业师生涉足的相关区域都会“说话”。专业物质文化建设的主要途径为：一是专业文化专栏。在教室、学生宿舍等学生经常出入的地方以墙壁悬挂、张贴彩图或黑板报等形式，图文并茂地介绍专业理念、专业发展历史、中外著名企业家事迹、优秀校友事迹、教学名师业绩，展示近年来本专业师生的作品和成果图片，介绍实训基地的发展现状等；在校内专业实训实验场所墙壁上张贴实训中心介绍、实训实验制度、实训项目介绍和操作规范；在教研室墙壁上张贴教师的专业行为规范。二是专业发展博物馆。按照专业发展的重要转折点，收集相关典型设备、专业产品的实物及图片资料等，向学生展示专业发展的“里程碑”和技术跨越的进步过程；陈列历年来本专业师生的优秀作品和成果。三是专业数字化传播系统。主要借助专业网站、微信平台、微博等新媒体手段，播放虚拟仪器课程、相关企业生产过程影视等，介绍相关行业标准、行业最新发展动态、行业人才需求状况、本地区相关企业的职业标准、主要岗位的用人要求、企业家成长经历等，开展名师论坛。四是其他形式的专业物质文化。利用学校招生宣传册、新生报到材料等做“专业广告”；印发学生手册，明确学生行为规范；倡导每位教师的教学课件、讲座 PPT 的页眉或页脚加上专业标识和专业核心要义。

4. 坚持传承创新，促进专业文化建设的不断提升

专业文化建设是一个长期积累的过程，不可能一蹴而就。一方面，文化的形成本身就是一个循序渐进的演化过程，优秀文化传统更是长期传承和创新的结果。对专业文化建设而言，要根据时代发展对精神文化的内涵不断进行挖掘，对制度文化的内容不断充实和完善，对物质文化的载体和表现形式不断创新，从而形成一个“设计—运行—反馈—提升”不断往复的提升过程。另一方面，专业文化对广大师生行为的指向作用和对专业建设的引领作用的发挥也是一个缓慢的过程，从“外化”于形到“内化”于心，

从“自发自觉”到“习惯养成”都会有一定的反复，需要一定的时间。因此，专业文化建设一定要长期坚持，不断宣传，反复强化，这样才能取得实在的效果。

第三节　班 级 文 化

班级文化是高校思想政治教育生态文化体系的重要构成部分，良好的班级文化作为一种潜移默化的教育力量，对于培养班级凝聚力，增强团结意识，形成良好学风班风有着不可或缺的作用。作为一种班级成员都愿意共同遵守的价值观念，班级文化对于大学生的行为起着内在的约束作用。高度重视班级文化建设，探索中国特色社会主义新时代背景下高校班级文化的建设途径、模式具有重要意义。(1)

一、班级文化的概念内涵

班级文化是一个颇具争议的概念，不同的学者具有不同的理解认识。目前，学术界比较有代表性的观点主要是戴联荣、薛晓阳的界定。在戴联荣、薛晓阳看来，班级文化是班主任利用和创设班级的精神氛围、文化制度、文化关系、文化环境等来熏陶和培育学生文化人格的影响活动。从概念可以看出，班级文化不是一种强硬的、冰冷的说教，而是一种充满弹性的具有人文关怀的综合存在。此外，林运清在《大学校园班级文化建设的思考》中提出，班集体是高校学生共同学习、生活的基本组织形式，也是大学生进行自我教育、自我管理、自我服务的基层群体。大学班集体能促进大学生个体社会化、具有对大学生进行科学教育、人文教育、文化传承与创新等功能。马丽华在《高校班级文化建设刍议》中也对班级文化进行了界定，认为高校班级文化是指参与班级教育教学活动的师生，接受社会主导文化的指导，吸收校园文化的积极因素，弘扬当代青年文化的闪光面，经过反复实践而创造的对班级成员的行为模式起导向和约束作用的文化综合体。白石、景阳认为高校班级文化是指对高校班级全体成员的思想和行为习惯起约束、导向和激励作用的一种群体性文化，是老师和学生在长期的学习过程中经

（1）白石，景阳．“四位一体”高校班级文化建设模式探析 [J]. 沈阳师范大学学报（社会科学版），2015（2）：180-182.

过实践检验的、为班级所有成员都认可的、能够对班级成员的行为起引导作用的一种内在制约力。作为一种潜在的影响力，班级文化是具有一定弹性、一定张力、凸显学生主体意识的文化。高校班级文化除了具备中小学班级文化的特征，还具有其特殊性。高校班级文化因其主体的独立性而具有明显的独立性，主要表现在大学生思想的独立性和实践的独立性方面。其次，高校班级文化还具有多元性特征，这主要是因为大学生大多来自不同的地区、民族和文化背景。

二、班级文化的建设现状

近年来，我国大部分高校加强了对班级文化的建设，逐渐意识到班级文化建设的重要性。班级文化是一个班级的灵魂，当前我国高校班级文化建设在不断得到重视的情况下取得了一定的成绩。班级文化建设提升了大学生的思想觉悟和道德修养，展现了当代大学生的良好风貌，树立了当代大学生追求真善美的精神诉求。班级文化建设增强了班级的团结意识，使每个人都认识到他们不是单个的原子，而是一个组合，让集体荣誉感内在于每个人的心中。班级文化建设创造了良好的育人环境，这有助于大学生的身心健康，而且也使大学生的全面发展得以提升。

高校班级文化建设取得成绩的同时，也不得不承认当前班级文化建设仍然存在着很多问题。第一，班级物质文化落后，主要是学校硬件设施不完备。其一，多媒体设备欠缺。许多高校多媒体教室不能满足当前的教学需求，多媒体教室申请程序复杂，一些需要多媒体展示的课程因教室设备不完善而只能靠老师语言讲解，多媒体形象直观的优势无法发挥。其二，高校内部制冷供暖设备不足。教室和宿舍夏天闷热、冬天寒冷，没有相应设备来为学生创造一个舒适的学习环境。其三，学校网络方面，因上网人数多、网络服务器负载严重等致使上网速度过慢，给学习和工作都带来诸多不便。第二，班级精神文化得不到应有的重视。“班级精神的培养是重中之重，它是一个班级的灵魂”，在学生的日常行为中得以体现。人际交往能力是影响一个人一生的大问题，也是当代大学生的必修课。部分学生因缺乏自信或主动与人沟通的意识，使自己处于一个封闭的圈子里，不能与大家融为一体，从而感受不到班集体的温暖，甚至逃避、脱离集体。久而久之，这种状态就会对其心理健康产生负面影响。第三，班级制度文化落实不到位。

许多班级制度虽已制定，但形同虚设，或刚开始时还能受到大家关注，但未能持续实施下去，实效性不强。另外，班集体的各种评比活动也流于形式，没有实质性突破，不能真正调动学生积极性。第四，班级活动文化建设基本没有得以开展。目前许多高校的大学生缺乏社会实践经验，学校也未能给学生提供较多机会，在学校里学到的纯理论知识，不能运用于实际工作中，这对于他们毕业后找工作造成了一定的困扰。另外，学生参与科研创新的积极性不高。有效的科研激励机制对于激发大学生的创新精神非常重要，然而现在很多高校对此没有予以足够重视，老师对学生引导也不够，不能充分调动其探索和创新精神，科研水平难以提高。

高校班级文化决定一个班级学生的精神风貌。目前高校班级文化还不能真正渗透到大学生的思想意识中，未能内化为一种精神力量，其作用未能全面彰显。高校班级文化建设存在诸多问题，主要原因在于：第一，社会因素。改革开放以来，中国经济飞速发展，但物质水平的提高“也会使社会的文化以及人们的精神世界发生变异，以致出现种种‘后现代主义’所描述的现代病症”。大学生的人生观和价值观因缺乏积极引导，对学习和生活感到迷茫，所有这些都给班级文化建设带来很大挑战。第二，学校组织制度因素。班级是按照学校的组织进行规划制定的，学校组织制度的制定及管理理念直接影响班级文化的建设。很多高校管理者制定各种规章制度未经实际调查，只是强硬制定并要求严格遵守，但这些规定不能深入了解学生之所需，不能有针对性地解决现实问题，不能让每个人从内心信服，做不到坚持以学生为本。第三，班级成员自身因素。大学班级学生构成相比初高中更复杂，因为学生来自全国各地，生活方式和处事风格各异，这对学生相互间的交流造成了一定障碍。另外，当代大学生多为“90”后，独生子女居多，唯我独尊心理往往让他们自以为是，与人沟通难以达成共识。这种不和谐的人际关系让同学之间产生了信任危机，这些严重影响了大学生的身心愉悦，同时给班级文化的和谐建设也带来了困难。

三、班级文化的建设途径

班级文化对大学生影响具有全面性、持久性特征，与大学生专业技能进步、道德素质提升、身心健康发展等都息息相关。推进高校班级文化建设，需要从如下四个方面努力：

1. 班级物质文化建设

首先，高校班级物质文化建设要充分利用信息化的便捷，将互联网的运用充分纳入班级文化的管理体系中，突破师生交流的时空限制，实现班级学习资源即时共享。同时，师生信息互联平台要给每个同学提供平等的交流机会，使学生的问题都能够展现在该平台上，老师根据这些信息时时掌握学生动态，及时发现问题，解决问题。其次，高校班级文化建设要注重宿舍文化建设。和谐融洽的宿舍文化氛围能够为学生提供一个舒适的环境，进而为学生的学习提供充足的能量。宿舍文化既要注重宿舍的内部设施，还要制定相应的规章来约束宿舍成员的行为。另外，宿舍同学间要用一种严于律己、宽以待人的心胸去对待每一位同学，让宿舍成为一个温暖的家。

2. 高校班级精神文明建设

（1）加强理想信念教育。理想是人们对未来的一种渴望，是人生的指南。作为国家的栋梁之才，当代大学生更应加强理想信念教育。一个人若没有信仰，没有追求，将会失去生活的动力，激情的泯灭终将导致碌碌无为。因此，当代大学生应加强对马克思主义理论的学习，深入理解马克思主义的实质，确立正确的世界观、人生观、价值观，把自己培养成为一个“有理想、有道德、有纪律、有文化”的“四有”新人。

（2）推进班风建设。班风即一个班级的精神风貌，是由班级所有成员共同营造的一种集体学习氛围。高校班级要充分发挥学生的主体意识，让每一位学生都能成为班风建设的主导者，班风确定的过程，应该是学生自我教育、自我管理的过程。同时要充分发挥品学兼优者和班委的模范作用，形成浓厚的重学氛围，在学术上坚守自由、严肃、求真的精神。

（3）发挥辅导员引领性作用。高校辅导员全面负责班级管理工作，直接面向全体学生，其工作涉及学生的方方面面，因此，充分发挥辅导员作为班级工作领导者、组织者、实施者和协调者的角色对于班级的文化建设非常重要。辅导员要多与学生沟通，多向班委了解学生思想动向，及时发现问题，答疑解惑，增强彼此间的信任，减轻他们的心理压力，给他们创造一个健康快乐的成长空间。

3. 高校班级制度文化建设

（1）确立科学合理的班级制度。首先，班级制度的制定要尽量做到人人参与。一经同意就要严格贯彻下去。其次，班级制度的实施一定要保证平等，公平地对待每一位同学，坚决不搞特殊，让大家真正信服。

（2）召开班级民主生活会。民主生活会是我党的一个优良传统，是一个行之有效的工作方法。定期召开班级民主生活会，在既严肃又活泼的会场氛围中，让学生畅所欲言，不仅可以对好的行为鼓励嘉奖，也可以对不良行为进行批评指正。同时，任何同学如有好的能够对大家的学习或生活有所帮助的想法都可以在会上提出。总之，班级民主生活会要有实质性的内容，能够为班级管理出谋划策。

4. 高校班级活动文化建设

（1）建立学生参与科研创新活动的长效机制。创新是一个民族进步的灵魂，是一个国家兴旺发达的不竭动力，在国家大力提倡创新、努力建设创新型国家的时代背景下，培养大学生的创新能力是高等教育一项义不容辞的责任，因此高校要积极开展各项活动，充分发挥大学生的创新精神。首先，高校要建立相应的科研创新基金，鼓励大学生参与科研项目，调动大学生科研创新的积极性，让学生在这个过程中强化专业水平，提高自身综合能力；其次，高校要为学生的科研创新提供必要的经费、设备，为大学生顺利完成科研项目提供保障；最后，高校应该多邀请国内外知名学者来校举办学术报告会，开展各种研讨会和论坛，促进学术交流，开阔学生视野。

（2）组织学生广泛参与社会实践活动。参加社会实践是大学生走向社会的第一步，是大学生锻炼自己、实现理论与实践相结合的途径。高校要加强对大学生社会实践活动的组织和引导，让学生明确社会实践活动的目的和意义，消除实践活动形式化的心理，提高其参加社会实践活动的自觉性和积极性。同时，高校还要加强与地方和社会的联系，建立社会实践基地，为大学生创造广泛的社会实践机会。

第四节　宿 舍 文 化

宿舍文化属于校园文化的亚文化体系，是高校开展思想政治教育的重要载体，具有思想政治教育的渗透性、实践性、自主性、灵活性和综合性等特点。[1]

一、宿舍文化的建设内容

作为一种群体文化和意识形态，宿舍文化在大学生成长、成才的过程中起着重要作用，宿舍文化建设应具有针对性地开展生命教育、健康教育、社会适应性教育等方面的内容。

1. 生命教育

引进积极有效的生命教育，能够帮助大学生主动从生命视角来认识生命、关注生命，理解生命的终极价值，促使他们最终能够自觉地敬畏生命、热爱生命、尊重生命，积极寻求生命的意义和价值。开展生命教育，要教育大学生树立科学的人生观，引导大学生端正人生态度，帮助大学生健全自我意识，纠正大学生的非理性观念。值得指出的是，生命教育不仅仅是让大学生珍惜和爱护自己的生命，同时也要让大学生学会与他人和谐相处，培养他们的人文关怀、社会关怀精神，学会欣赏他人，接纳他人，尊重和爱护他人的生命，减少伤害他人生命事件的发生。以宿舍文化为载体进行生命教育更贴近大学生的生活本身，能够增强生命教育的科学性、实效性和渗透性。

2. 健康教育

健康教育包括生理健康教育和心理健康教育两个方面。生理健康教育主要包括卫生常识的教育。如个人卫生知识、健康生活方式知识、食品营养卫生知识、优生优育知识、性健康知识、吸烟的危害、家庭急救与防止意外伤害知识、疾病防治知识、公共卫生知识等。大学生心理健康教育是根据大学生的心理特点，运用有关心理教育的方法和手段，培养学生良好的心理素质，促进大学生身心全面和谐发展和素质全面提高的教育活动。宿舍是大学生日常生活的地方，大学生的个体心理问题虽然隐蔽性较高，但较容易在宿舍中表现出来。关注大学生宿舍行为和宿舍文化，有利于及时发现大学生心理问题并进行有针对性的治疗和疏导。同时，宿舍就是大学生的第二个家庭，培育健康的宿舍文化也是治疗大学生心理疾病的重要途径。

（1）石沁禾．宿舍文化建设：高校思想政治教育的新载体 [J]. 社会科学家，2013（9）：109-111.

3. 社会适应性教育

大学生社会适应性教育是在保持大学生独立创新精神的同时，引导大学生正确认识社会，培养大学生选择适当方式处理社会问题和社会关系的能力。主要包括对生活环境的适应、对人际关系的适应、对学习与工作方式的适应、对压力与挫折的适应。社会是人们“交互作用”的历史产物，社会的发展是社会生活中各种要素相互联系、相互制约、相互作用的一个动态过程，社会适应性问题是每个大学生都需面对的问题，培养良好的社会适应性有利于大学生实现自我发展。宿舍内部的人际交往是最简单的强制性交往平台，思想教育工作者要引导大学生正确处理宿舍成员之间的关系，使他们学会与他人共同生活，学会在生活中相互谦让，学会包容他人的缺点，学会处理矛盾从而形成融洽的人际关系，培养他们初步的人际交往能力。另外，还要对大学生进行挫折教育、逆境教育，让大学生懂得苦难是生命的一部分，学会适应压力和挫折，迎接新的挑战。

二、宿舍文化的重要作用

宿舍文化是指在高校校园这一特定的环境中，在客观因素和外在条件的影响下，参与者在宿舍的生活、学习和交往的过程中所形成的一种相对稳定的共创和共享的群体文化。高校宿舍文化属于校园文化的亚文化范畴，并反映校园文化所具有的特质，是大学生文化行为主体的思想素质、价值观念和行为方式等观念文化的外在表现。宿舍文化作为校园文化的重要组成部分，不仅是一种精神环境和文化氛围，还具有思想政治教育的功能。高校宿舍文化在大学生思想政治教育中的作用主要表现在以下几个方面：

1. 耳濡目染的熏陶作用

文化的熏陶作用表现在主体对文化内容的认同和接受上。高校宿舍文化的熏陶作用表现在高校宿舍文化以无形的力量，潜移默化地影响宿舍文化主体的思想认识、习惯养成、行为方式等。宿舍文化就像一只无形的手，引导着受教育者向着健康而有序的方向发展，长期置身其中，会在潜移默化中受到所处的宿舍文化的熏陶和感染，并将这种影响逐步地内化为个人的思想意识，并付诸行动。

2. 交流沟通的纽带作用

传统的课堂主导型的教育活动总是受到时空的限制，教育者和教育对象往往集中在同一时间、地点，进行同一主题的内容教育。借助宿舍文化这一客观存在的文化载体，可以不受时间、地点的限制，促进大学生日常的交流沟通。相对于课堂文化和其他校园文化载体，高校宿舍文化具有很强的互动性。在宿舍这个区域内，宿舍成员可以无拘无束地倾心交谈、热烈探讨、取长补短、摒弃偏见，这对于加强大学生思想政治教育、形成健康向上的精神风貌、塑造健康的人格将起到积极的作用。

3. 价值观念的导向作用

一般而言，宿舍成员融入集体的生活环境中，就会将自身和集体进行对比，这种对比在宿舍成员内心形成一种自身与集体“保持一致”的内在压力——群体压力。在这种压力下，宿舍文化通过潜移默化的方式，把大学生的思想和行为引导到符合学校教育目的的正确方向上来，主要表现在对大学生的价值导向、行为导向和目标导向。宿舍文化的价值导向作用，表现为在宿舍文化的影响下，宿舍成员对悲观、消极的心理状态和错误思想形态的摒弃，以及对乐观进取、奋发有为的精神状态的追求；宿舍文化的行为导向作用，表现为在高校宿舍文化的内在的“群体压力”作用下，大学生能对自身的行为方式进行自我调适；宿舍文化的目标导向作用，表现为宿舍文化活动的内容、方式和形成都蕴含着教育的目的，对大学生起着思想政治教育的作用。

4. 健康人格的塑造作用

进入大学学习后，部分学生面对新环境变得无所适从、焦虑紧张，甚至出现心理障碍或心理疾病，严重影响了学习和成长。积极、健康的宿舍文化的逐渐形成，能够为大学生在身心健康方面提供最直接最有效的帮助。宿舍成员之间的和睦相处、互帮互助，能够在宿舍中形成一种轻松的家庭氛围，使得大学生对宿舍产生归属感和安全感，帮助大学生克服或减弱焦虑紧张感，逐渐增强其对新环境的适应能力，从而增强大学生的认识能力以及心理承受能力，促进健康人格的形成。

三、宿舍文化的建设对策

高校宿舍文化从结构上可以分为物质层面、精神层面、制度层面和行为层面四个文化类型。为了充分发挥高校宿舍文化的思想政治功能，针对高校宿舍文化建设，至少应该从如下四个层面努力：

1. 物质层面——建设人性化的宿舍物质文化环境

高校宿舍的物质条件是宿舍文化得以存在的物质基础，也是满足大学生学习和生活的先决条件。物质投入会直接影响到宿舍文化建设的基础。在宿舍物质文化的改善上，最主要的是优化物质环境，如完善宿舍生活设施、优化学生社区的人文环境等。在此基础上，还需完善社区功能，打造良好的育人环境。学生社区公共场所主要包括：学生社区的公共学习场所、文体活动场所、社会交往场所。完善的社区公共场所将为师生开展丰富的寓教于文、寓教于乐的教育活动提供重要阵地，使师生员工教有其所、乐有其所，并在求知、求乐的环境中受到潜移默化的启迪和教育。

2. 精神层面——营造健康、积极的精神环境氛围

作为高校宿舍文化的核心，宿舍精神文化包含着大学生思想意识、心理素质、思维方式、价值取向、文化涵养等诸多内容。为了发挥学生社区各项活动在增强宿舍凝聚力、向心力和促进宿舍文化健康稳定发展的作用，高校可以根据自身情况，组织覆盖面广、含金量高、形式多样、内容丰富、易于学生参与的宿舍文化活动，把生命教育、健康教育寓于各种宿舍文娱活动中，如针对大学生关心的热点问题举办各种讲座、演讲、辩论等，就学生宿舍的管理进行消防安全教育、人际交往培训、心理咨询等，把学生的思想政治教育与日常生活结合起来，激发学生进行宿舍文化建设的主动性。同时，高校需要引导大学生树立符合时代要求的正确的价值观，培养其正确的审美观念和健康心灵，加强集体意识的培养，抵制不良风气的影响，把表层的文娱活动引申到净化心灵、提高综合素质上来。

3. 制度层面——构建科学合理的制度体系

高校宿舍文化建设需要建立合理的管理运作机制，完善管理队伍的建设机制。高校宿舍文化建设不仅需要管理协调部门、实施部门、职能部门等各方面配合，还需要建设一支既具有较高的政治理论水平、熟悉思想政治工作规律，又具有管理能力和文化建设能力的专职学生工作管理队伍。辅导员是学生工作第一线的重要骨干力量，是高校宿舍文化建设的指导者和建设者。辅导员要耐心、深入地引导学生，做好学生的思想工作，把合作意识、责任意识、社会适应性等观念渗透到问题处理的过程之中，引导大学生树立正确的世界观、人生观、价值观，增强高校思想政治教育的实效

性和渗透性。

4. 行为层面——加强社区行为引导和行为养成

学校可以通过有计划、有组织地开展宿舍行为文明教育训练活动，使受教育者的日常行为习惯规范化，并反复强化，使其达到“习惯成自然”的程度，同时，建立宿舍行为评价体系，按照行为规范训练的要求进行自评、互评，促进学生道德品质和良好行为习惯的养成。针对宿舍和谐人际关系的构建，高校可以针对大学生的心理问题，积极开展心理辅导，解决大学生在宿舍学习、择业、人际关系、恋爱婚姻等方面的疑难问题，帮助大学生减轻压力。主要通过在学生社区建立心理咨询室、学生事务管理团体、自律委员会等，来调解宿舍人际关系，注重培养大学生健康的心理素质。

参考文献

一、专著

[1] 习近平 . 习近平谈治国理政（第二卷）[M]. 北京：外文出版社，2017.

[2] 习近平 . 习近平谈治国理政 [M]. 北京：外文出版社，2014.

[3] 习近平 . 决胜全面建成小康社会，夺取新时代中国特色社会主义伟大胜利——在中国共产党第十九次全国代表大会上的报告 [M]. 北京：人民出版社，2017.

[4] 中国共产党第十九次全国代表大会文件汇编 [M]. 北京：人民出版社，2017.

[5] 中共中央宣传部 . 习近平总书记系列重要讲话读本 [M]. 北京：学习出版社，人民出版社，2016.

[6] 胡锦涛 . 在庆祝清华大学建校 100 周年大会上的讲话 [M]. 北京：人民出版社，2011.

[7] 陈秉公 . 思想政治教育学原理 [M]. 沈阳：辽宁人民出版社，2001.

[8] 沈海壮 . 思想政治教育有效性研究 [M]. 武汉：武汉大学出版社，2008.

[9] 邱柏生 . 高校思想政治教育的生态分析 [M]. 上海：上海人民出版社，2009.

[10] 洪贞银 . 高职院校教学质量保证与评估研究 [M]. 北京：人民出版社，2008.

[11] 贺祖斌 . 高等教育生态论 [M]. 桂林：广西师范大学出版社，2006.

[12] 梁嘉骅，等 . 企业生态与企业发展——企业竞争对策 [M]. 北京：科学出版社，2002.

[13] 约翰 M 伊万切维奇，等 . 组织行为与管理 [M]. 邵冲，等译 . 北京：机械工业出版社，2006.

[14] 冯德雄 . 企业适应性成长研究 [M]. 武汉 ：武汉理工大学出版社，2008.
[15] 曹凑贵 . 生态学概论 [M]. 北京 ：高等教育出版社，2002.
[16] 马克思，恩格斯 . 马克思恩格斯选集 ：第 1 卷 [M]. 北京 ：人民出版社，1997.
[17] 教育部社会科学研究与思想政治工作司 . 马克思主义哲学原理 [M]. 北京 ：高等教育出版社，2003.
[18] 马树超，等 . 中国高等职业教育的历史选择 [M]. 北京：高等教育出版社，2009.
[19] 杨克瑞，谢作诗 . 教育经济学新论 [M]. 北京 ：人民出版社，2007.
[20] 钱易，等 . 环境保护与可持续发展 [M]. 北京 ：高等教育出版社，2000.
[21] 鲁洁 . 教育社会学 [M]. 北京 ：人民教育出版社，1990.
[22] 曾玲娟 . 职业教育心理学 [M]. 北京 ：北京师范大学出版社，2010.
[23] 吴林富 . 教育生态管理 [M]. 天津 ：天津教育出版社，2006.
[24] 戚业国 . 课堂管理与沟通 [M]. 北京 ：北京师范大学出版社，2005.

二、硕士论文

[25] 李立娟 . 生态论视角下的高校思想政治教育研究 [D]. 大连 ：大连海事大学，2009.
[26] 王越 . 习近平思想政治教育思想研究 [D]. 成都 ：四川师范大学，2016.
[27] 陈铁军 . 思想政治教育生态观研究 [D]. 西安 ：西安电子科技大学，2004.

三、报纸媒体

[28] 钟启泉 . 课堂转型的挑战 [N]. 中国教育报，2015-03-16（8）.
[29] 徐友礼 . 坚持以问题导向搞改革 [N]. 中国教育报，2015-06-15（5）.
[30] 黄鉴古 . 翻转课堂与南橘北枳 [N]. 中国教育报，2013-09-25（10）.
[31] 汪晓东 . 翻转课堂的实践困惑如何应对 [N]. 中国教育报，2014-04-24（6）.
[32] 吴奇 . 莫把翻转课堂这部经念歪 [N]. 中国教育报，2014-04-24（6）.
[33] 杜悦 . 翻转课堂促使我们反思课堂改革——上海师范大学教育学教授丁念金访谈 [N]. 中国教育报，2014-04-16（6）.
[34] 宋述强 . 从微课、慕课、翻转课堂到创客运动——我们是否在见证一场新的教育革命？ [N]. 中国教育报，2015-06-02（8）.

四、学术论文

[35] 刘世华，吴绍禹 . 思想政治教育理论课实践教学的认识局限及对策论析 [J]. 教学与研究，2008（4）：87-90.
[36] 戴锐 . 思想政治教育生态论 [J]. 理论与改革，2007（2）：150-153.
[37] 李化树 . 教育生态学探讨 [J]. 教学与管理（中学版），1995（1）：14-16.
[38] 邱柏生 . 要重视研究思想政治教育的生态环境 [J]. 学校党建与思想教育，2004（5）：7-10.
[39] 宣仕钱 . 思想政治教育生态系统的互动与偶合 [J]. 求实，2006（5）：81-82.
[40] 卢卫林 . 略论学校思想政治教育的生态性建构 [J]. 琼州大学学报，2004，11（6）：30-32.
[41] 程伟 . 中国经济转轨中高等教育变革的特征 [J]. 辽宁大学学报（哲学社会科学版），2006，34（5）：1-6.
[42] 南佐民 . 区域创新文化环境建设中的层次机制 [J]. 宁波大学学报（人文科学版），2003，16（4）：37-40.
[43] 田先钰 . 论科技生态系统、结构、动力机制与干预 [J]. 科技管理研究，2007，27（1）：52-55.
[44] 陈于仲，李正华，钟黎川 . 论大学校园文化建设 [J]. 理论与改革，2007（6）：101-103.
[45] 钟尉，张阳 . 企业能力的层次与结构分析 [J]. 商场现代化，2007（10）：151.
[46] 戴瑞 . 思想政治教育生态论 [J]. 理论与改革，2007（2）：150-153.
[47] 邱柏生 . 要重视研究思想政治教育的生态环境 [J]. 学校党建与思想教育，2004（A05）：7-10.
[48] 卢岚 . 现代思想政治教育社会生态论 [J]. 理论与改革，2008（1）：126-129.
[49] 李枭鹰 . 复杂性视域中的高等教育研究思维 [J]. 中国高教研究，2010（4）：23-26.
[50] 康胜 . 企业集群可持续发展问题的思考 [J]. 未来与发展，2004，25（2）：5-10.
[51] 孙卫，唐树岚，管晓岩 . 基于制度的战略观：战略理论的新发展 [J]. 科

研管理，2008，29（2）：15-21.

[52] 张金磊，王颖，张宝辉 . 翻转课堂教学模式研究 [J]. 远程教育志，2012，30（4）：46-51.

[53] 何克抗 . 从翻转课堂的本质，看翻转课堂在我国的未来发展 [J]. 电化教育研究，2014（7）：5-16.

[54] 卢晓东 . 论学习量 [J]. 中国高教研究，2015（6）：38-48.

[55] 钟晓流，宋述强，焦丽珍 . 信息化环境中基于翻转课堂理念的教学设计研究 [J]. 开放教育研究，2013，19（1）：58-64.

[56] 卢强 . 翻转课堂的冷思考：实证与反思 [J]. 电化教育研究，2013（8）：91-97.

[57] 朱春全 . 生态位态势理论与扩展假说 [J]. 生态学报，1997，17（3）：324-332.

[58] 周游 . 我国高等学校市场化经营：特征、障碍及路径分析 [J]. 辽宁教育研究，2003（1）：20-22.

[59] 邱家洪 . 试析高校思想政治理论课实践教学有效性及影响因素 [J]. 学术界，2013（S1）：220-222.

[60] 汪馨兰，戴钢书 . 高校思想政治理论课实践教学有效性探究 [J]. 思想教育研究，2011（11）：54-57.

[61] 周宇宏 . 关于思政课实践教学有效性的探讨 [J]. 江苏高教，2010（4）：68-69.

[62] 程群 . 思想政治理论课实践教学方法有效性研究 [J]. 华东理工大学学报（社科版），2008，23（4）：103-108.

[63] 王小萍 . 高职实践教学有效性缺失论析 [J]. 教育与职业，2011（17）：163-164.

[64] 宁克强，王维国 . 提高思想政治理论课实践教学有效性分析 [J]. 学校党建与思想教育，2011（12）：51.

[65] 郭贵春 . 创新和丰富大学文化提高核心竞争力 [J]. 中国高等教育，2005，8（1）：7-10.

[66] 上官敬芝，王冬冬，王启万 . 高校专业文化建设的原则与路径探析 [J]. 教育探索，2016（11）：80-83.

[67] 白石，景阳 ."四位一体"高校班级文化建设模式探析 [J]. 沈阳师范大学学报（社会科学版），2015，39（2）：180-182.

[68] 石沁禾 . 宿舍文化建设：高校思想政治教育的新载体 [J]. 社会科学家，2013（9）：109-111.

[69] 陈艳芳 . 茶文化视野下的高职院校心理健康教育 [J]. 福建茶叶，2017，39（5）：196-197.

[70] 陈艳芳，胡师 . 基于心理资本视角提升高职学生创业技能新路径 [J]. 产业与科技论坛，2017，16（11）：266-267.

[71] 陈艳芳，郑传超 . 关于当前大学生思想政治教育的问题及对策初探 [J]. 才智，2012（9）：175，253.

[72] 刘运嘉，陈艳芳 . 对人力资源激励存在问题的成因分析及设想 [J]. 人力资源管理，2011（4）：22-24.

[73] 赵雪，陈艳芳 . 高职院校传统文化教育教学模式创新探索 [J]. 产业与科技论坛，2017，16（16）：190-191.

[74] 赵建军，魏联华，胡铂，陈艳芳 . 高职院校学生思想状况调查分析及教育对策 [J]. 中国科教创新导刊，2011（32）：8-9.

[75] 陈艳芳 . 浅析家庭教育对孩子的身心健康影响 [C]// 香港康健医药有限公司 .2017 年博鳌医药论坛论文集 . 香港康健医药有限公司，2017.

后　记

近年来，我一直从事和关注高校思想政治教育工作，围绕如何有效开展高校思想政治教育工作，一方面积极探索实践，另一方面总结提炼研究。呈现在大家面前的这本书可以说是参加工作以来的实践思考和理论总结。

作为生态论思想、方法在高校思想政治教育过程中的应用体现，高校思想政治教育生态论是思想政治教育与生态学理论交叉催化的结果反映，具有重要的理论性和实践性。党的十八大以来，在党中央的高度重视和推动下，我国高校思想政治教育工作取得了重大成绩，涌现出一批专注于多视角探讨高校思想政治教育的专家学者，发表了一系列学术成果，有力地推动了高校思想政治教育的理论研究和实践发展。然而，基于生态学理论探讨高校思想政治教育的研究成果还十分少见，开展此方面的研究具有广阔的学术空间。本书的撰写是在领导、家人和同事们的鼓励下完成的，没有大家多年来的支持、帮助和指导，我很难取得学术上的成长与进步。

本书以“高校思想政治教育生态论”为核心议题展开研究，从生态论的基本思想和方法入手，结合中国特色社会主义新时代背景下高校思想政治教育实际，重点探讨了高校思想政治教育生态环境、高校思想政治教育生态系统、高校思想政治教育生态机制、高校思想政治教育生态模式、高校思想政治教育生态评价、高校思想政治教育生态实践、高校思想政治教育生态文化等重要问题，力图构建高校思想政治教育生态论的理论体系，旨在提高高校思想政治教育水平。本书从结构确定、内容撰写再到出版发行，历时一年多时间。我负责了第一章至第四章及第六章的写作，约计 10 万字；宁岩鹏负责第五章、第七章、第八章的写作，约计 11 万字。

由于研究能力和水平有限，本书难免存在很多错谬之处，许多观点还有待推敲。为了尊重学者们的智力成果，本书在吸收借鉴引用学术界观点的时候，大多列出了文献出处，但是肯定有遗漏之处。恳请各位专家包涵见谅，并希望各位学者批评指正。

2018 年 6 月 16 日